2014 中国林业政研会

课题研究优秀成果文集

中国林业职工思想政治工作研究会 编

中国林业出版社

图书在版编目(CIP)数据

2014 中国林业政研会课题研究优秀成果文集/中国林业职工思想政治工作研究会编. —北京:中国林业出版社,2015.6

ISBN 978-7-5038-8030-8

Ⅰ. ①2… Ⅱ. ①中… Ⅲ. ①林业 – 思想政治教育 – 中国 – 文集 Ⅳ. ①D412. 62-53

中国版本图书馆 CIP 数据核字(2015)第 130964 号

《2014 中国林业政研会课题研究优秀成果文集》编委会

主　　任：王建子
副主任：樊喜斌
成　　员：杨　超　严晓凌　王荣斌　全　海　刘宝军　李向阳　李　鹏
　　　　　李岩泉　王立文　高金芳　贾玉霞　罗　勤　周思伟　李哲训

主　　编：王建子
副主编：樊喜斌　李哲训
编　　辑：郑欣民　包国媛　马焕荣　刘广超　李福厚　赵同军　李春昶
　　　　　贺顺钦　苗丽华　王春杰　张全民　郭　伟　董晓斌

责任编辑：刘开运　谷玉春　王　叶
封面设计：夏季林风工作室

出版：中国林业出版社(100009　北京市西城区德胜门内大街刘海胡同7号)
E-mail：Lucky70021@sina. com　电话：010-83143520
发行：新华书店北京发行所
印刷：北京中科印刷有限公司
版次：2015 年 7 月第 1 版
印次：2015 年 7 月第 1 次
开本：787mm×1092mm　1/16
印张：20
字数：310 千字
定价：45. 00 元

序

中国林业职工思想政治工作研究会成立以来，紧紧围绕党的中心任务和工作大局，结合林业改革发展实际和干部群众的思想实际，认真开展思想政治工作研究，总结交流、研究探索新形势下，加强和改进思想政治工作、精神文明建设、企业文化建设的新路子、新办法，推进行业社会主义核心价值体系建设，为培养有理想、有道德、有文化、有纪律的林业职工队伍，提高林业行业整体素质，促进现代林业科学发展作出了重要贡献。

为进一步推动林业思想政治工作的繁荣发展，2014 年，中国林业职工思想政治工作研究会制定下发了《关于开展 2014 年林业行业思想政治工作课题研究的通知》，要求各会员单位围绕贯彻党的十八大和十八届三中、四中全会精神，学习贯彻习近平总书记系列讲话精神，贯彻全国宣传思想工作会议和 2014 年全国林业厅局长会议精神，紧紧围绕实现中华民族伟大复兴的中国梦和"两个巩固"的根本任务，围绕生态林业、民生林业建设大局，以培育和践行社会主义核心价值观为主要内容，结合各单位的工作部署和思想政治工作实际，深入调查思想政治工作面临的新情况、新问题，认真总结工作实践中创造的宝贵经验，研究提出解决问题的对策、方法和建议，努力推出一批有深度、有分量、有价值的调研成果，并发出关于开展优秀研究成果评选活动的通知，鼓励各会员单位申报开展思想政治工作、党的建设、精神文明建设、企业文化建设等方面调查研究工作取得的成果。至 2014 年 10 月底，共征集到各会员单位课题研究成果 90 多篇，评选出各类获奖作品 50 多篇。

这些课题研究成果的作者，绝大多数来自林业基层单位，所选题材源自林业基层全面深化改革实践中的鲜活素材，所述观点体现了改革转型中广大林业干部职工的所思所念、所感所受，所取角度摆脱了八股视角、传统影响，给人以新鲜感人的印象，所用语言朴实无华、简洁明快，充分反映了各级林业部门如火如荼的深化改革发展形势，展示了林业行业在贯彻党的十八大精神、全面建设小康社会中取得的丰硕成果，反映了各级干部和广大林业职工的精神风貌，体现了思想政治工作本身的巨大威力与积极作用，无愧为非常宝贵的基层理论研究成果。

为了凝聚会员单位课题研究优秀成果的正能量，为当前林业全面深化改革转型提供指导与借鉴，特将评选出的 50 多篇获奖研究成果集萃成卷，以飨读者。

我们充分理解广大基层作者在本职工作百忙之余调研采访写作的艰辛，尽量保留作者原汁原味的风格特征，让广大读者从文章中能够更加直观地感悟到基层鲜活如画的现实景象。诚然，因编辑水平与时间有限，文中也许差错遗漏之处不少，万望读者批评指正，不吝赐教。

中国林业职工思想政治工作研究会

2015 年 4 月 8 日于北京

目　录

精神文明建设篇

企业文化建设篇

思想政治工作篇

国有林场思想政治工作创新探讨

邱玉玉

邱玉玉，女，1983 年 7 月出生。中国农业大学会计学专业毕业，现任海南省国营澄迈林场综合治理办公室干部。2011 年起至今，一直在海南省国营澄迈林场担任综治办联络员工作。爱岗敬业，积极进取，忠诚于党的林业事业，具有高度的责任心、严谨的工作作风和良好的思想素养，为人热情大方，谦虚诚恳，喜欢读书、写作。

思想政治工作是一项引导人、教育人、塑造人、培养人的系统工作，是国有企业赖以生存的生命线。随着改革开放的逐步深入和社会经济的不断发展，国有林场职工的生活方式、思想方式和价值取向也在不断发生变化，给林场思想政治工作带来了许多新的问题。与时俱进地做好思想政治工作，更好地服务于国有林场经济发展大局，是时代赋予思想政治工作者的神圣使命。

一、国有林场思想政治工作存在的主要问题

中共中央《关于加强和改进思想政治工作若干意见》出台后，给国有林场思想政治工作带来前所未有的机遇和挑战，大部分国有林场结合实际，积极探索思想政治工作新办法，取得了明显成效。但思想政治工作"说起来重要，干起来次要，忙起来不要"的现象，仍然不同程度地存在。

特别是在发展社会主义市场经济与加强思想政治工作二者关系上，还存在3种不正确的认识：一是认为市场经济与思想政治工作不相容，思想政治工作制约人们的思想，僵化人们的观念，妨碍市场经济发展，反之，发展市场经济会冲击思想政治工作；二是认为市场经济可以替代思想政治工作，只要把经济搞上去，给职工更多的物质利益刺激，积极性自然会提高，换句话说就是"金钱万能"；三是认为发展市场经济是重中之重，经济搞不好，思想政治工作再强调重要性也没用，不过是空口说教。

二、国有林场思想政治工作面临的新挑战

国有林场作为经济发展的重要力量，在推动经济社会发展中发挥着重要的支撑作用。随着国有林场改革步伐的加快，思想政治工作面临的对象、工作方式和环境等都发生了新的变化，对思想政治工作提出了新的要求，需要我们不断研究新情况，解决新问题。一是国有林场改革不断深化带来的挑战。国有林场改革发展每深化一步，思想政治工作就要主动跟进一步。近年来，随着国有林场改革不断深入，管理体制和运行机制发生了根本性变化，一些深层次矛盾逐渐显现，并呈现出各种矛盾相互交织的复杂局面。国有林场治理结构和管理模式发生了新变化，国家在用人机制、分配制度、员工身份置换等方面加大了改革力度，国有林场产权、经营、用工和保障等一系列改革措施纷纷出台。面对体制变革、机制转换和利益格局的重新调整，更加需要密切结合国有林场生产经营实际，有效发挥思想政治工作统一思想、凝聚力量、化解矛盾和理顺情绪的作用。国有林场改革的不断深化，迫切须要思想政治工作进一步增强预见性和针对性，大胆进行探索创新，真正在中心任务和发展大局中找准位置、展现作为。二是新兴媒体广泛普及带来的挑战。随着数字技术、网络技术的广泛应用，以互联网、手机等为代表的新兴媒体快速发展和普及，特别是3G、4G手机的应用，对企业职工生产、生活方式产生了极大的影响。根据中国互联网信息中心2014年7月发布的报告显示，截至2011年6月底，我国网民4.85亿，手机用户8.9亿，手机网民3.18亿，微博用户1.95亿。新兴媒体的快速发展改变了社会思想舆论的形成和传播，已经成为社会思潮的集

散地、利益诉求的放大器和思想舆论交锋的主战场。特别是微博、博客和论坛等正以空前的交互方式，广泛深刻地影响着企业职工的思想行为，成为意识形态争夺的新战场。新兴媒体在为国有林场思想政治工作提供新手段、新载体和新平台的同时，也给传统思想政治工作带来巨大挑战和严重冲击。如何发挥好新兴媒体的作用和优势，成为思想政治工作创新探索与实践的重要领域。三是职工多元利益诉求带来的挑战。国有林场是否重视职工队伍的利益诉求与职工队伍对林场的忠诚度成正比。随着社会转型、经济转轨和企业转制的深入推进，国有林场职工队伍结构发生了较大变化。管理人员、技术员工、普通工人、临时工和聘用工等群体同时存在，职工利益诉求的多样性、多变性和差异性日益增强。不同职工群体对收入分配、子女教育、医疗健康和社会保障等问题更加关注，加之部分职工对国有林场的改革和发展心理准备不足，利益协调过程中遇到的各种情况更加复杂。同时，部分国有林场职工代表大会（简称职代会）职能弱化，职工话语权削弱，难以有效表达自己的利益诉求，形成诉求多元与诉求渠道狭窄之间的矛盾，这在很大程度上加大了思想政治工作的难度。这就要求思想政治工作者要高度关注企业快速发展过程中职工的利益诉求，从利益关系中探寻切入点，不断把职工的利益实现好、维护好和发展好。四是自身建设相对滞后带来的挑战。思想政治工作与国有林场生产经营全过程密切相关，是林场管理工作的重要组成部分。当前，思想政治工作定位不清晰，边缘化倾向日趋明显，思想政治工作形式主义比较严重，工作内容相对滞后，方式方法创新不足，与企业改革发展的新形势、新任务还有许多不相适应的地方。部分国有林场领导只注重生产经营而不重视思想政治工作，"一手硬、一手软"的现象还不同程度存在。部分国有林场对思想政治工作的地位和作用认识上有偏差，仅仅口头上重视，落实上轻视甚至忽视。有的企业领导虽然认识到思想政治工作的重要性，但思路不清晰。许多企业领导并没有充分认识到，国有林场思想政治工作开展得好，国有林场的经济效益就好。传统思想政治工作优势明显削弱，保证和服务作用不能得到充分发挥。

三、国有林场思想政治工作的现状和特点

近年来，特别是党的十七大以来，海南省国营澄迈林场始终坚持把思想政治工作作为国有林场独特的生产要素和宝贵的发展资源，与企业发展战略结合起来，在改进中加强，在创新中提高。思想政治工作在推动林场改革发展、促进经济社会进步方面发挥了不可替代的重要作用，成为支撑林场发展的重要基础工程，林场可持续发展的内生力量。一是注重融入林场，思想政治工作的渗透力有效增强。在海南省国营澄迈林场，我们坚持把林场生产经营作为思想政治工作的主战场，围绕生产经营重点、难点和薄弱环节，积极引导职工主动有为，出思路、想办法、抓落实。对林场发展战略、生产布局调整等重大事项，认真听取职工意见建议，引导他们正确对待和处理改革中的各种利益关系，使思想政治工作成为促进林场经济效益、技术效益和社会效益全面发展的助推器。海南省国营澄迈林场让全体职工清楚了解林场各个时期、各个阶段的发展目标任务，构建了360°全方位、多视角、零距离的宣传模式，引导广大职工主动支持、参与林场生产经营和技术管理创新。持续开展"降低成本、杜绝浪费、厉行节约"专项合理化建议活动，在推动林场实现生产经营目标中发挥了重要作用。二是注重贴近员工，思想政治工作的感召力有效增强。思想政治工作的关键在人，赢得人心则赢得了思想政治工作。实现好、维护好和发展好职工群众的根本利益，促进职工全面发展，是国有林场思想政治工作的根本目的。近年来，海南省国营澄迈林场始终坚持围绕职工普遍关心的热点、难点问题，加强对职工世界观、人生观、价值观的塑造和引领，尊重职工的主体意识和参与意识，有针对性地开展思想政治工作，为林场平稳较快发展营造了和谐稳定的内外部环境。强化理想信念教育，坚持用中国特色社会主义共同理想凝聚发展力量，用民族精神和时代精神鼓舞发展斗志。实施职工人文关怀，建立健全劳动保护、安全生产和职业健康通报协商等制度，推进职工合法权益维护制度化。海南省国营澄迈林场通过设置"林场书记信箱"，畅通了干部职工反映问题、建言献策的平台。主动倾听职工的心声、增强了职工群众对企业的归属感、认同感，促进了一些思想问题

的及时解决。三是注重创新机制,思想政治工作的内驱力有效增强。制度建设是基础,思想政治工作创新,根本在于制度创新。海南省国营澄迈林场始终坚持推进思想政治工作制度化建设,初步建立健全一套围绕中心任务、推动改革发展、切实管用可行的思想政治工作制度体系。始终坚持党对国有林场思想政治工作的领导,做到与林场生产经营管理工作同规划、同部署、同考核。实行领导"一岗双责"制,进一步完善思想政治工作的领导体制。党支部、工会、共青团、妇联等群众团体结合自身职能,充分发挥桥梁和纽带作用,初步形成了党组织统一领导各部门各级齐抓共管,以管理人员为骨干,职工群众广泛参与,各负其责、密切配合、步调一致的"大政工"格局。四是注重文化引领,思想政治工作的引导力有效增强。林场文化是思想政治工作服务于生产经营中心任务的重要载体。海南省国营澄迈林场始终坚持把林场文化建设作为加强思想政治工作的创新点,立足发展战略的高度,持续深化企业文化建设,不断增强文化对职工的号召力和影响力,增强了职工与林场同心同德、共同发展的责任意识。倡导并坚持"永远跑在时间前面"、"以智图强、变革有为"、"林场发展关键在人"和"创新才能更美"等文化理念,为林场改革发展注入了原动力。林场还倾力打造以"人本、理性、创新、激情"为特征的学习型个性化激情文化,激励广大职工立足本职岗位,刻苦学习,大胆创新,为林场的发展建设建功立业。

四、新形势下加强国有林场思想政治工作的对策建议

国有林场思想政治工作涉及面广、内涵丰富,是一项系统工程。新形势下,国有林场思想政治工作要主动适应深化改革和建立现代林场制度的新要求,主动适应参与经济竞争和扩大对外开放的新特点,主动适应广大干部职工思想观念和利益诉求发生的新变化,注重研究和把握工作规律,着力开辟新途径、探索新办法、丰富新载体,充分发挥"生命线"、"稳压阀"和"推进器"作用。在国营澄迈林场思想政治工作中,一是健全思想政治工作领导机制。科学的领导和组织机制,是推进国有林场思想政治工作的重要保证,尤其要注重解决好思想政治工作由谁决策、由谁负责、如

何保障等重大问题。要科学配置思想政治工作资源，采取党支部成员、领导班子成员"双向进入、交叉任职"、"专兼结合、一岗双责"等任职方式，建立起党组织统一领导、主要领导亲自决策思想政治工作的领导机制。要形成专门的思想政治工作负责制，落实组织机构和人员，明确林场党组织负责人是思想政治工作第一责任人，完善"书记抓、抓书记"，把行政干部做思想政治工作情况纳入年度考核的工作机制，形成以党员干部为主体，以工会、职代会组织为纽带，一级抓一级、层层抓落实的思想政治工作管理网络。国有林场要按照精简、高效、协调、务实的原则，设置专门的思想政治工作机构，履行好工作职责。要高度重视和密切关注职工心理感受和情绪反应，通过组建心理咨询机构，为干部职工提供及时有效的心理咨询服务。要建立思想政治工作研究会，围绕林场改革发展稳定的新形势，着力开展林场思想政治工作理论研究、应用研究和创新研究，及时总结推广最新研究成果和创新经验做法，不断促进国有林场思想政治工作水平提升。二是健全思想政治工作保障机制。要在人、财、物3个方面着力，按照稳定队伍、优化结构和提高素质的要求，努力打造一支数量充足、结构优化、素质一流、善于创新的思想政治工作人才队伍。要选优、配齐、配强专兼职思想政治工作人员，尤其要注重吸引和选拔政治素质好、知识层次高、懂经营会管理的中青年优秀人员和优秀高校毕业生充实到专职政工队伍中。其中，专职政工人员数量不低于林场从业人员总数的1％，且300人以下的林场不得少于3人。要建立稳定、长效的投入保障机制，把思想政治工作经费纳入企业年度经费总体预算，按照不低于职工上一年度工资总额的2％确定工作经费，设立专项科目，做到财务有明确项目、支付有正规渠道，并根据林场改革、产业结构调整、实施多元扩张等发展形势，适时调整对林场思想政治工作经费投入力度。要加强思想政治工作阵地建设，打造规范化、高效化党员职工活动场所。要主动适应大众传媒特别是互联网、手机等广泛普及的趋势，建立网络、手机即时交流平台，开设论坛、博客、微博等互动栏目，并大力度推进林场报刊、广播、网站以及图书室、活动室等阵地建设和管理，提高其使用效能，进一步丰富职工精神文化生活。三是健全思想政治工作评估机制。实现思想政治工作由"软"变"硬"，需要建立一套科学的评估体系。要坚持把思想政治工作纳入林场综合考评体系和林场领导班子年度考核管理目标，并作为评价和使用干部的重要依据。围绕破解林场思想政治工作量化难、考核评价难等实际问题，进一步完善考核评价指标，坚持定性分析与定量分析相结合，侧重对企业思想政治工作组织领导、制度建设、队伍建设、设施建设、任务落实和创新成果等情况进行评估，重点考核思想政治工作在推动企业改革发展和经济建设方面所取得的实绩，使思想政治工作与生产经营同考核、同奖惩，并把思想政治工作成效作为林场领导班子年度考核、薪酬待遇评估的一项重要内容。要进一步改进考核评价方式，采取日常考核、专项考核和综合评价等方式，坚持上级与下级相结合的方法，提高考核评价的准确性。加强对国有林场思想政治工作的动态管理，强化经常性督促、检查和指导，推进国有林场思想政治工作不断创新发展。四是健全思想政治工作激励机制。要坚持激励与约束相结合的原则，建立健全思想政治工作激励机制，采取目标激励、晋升激励和荣誉激励等办法，激发队伍的活力，增强队伍的动力。要完善表彰激励办法，如采取召开表彰大会、现场交流会、经验推广会等多种形式，总结交流先进经验，定期评选表彰一批思想政治工作先进集体和优秀思想政治工作者。要完善关爱激励办法，如关心政工人员的工作、生活、培养和使用，为他们创造良好的政策环境、工作环境和生活环境，确保政工人员工资奖金、学习培训、职称评定、职务晋升、表彰奖励等方面与同级生产经营管理人员享受相同政策，尤其在职称评定、职务晋升等方面，同等条件下应优先考虑政工干部。要研究制定政工人员培训计划，建立和完善分级分类、分工负责的培训体制，每3年对林场全部政工人员轮训一遍，并进一步完善政工人才评价和政工专业职务评聘工作。要完善政治激励，针对当前政工队伍老龄化、青黄不接的现状，统筹考虑政工干部的培养、锻炼和成长，加大政工人员与生产经营管理人员的岗位交流力度。政工人员在同一岗位工作5年及以上的，应与同级行政管理人员轮岗，努力培养更多复合型人才。对那些工作成绩突出、职工认可度高的政工人员，要给他们搭建更好的成长平台，确保政工人员进得来、留得住、用得好。

参考文献

[1] 刘辉. 加强新时期国有林场思想政治工作的探讨 [J]. 企业家天地，2007，(08).

[2] 万来法. 当前国有林场思想政治工作探讨 [J]. 安徽农学通报，2007，(21).

[3] 朱平辉. 国有林场工会做好思想政治工作的探讨 [J]. 工会博览：理论研究，2009，(03).

[4] 赵瑞芝. 国有林场创新思想政治工作方式的探索 [J]. 中国林业，2010，(11).

[5] 邹万春. 抓好六个着眼点改进国有林场思想政治工作方法 [J]. 广西林业，2010，(05).

增强工会思想政治工作渗透力思考

郝淑梅

郝淑梅，女，1969年11月出生。1987年7月参加工作，大专学历，中共党员。曾任黑龙江省大兴安岭碧洲镇营林大队宣传干事、碧洲贮木场政工干事、政工股长，碧洲镇（场）党办主任，现任大兴安岭地区新林区碧洲林场工会主席，新林区第九届人大代表、碧洲镇（场）党委委员。自参加工作以来，始终勤奋敬业、踏踏实实在政工岗位上工作了28年。所写新闻稿件、人物通讯、理论文章等500余篇，在黑龙江省工人报、黑龙江政府网、国家林业网、大兴安岭日报、大兴安岭党建等刊物上刊登。被大兴安岭地区总工会授予"全区十佳教子标兵"、"非公企工会组建优秀工作者"、"优秀女工工作者"称号，被新林区委授予"优秀党务工作者"、"优秀通讯员"、"十佳政工员"、"巾帼建功标兵"等荣誉称号。

当前，大兴安岭地区处在经济转型、企业转制、人员转岗的关键期，一些热点难点和涉及职工切身利益的矛盾问题凸现，在这样的情况下，企业工会组织如何充分发挥桥梁与纽带作用，维护好职工群众的根本利益，使职工群众真正成为改革的受益者，推进企业的现代化建设？我带着这个问题，在碧州林场进行调查研究，并结合工作中的切身体会，找到一个非常有效的途径，就是努力增强工会思想政治工作的渗透力。通过群众性的工会组织，增强思想政治工作的渗透力，不仅是工会加强自身建设的需要，而且为现代企业建立和谐劳动关系发挥了参谋助手作用。

一、在"维权"行动中渗透思想政治工作，确立职工群众的主人翁地位

全心全意依靠工人阶级，是我们党在建设有中国特色的社会主义伟大实践中一贯的主张，是国有企业改革与发展所应坚持的基本原则。工会作为职工群众组织，始终要把维护职工群众的根本利益放在工作的首要位置，这是工会的性质所决定的，也是时代赋予企业工会的神圣职责。但是，在大兴安岭全面停止森林商业性采伐的新形势下，工会作为职工群众的代言人，既不能把维权简单化、形式化，又要充分考虑到效益因素、改制因素、人员流动因素等诸多实际因素的影响，从维护职工群众的根本利益出发，深入到镇（场）搞好调查研究，把握矛盾焦点，探索维权途径。场级工会要提前对林业产业工人的家庭状况、年龄结构、学历情况、专业技术情况等进行细致的摸底，为企业改革提供翔实的个人信息，为党委、政府科学决策提供可靠的依据。首先，把带领职工群众推进企业不断发展进步作为维权的切入点，引导职工群众凭借地理、自然、气候优势，发展食用菌、北药种植、生态旅游等特色经济，努力创造丰富的物质财富，才能做到有权可维。其次，要尊重职工群众的话语权。在涉及企业改革改制等重大变更时，提前把思想工作做到职工的心坎上，及时了解把握职工群众的思想动态，充分反映职工群众的意见和要求，支持职工群众参与管理，保证职工群众有知情权、表达权、监督权，使职工群众享有充分的政治民主。再次，工会组织在行使维权的职能中，要把思想政治工作贯穿始终，教育和引导职工正确地认识"权益"的内涵及其辩证关系，正确地认识职工群众在企业改革与发展的主体地位和作用，自觉把当代工人阶级所担负的历史使命同个人理想紧密联系起来，发挥好每个人的积极性与创造力，把企业建设好发展好，使企业职工自身权益得到有效的保障。同时，要教育职工群众破除"工人阶级地位没岗了，主人翁思想不讲了"的消极观念，树立起场兴我荣，场衰我耻的思想意识，进而在做好本职工作的前提下，积极参政议政，为企业进步贡献聪明才智。

二、在生产竞赛中渗透思想政治工作，激发职工群众的创造热情

企业工会不仅是职工群众所依靠的"娘家"，也是企业创新创效活动

的引路人；不仅是新型劳动关系的协调者，也是生产实践活动的火车头。因此，工会在组织开展各种形式的劳动竞赛中，应紧紧围绕企业现代化建设的需要，把思想理念渗透在竞赛活动中，实现人与资源、人与环境、人与社会的协调发展，努力推进经济增长方式向更科学的方向转变。开展劳动竞赛不仅是在一定时间内促进生产的手段，更重要的是通过竞赛使职工的思想素质、技术素质、管理素质得到有效提升，创新要素得到有效聚集，发明成果得到有效转化。为此，工会在组织这类活动中要做到精心设计，不断以新的形式和内容，激发职工的参与热情；变一般竞赛为技术创新型、节约创效型竞赛；针对生产经营活动中的难点、焦点，发动职工群众攻坚克难，解决制约企业发展的瓶颈问题；大力鼓励职工群众的首创精神，提出项目改进计划和完成进度表，依靠职工群众的智慧和创造力，实现企业发展目标。要突出创新效果，用思想观念的转变去推动经济方式的转变。通过竞赛，使职工的创新思想得到加强，进而推进先进生产力的发展；通过考核评比，大力推进创新成果的转化和创新人才的培育，使劳动竞赛成为职工技能提升的平台和职工才智展示的舞台。例如，碧州林场开展营林抚育劳动竞赛中，把思想政治工作做到营林小队班组，并以竞赛快讯的形式，及时宣传竞赛中的新人新事新做法，通过竞赛创效 5 万余元，节省材料配件 2 万余元，为企业创造了经济效益。

三、在文化活动中渗透思想政治工作，培育职工群众的进取意识

在企业文化建设中，工会担当着策划组织宣传的重要角色。如何把思想政治工作纳入和谐文化的创建中，使思想政治工作更加贴近职工、贴近实际、贴近生活，是工会在深化思想道德教育中应该把握的重点内容。企业文化是企业经营理念的集中反映，也是全体职工共同遵守和实践的行为规范及理想目标。在建设企业文化中，增强思想政治工作的渗透力，就是要以科学的理论武装人，以先进的文化培育人，着重培养职工群众的诚信意识、竞争意识、创新意识，加强社会公德、职业道德、家庭美德、个人品德教育，培养职工高尚的道德情操，并以此激励职工在岗位上积极进取，奋发向上，进而使精神和理念所形成的"软件"，不断转化为促进生

产力发展的"硬件"。在文体活动中，碧州林场工会坚持把思想性、趣味性、群众性结合起来，通过"职工力量杯"拔河赛、共筑"中国梦"演讲赛、"劳动美工会情"书画展等，潜移默化地影响和引导职工群众，以积极进取的姿态创造新业绩，创造新生活。职工群众是企业文化建设的主体，是最活跃的生产要素。只有不断提高全体职工思想政治素质、专业技术素质，才能营造出有利于企业发展进步的思想环境和人文环境，才能使企业在新的机遇和挑战面前战胜各种困难，实现又好又快的发展目标。

四、在建家活动中渗透思想政治工作，增强职工群众的团队精神

把基层工会组织建成职工之家，增强工会工作的凝聚力与亲和力，是在企业改革中维护好职工群众利益，实践好工会职能的重要体现。把思想政治工作贯穿在建家活动中，就是要通过"家"的纽带作用，实现人文关怀，达到知心、暖心、交心，建立起和谐的人际关系和劳动关系。进而使职工感受到企业的温暖，感受到作为团队中一员的荣誉与责任。一是要在建家活动中注入思想政治工作内容，强化职工之家的教育功能，使职工群众通过有意义的活动和思想交流，增强与企业的感情联系，增强集体主义观念。二是要活跃思想政治工作形式，通过职工喜闻乐见的活动，传播思想信息和文化知识，使职工们既感到精神生活的愉悦，又获得文化知识的涵养，进而使职工的思想道德素质和文化素质得到较大地提升。三是要在建家中增强心理疏导，从关心人、爱护人、尊重人的角度出发，把思想政治工作做到职工心坎上，做到每一项具体工作中，从而达到化解思想矛盾，凝聚职工队伍的作用。碧州林场工会从企业实际出发，建立友爱之家、文化之家、温馨之家，开展好劳模优抚、特困职工帮扶、两大节日送温暖等活动，通过办实事、办好事、凝聚职工力量。同时，在劳动保护、扶危济困中，加强职工思想道德教育，培育文明风尚，使职工在为灾区为工友捐款中，树立起见义勇为，甘于奉献的道德情操。心系职工冷暖，职工心中才有"家"，才能积极参与"家"的建设。把思想工作融入建家活动中，并以"家"为平台，推进和谐企业建设，是当代企业工会开创新局面，塑造新形象的重要举措。

　　总之，工会在履行服务职能中，要把加强职工思想政治工作的关口前移，将这些工作渗透到每一个具体工作的环节中去，以此激发职工共谋企业发展的积极性和创造性，开创企业改革发展的美好未来。

激发内在动力 强化政策支撑
——关于国有林场改革发展的调查报告

中国林业职工思想政治工作研究会国有林场分会

2014 年第二期国有林场场长培训班开学典礼

此篇调查报告为中国林业职工思想政治工作研究会国有林场分会集体采写。2014 年 4 月 23 日，该分会在山东淄博市原山国有林场成立，加入分会理事 43 名。此篇调查报告，为分会成立后首次开展课题调研取得的优秀调研成果，被推荐到中国政研会参加 2014 年优秀课题研究成果评选活动。国有林场分会在中国林业职工思想政治工作研究会组织的 2014 年课题研究优秀成果评选活动中，荣获组织奖。

我国国有林场在保障生态安全、促进林业发展上具有举足轻重的作用。据统计，现有国有林场 4855 个，职工 75 万人，经营总面积 11.5 亿亩*，其中林地面积 8.7 亿亩、森林面积 6.7 亿亩，森林蓄积量 23.4 亿 m^3，

---

* 1 亩 ≈ 667 m^2。

分别占全国林地面积、森林面积和森林总蓄积的 19%、23% 和 17%。为加强和改进国有林场职工思想政治工作，促进国有林场改革顺利进行，中国林业职工思想政治工作研究会国有林场分会到山西、河北、山东、安徽、江苏、广西等 6 个省份就国有林场思想政治工作的现状、存在问题进行调研，走访了 40 个林场，入户走访 41 户，召开座谈会 50 余次，发放问卷 2600 多份。总的来看，国有林场思想政治工作的吸引力、凝聚力、影响力相比过去得到了明显加强，林场干部职工思想状况的主流是好的。但是，在调查中也明显感觉到，国有林场职工在改革发展中，思想波动常常比较大，反映出来的有些问题也值得注意，影响国有林场改革进程的阻力是不容忽视的。

一、主要做法及成效

（一）生态文化凝聚职工士气

调研的 6 个省份中，共有 915 个国有林场。78% 的林场职工在问卷调查时表示：文化建设已经成为国有林场思想政治工作的重要载体和突出亮点。一是文化阵地巩固发展。2000 年以前，国有林场文化设施几乎是空白；目前据不完全统计，6 个省份的国有林场共建设图书阅览室 300 个，文体活动室 130 个，老年活动室 260 个，展览馆和文化园 20 个，运动场 22 个。山东原山林场的艰苦奋斗教育馆每年参观人数达 1000 多人，山西五台山国有林管理局（简称五台林局）的运动场每天吸引近 300 多职工和当地群众跳广场舞；河北塞罕坝机械林场的展览馆成为了承德市的爱国主义教育基地；广西国有高峰林场的图书室每天有 60% 的职工去读书学习。二是文化活动多元呈现。部分林场通过开展演讲比赛、歌咏比赛、书画摄影，篮球、羽毛球等丰富多彩的文体活动，营造出了浓厚的思想教育氛围。实践证明，有文化建设的林场，率先摆脱贫困，成为我国林场的先进代表。在山西北坛林场调研期间，恰逢全局运动会召开，北坛林场组织 20 人参赛，全场干部职工都到现场助阵，篮球比赛取得了第一名的好成绩。三是文化理念引领职工。山东潍坊原山林场"一家人，一起吃苦、一起干活、一起过日子，共同奔小康"的办场理念；五台林局提出了"一条心、一股劲、一起吃苦干活、共同过上好日子、让五台林局美起来"的价值追求；塞罕坝机械林场总场的"艰苦创业、无私奉献、科学求实、开拓创新、爱岗敬业"精神、国有高峰林场的"高峰林业、勇攀高峰"等，都成为了本单位口口相传、奉为标准的价值追求。

（二）生态事业凝聚人心

当前，国有林场正处于生态和经济转型时期，生态建设任务比较繁重，地处深山区的国有林场用事业凝聚人心显得尤为重要。一是艰苦创业聚人心。山东原山林场曾经被人们称作"要饭林场"。后来，林场锐意革新，艰苦创业，彻底甩掉了落后帽子，职工生活条件发生了翻天覆地的变化。但是，林场艰苦创业的作风没有丢，无论干部还是职工，每周都要参加集体劳动，坚定不移全面奔小康，成为全国学习的榜样。五台林局继续创业不歇脚，提出"五局同创"新口号，创造性地走合作造林的新路子，森林面积由原来的 50 多万亩增加到 200 多万亩，再造了一个全新的林场群。高峰林场二次创业连续坚持了 7 年，从 2006 年的年总产值 10 亿元，到 2013 年翻一番，达 21 亿元，森林面积增加 50 万亩。广西灵山县平山林场职工实现了"四个一"，即："一套房子，一份产业，一辆小车，一本 5 位数存折"。二是改变形象聚人心。10 年前，人们这样调侃国有林场的工人："远看像要饭的，近看像挖炭的，过去一看是林场的！"如今，国有林场发生了很大的变化。山西省直林区不断加大基础设施建设，70% 的林场建起了崭新的办公大楼，林场职工在大楼办公身着统一制服；68% 的管护站做到了工作、学习、生活"三配套"，绿化、美化、亮化"三同步"，水、电、暖"三到位"。并配备了办公桌椅、电视机、摩托车、电脑、网络等现代化设施，把管护站建成了林区形象的窗口，职工生活的家园，职工工作生活得更加体面。三是解决困难聚人心。山西吕梁林局的"四送"活动，五台林局、塞罕坝林场、木兰林管局、安徽省滁州市等国有林场的危旧房改造工程，山西吉县红旗林场的五大产业方阵建设，广西三门江林场送温暖、送祝福活动，广西的"大场带小场"等措施，都具有很强的代表性。四是政策支撑聚人心。山东泰安等地通过国有林场改革，解决了一线护林人员的事业编制。张家口市将 13 个原县属国有林场纳入市级财政给予保障，既提升了林场干部的地位，又激发了他们从事林业工作的自豪感。

（三）学习教育与制度建设互为补充

在学习教育上，部分国有林场能够结合行业特点，改变过去说教式、单一式的方法，不断创新教育方式。今年，山西省林业厅号召省直9大林区互相观摩学习，取得了很好的效果。据不完全统计，所调研的林场平均每场每年观摩次数达10次以上。40个林场仅今年以来就开展业务培训50余次、外出培训30次、形势报告会20次、专题讲座18次、挂职学习的有30多人。据了解，近些年各地林场积极参加国家林业局、各省林业厅组织的培训班，为促进林场发展提供了智力支撑；以林场协会为平台，每年各林场领导都能参加1～2次活动。山西五台林局的《要情通报》每年向基层印发50期，数量达500余份；塞罕坝林场的《塞罕绿笛》也是基层职工的重要"精神食粮"；原山林场职工结合活动的开展，相继建立了原山学雷锋私家车队、原山爱心书屋、原山爱心超市，赋予了道德林场新的内涵。在制度建设上，85%的林场用制度约束人、管理人，形成了党支部工作制度、党员"三会一课"制度、党员生活会制度、党员思想汇报制度、民主评议党员制度、支部委员会制度、职工大会制度、月工作重点例会制度等。有些林场的职工教育载体不断完善，如广西高峰林场成立了思想政治工作研究会，营造风清气正的良好氛围；广西黄冕林场与当地检察院、纪检委共建了广西林业系统第一家廉政教育基地，促进了作风建设的进一步好转。

（四）政工队伍比较稳定

一是组织结构健全。通过调研了解发现，85%的林场加强了思想政治工作的组织领导，配齐配强了领导班子。五台林局建立了23个基层党支部，实现了全局党组织全覆盖；高峰林场每个分场都设有党支部，政工干部中有本科以上学历的占75%，研究生有40多名。二是理论水平较高。70%的职工认为政工干部队伍有一定的理论和实践水平。木兰林管局、塞罕坝机械林场总场、高峰林场等林场的基层支部书记具备提笔能写、张口能说、遇事能办的特点。三是队伍管理得到加强。广西国有高峰林场出台了《高峰林场加快人才引进培养实施办法》，实行一次性学历奖励制度和学位津贴政策，全场144个职工享受人才津贴；2012年以来，1名职工考取广西大学博士学位，80名职工攻读硕士学位。广西国有黄冕林场制定了《黄冕林场2014～2017年中长期人才发展战略》，建立了"传帮带"人才培养工作机制，定期举办法律法规、新闻摄影、森林消防等业务培训，不断提升党员干部的综合素质。

（五）职工爱岗敬业、无私奉献、勇于担当

一是顾全大局，勇于担当。能够坚守党的纪律，在政治上、思想上、行动上始终和党中央保持一致；识大体、顾大局，勇担当，保护我国最好的森林，创造无愧于时代、无愧于林业的业绩。自1998年实施天然林保护工程以来，山西林区由木材生产转入了生态建设，木材收入一下断了，林区陷入了危困，职工的收入锐减，生活难以为继。在这种情况下，林区职工表现出了特别能忍耐的担当精神，他们毅然放下斧锯，投身到了生态建设的重任上来。正是由于这种担当精神，山西省直林区才一步步走出了困境，把每个林场变成了一颗绿色明珠。二是不畏清苦，辛勤护绿。林场干部职工克服重重困难，每天身着迷彩服，佩带"护林执勤"臂章，骑着摩托车，穿梭在林区、山口和公路上，每月平均巡山天数在26天以上，每天巡护时间在6小时以上。塞罕坝林场的夫妻瞭望员刘军、齐淑艳夫妇，在海拔1936m的望海楼上一守就是7年；他们白天必须每隔15分钟通报一次火情，经常1个月见不到一个人。多年来，一代代务林人扎根林区，无私奉献，薪火相传，作出了令人瞩目的巨大贡献。

二、存在的主要问题及原因

（一）部分职工对发展前途缺乏信心

林场的地位与周边地区相差很大，职工从内心深处产生发展落差，缺乏信心。例如，河北省灵寿县漫山林场职工人均月收入不足1300元，导致社会上无人愿意去林场谋求工作岗位，造成林场人力资源"青黄不接"。据河北省林业厅有关人员讲：像这样的国有林场，为数并不少见。安徽省砀山县、界首市等国有林场一线职工没有工资，只能承包林场果树或一些土地从事农业生产。

（二）思想政治工作得不到重视

一些地方政府、林场主管部门对思想政治工作的重要性认识不足，很少深入职工中了解思想情况，对思想政治工作疏于管理、疏于教育，正像人们描述的那样：思想政治工作"说起来重要，做起来次要，忙起来不要"。一些县属国有林场的文化建设投入几乎为零。据了解，有些山区的林场职工从来没有看到过省林业厅及政府领导去过。因此，有46.2%的人认为：思想政治工作的重要性一般；还有3.5%的人认为不重要。在林场管理中，甚至未建立正常的党群组织。经济条件相对薄弱的林场阵地建设和基础投入不足。一些林场没有会议室，每个护林站点仅有1~3人，没有报纸、没有网络，一个月也见不到林场领导。总体看：国有林场、省属国有林场思想政治工作优于市属国有林场，市属国有林场优于县属国有林场。

（三）思想政治工作方式方法单一

部分思想政治工作的内容、形式、手段、机制滞后于形势发展的需要，仍停留在"你读我听"的被动式说教阶段。林场职工对长期以来呆板的政治理论学习积极性普遍不高，认为政治学习方式方法单一的比例达75%。思想政治工作手段，还停留在传统的开会传达文件精神、读报纸阶段，对林场职工而言缺少新鲜感、缺乏吸引力。拉横幅、写标语、出展板等形式也是昙花一现，有些边远护林哨所思想政治工作多为空白。

（四）制度建设不够完善

一些国有林场在职工思想政治工作上无制度可言，存在空白点。一方面"规定动作"没有得到落实，比如"一课三会"制度、支部议事制度、民主生活会制度等都没有得到贯彻落实。另一方面在"自选动作"上，没有结合林场特点形成管用有效的制度，制度建设欠账太多。有些林场目前还在忙于"找饭吃"，特别是对分散在各地工作、居住的林场职工的思想政治工作，更是少有问津。

（五）职工改革发展的意识比较落后

一部分职工缺乏老职工身上吃苦耐劳的拼搏精神，等、靠、要思想依然很严重。一些干部职工经常说:"上级不会不管我们!"其主动思维、主动工作、主动创造的思想意识明显不强。个别林业主管部门满足于林场维持现状,只要职工不上访,就不求大的突破,致使林场干部职工,缺乏敢想、敢干和敢冒风险的观念,缺乏勇于创新的开拓进取精神。

产生上述问题的原因是多方面的,一是国有林场大部分远离城市,地处偏远山区。场部地处乡、村的林场占85%,"基础设施不如农村、生活水平不如农民"。地理条件决定了国有林场这个群体多年以来与世隔绝。到2013年,还有贫困林场3485个,西部地区8万国有林场职工在国家的帮助下才看上电视。二是国家对国有林场重视不够。很多林场被社会边缘化,政治、经济上都是最弱势的群体。林场干部工作一辈子才是个"股级",大学生在林场一辈子也只是个工程师。由于实施天然林保护工程停止了木材采伐,林场没有固定的经济收入,导致职工成为林区经济上最弱势的群体。三是国家政策、机制改革落实不到位,使林场建设越来越边缘化。近年来,国家对城镇化和新农村建设不断加大政策和经济扶持力度,但没有把国有林场纳入同等政策下来对待,使国有林场缺乏必要的政策支撑和资金支持,与周边乡(镇)发展形成了鲜明的落差。

三、几点思考和建议

国有林场的地位和功能发生了巨大变化,生态修复成为主要任务,生态文明建设成为主要战场,国有林场职工也要成为生态文明建设的宣传者、引领者和建设者,必须结合林区的实际发挥党建和思想政治工作的重要作用。

(一)完善组织和队伍建设,把干部职工打造成生态文明的引领者

在组织建设上,从上到下建立支部(支委),争取支部建在分场,配强支部班子,避免出现"真空",让政工干部有良好的干事平台。尽可能在每个林场设立专职机关党委,全面统管林场机关党建工作,实现党建工作和生态建设工作的紧密结合。在政工队伍建设上,要不断注入新鲜血液,把德才兼备、开拓进取、勇于创新、大局意识强的年轻干部和优秀毕业生充实到思想政治工作队伍中来。要对政工队伍高看一眼,厚爱一份,从工资、职称晋升、干部提拔等方面给予优先考虑。

（二）注重创造理念，把林场建设成生态文明的窗口

创造理念是一个林场不断进步的动力源泉。要树立国有林场"一家人、一体化、一盘棋、共同过上好日子"的理念。要创新学习教育载体，利用微信、短信等形式，每天都有问候、都有身边的新闻，让职工喜闻乐见、便于参与、易于接受。要建立和完善思想政治工作与各方面工作相结合的"一体化"工作机制，明确各级思想政治工作的第一责任人，分省份制定林场职工思想教育工作标准规范。把林区生态文明工作和游客满意度作为检验思想政治建设工作成效和作为衡量干部政绩的主要依据。

（三）着力民生建设，注重典型引路，使林场干部职工成为生态文明的建设者

一个场部就是一个花园，一个护林站就是一个生态文明窗口。要重点帮助职工解决就医、行路、吃水、子女上学等生产、生活中的实际困难。要将林场基础设施建设与县、乡同安排、同部署、同建设，推进林场旧貌换新颜，让职工体面生活、愉快工作、干好事业。要加大宣传力度，全行业用林业战线上形成的塞罕坝精神，林场发展带头人孙建博、王有德等典型的力量感召人、激励人、引领人。每个林场都有一批自身先进典型，要号召林场干部职工向典型看齐、向典型学习，培养职工树立正确的世界观、人生观、价值观。

（四）突出政策支撑，动员职工参与，加快国有林场改革步伐

加快国有林场发展是生态文明建设的重要内容，不发展将难以与时俱进，不发展将面临更大困难。职工是改革的主体和依靠力量，各地各级政府部门要加大对国有林场的扶持力度。要尽快研究出台《国有林场岗位设置管理办法》等法规文件，加快林场护林站建设，建立健全林场民主管理制度，使林场干部职工团结一心形成合力，攻坚克难赢得改革发展的成功。对森林面积1万亩以下的国有林场进行整合，形成合作发展的林场"大家庭"。在林场做大做强的基础上，着力提升基层职工工资和福利待遇，不断提升职工从事林业工作的优越感，激发林场长足改革发展的内在动力，推进国有林场建设呈现人气旺盛、蒸蒸日上、持续发展的生动局面。

把握职工思想政治工作的特点规律

李丛明

李丛明，1963 年 6 月生，1991 年 6 月加入中国共产党，2006 年 6 月毕业于中南大学工商管理专业本科班。高级政工师。历任吉文林业局团委部长、党委办公室主任、副局长，现任图里河森工公司（林业局）总经理、局长、党委书记。2003 年被自治区政府评为厂务公开先进个人。2006 年被自治区政府、总工会评为"五四"普法先进个人，同年被森工集团（林管局）评为优秀共产党员。2007 年被自治区国资委党委评为优秀党务工作者。2011 年被自治区国资委党委评为优秀共产党员。

　　党的十八大把生态文明纳入社会主义现代化建设总体布局，林区工作迎来了前所未有的发展机遇。如何抓住机遇快速发展？已成为当前林区最重要的工作任务。思想政治工作作为企业发展的重要环节，如何紧紧围绕和服务企业发展大局，切实为经济平稳较快发展提供强大思想保证、精神动力和舆论支持，是我们必须研究的重要课题。思想政治教育作为党的优良传统和社会主义国家的政治优势，不仅是团结人民、凝聚人心的重要手段，也是我们建设生态林业、民生林业，构建和谐林区、小康林区行之有效的工作模式。因此，研究探讨新形势下林区职工的思想政治状况十分必要，切实加强林区的思想政治工作意义重大。通过对图里河林业局一些单位的调查，进行认真分析后，提出以下思考，期望通过此文，能为加强林区思想政治工作提供一些参考。

一、图里河林业局基本情况及职工思想现状分析

图里河林业局（以下简称林业局）始建于 1952 年，是新中国建立后内蒙古大兴安岭林区开发建设最早的一个局，目前有 12 个基层单位，12 名处级干部，133 名科级干部，2342 名林业职工，其中高级职称 43 人，中级职称 140 人，初级职称 288 人。共有 65 个党支部，在岗党员 668 人。这次调研下发了调研问卷。其中处级干部占 5%，科级干部占 38%，一线职工占 57%。大专以上学历占 55%，高中高职（包括技校）学历占 35%，初中小学学历占 10%。高级职称占 3%，中级职称占 45%，初级职称及无职称占 52%。图里河由于建局较早，本着先生产、后生活的原则，建设初期缺乏统筹规划，基础建设相对滞后，历史欠账多，生产模式单一，职工就业门路受限。也由于开发建设历史较长，积累和沉淀了浓厚的森林文化，60 多年来广大职工改变林区，改变家乡，艰苦奋斗，无私奉献的大兴安岭精神始终在发扬光大，总体上职工思想道德素质、精神风貌积极向上，民主管理意识、生态保护意识等日益增强，有着强烈的主人翁意识。一是职工的政治认同感增强。广大职工希望国家富强、民族兴旺、林业发展、百姓安康。他们拥护改革开放，并积极投身其中，认为建设有中国特色社会主义的道路符合中国实际，并且坚信中国共产党有能力领导我国实现现代化；高度认同科学发展观和社会主义和谐社会的战略目标。尤其对以习近平为总书记的党中央充满信心，对党和政府取得的成绩十分认可，拥护党的领导和路线方针政策。二是市场经济意识更为强烈。随着市场经济体制的确立和发展，职工渴望通过学习和实践融入市场经济大潮，也有信心在日趋激烈的竞争中占有一席之地。三是希望致富达小康。随着林区经济社会的发展，职工的生活越来越好，林业局近年来职工工资逐年递增，2013 年底全局职工人均收入达到 31582.00 元，而且大多数职工也正在利用林区的丰富资源和气候条件，大力发展多种经营。如林业局重点推进了图林酒业发展，进一步完善体制、机制建设，加强生产管理、质量管理和市场营销。"图林情"系列酒，质优价廉，市场占有率高，成为林区

优质品牌，并将逐步走出林区，为企业和职工带来了实实在在的利益；刘少奇主席纪念林、杰尔格勒骨灰撒葬地等红色旅游、国家湿地公园等已融入草原森林旅游大局；北药种植基地建设和寒温带大苗种苗基地建设也将成为林业局新的经济增长点；而在林区采集山珍、野菜、野果的黄金季节，职工利用业余时间采集，户增收年达几千元的不计其数，过万元的也大有人在。所以，小康意识、致富观念深入人心，成为职工不竭的精神动力。四是民主管理意识日益提升。随着我国民主政治建设的推进和信息传播媒介的现代化，林业局职工群众的民主意识、参政意识和维权意识正在增强。重视自己民主权利的职工明显增多，他们愿意通过行使自己的民主权利，选举出自己满意和信赖的干部。社会公众的民主监督作用明显增强，敢于运用法律来维护自己的合法权益。五是生态保护意识明显提高。森工集团（林管局）根据十八大精神和内蒙古自治区党委"8337"发展思路，提出了林区"3598"发展战略。林业局继续坚持"生态建设、经济建设、民生建设、党的建设四位一体、有机结合、共同发展"的理念和思路，继续落实"生态保护"的第一使命，使生态建设产业化，产业发展生态化。因此林业局职工生活观念、生产要求都以生态保护为衡量标准。特别是生态保护意识明显提高。在此次调查的贮木场和四大林场等几个单位中，他们基本上走的都是"绿色"通道，注重发挥自身特有的生态优势，引导职工大力开发利用生态资源，如南沟林场的职工积极发展中草药种植业，既保持了生态环境和自然风貌，又促进了当地经济发展，提高了职工收入。

在充分肯定以上积极作用的同时，还必须清醒地认识到，由于市场经济的快速发展，社会意识形态的多元，职工群体又分为不同社会阶层，其思想政治素质和文化水平参差不齐，在思想观念、道德水准、价值取向、利益要求、政治愿望和生活方式等方面，都表现出较大的个体差异，而且不少人甚至存在着这样或那样的问题，这些必须引起高度重视。

第一，政治信仰缺失。职工中有少数人缺乏政治信仰，政治上无追求，无政府主义思想抬头。集体主义观念淡化，极端个人主义膨胀。

第二，拜金主义严重。职工中的一部分人盲目崇拜金钱，把金钱价值看做最高价值，一切价值都围绕金钱价值而运行，社会主义核心价值观念淡薄。而且有些人为了片面追求经济利益，采取各种不当甚至是非法手段追求利益的最大化。

第三，享乐主义滋生。主要是在部分青年职工群体中，以奢侈为时尚，互相攀比、挥霍浪费，物质上追求高档化、豪华化，而在精神方面却消极颓废，追求刺激，忽视道德情操的陶冶。

第四，心理承受力差。从受教育层面分析，林业局职工初中文化程度占 40% 以上，小学文化程度、文盲半文盲的也大有人在。文化素质相对偏低直接影响到他们对多变的国际国内形势的认识，也削弱了党的方针政策的宣传效果。因此，他们常对社会不合理的东西、阴暗面的东西进行"放大镜"式的认知。

第五，奉献意识淡薄。市场经济的利益驱动机制使一部分林业职工奉献意识弱，国家集体观念不强，一切以自我为中心，个人利益至上，不讲义务只讲权利，违背个人利益就消极对待，不能为自己带来好处就漠不关心，这种极端个人主义与社会良性发展产生了严重分歧。

除了以上对职工思想状况的分析外，林业职工时时刻刻关注的问题也应纳入研究的范围，并加以正确引导，趋利避害。首先，关注生态建设。2014 年 1 月 26 日习近平总书记视察阿尔山时作出一系列重要指示，这一思想深入林业职工之心，大兴安岭务林人正以生态建设为主题，"再造秀美山川"，争取为加强全球生态建设作出应有贡献。其次，关注棚户区建设。住房问题是最基本的民生问题，涉及广大职工群众的切身利益，关乎企业改革发展稳定的大局。特别是习近平总书记视察林区时指出，"希望你们要加快棚户区改造进度，早日让职工群众住上新居。"2013 年，图局一套 50m^2 的棚户区楼房只花 2.5 万元，加上装修也就五六万元，如果按市场价每 m^{2}1500 元计算，可节省 5 万元。此外，住楼房用水、用电、取暖都很方便，森工公司收取的取暖费标准也很低，比买煤和烧柴都划算。2009～2013 年，林业局共新建楼房 1248 户、平房 590 户。改造楼房 322 户、平房 2160 户、十楼 303 户。但是搞好棚户区配套设施建设更是职工关心关注的焦点，因为棚户区改造，不应仅是住房质量的一个提升，更应该是环境质量、生活质量、文明质量的一次大跨越。然后，关注林业地方差距。职工群众的民生期望仍与经济条件之间存在着较大差距，企业经济社会发展水平与区域内和同行业平均水平之间也存在着很大差距，由此而引发的社会不良情绪、心理失衡增多，稳定心理、理顺情绪的任务越来越重。如男女青年找对象，医院学校和公务员占有绝对优势。再有，关注社会腐败问题。腐败是社会不稳定的重要根源之一，也是改革成功与否的衡量标准之一，更是职工关注的社会热点问题之一。他们对领导层中的个别腐败典型深恶痛绝，要求严厉打击各种腐败现象，对以习近平为总书记的党中央能有效治理腐败充满信心。另外，关心物价上涨幅度。近几年来，老百姓几乎是在一片"涨"声中度过的，由于价格上涨的多是人们的生活必需品，对收入尚不高的职工来说压力增大，一部分职工的生活质量已开始受到影响。最后，关注社会公平程度。不少职工对日益扩大的贫富差距感到不满和担心，特别是对一些不正当暴富极为反感，认为党和国家必须采取有力措施遏制两极分化。否则，有可能出现严重的社会问题，使人们对改革产生误解。

二、聚焦难题，查找深层原因

通过以上阐述可知，职工思想教育确实存在诸多问题，而且是因多种因素造成的。分析如下。

1. 重视程度不够。思想政治工作是经济工作和其他一切工作的生命线。而一些基层党组织，对思想政治教育的认识不到位，具体工作不到家。他们认为经济建设是硬指标，硬任务，而思想政治工作则是"说起来重要，干起来次要，忙起来不要。"有的人甚至片面认为在市场经济下，思想政治工作不重要，讲大道理，不如来点实惠。

2. 工作做不到位。一些政工干部自身素质不高，对党的路线方针政策理解不深，掌握不准，更缺少做好新形势下职工思想政治工作的有效方法，很难发挥骨干作用，难以令群众信服，甚至当群众有牢骚发怨言的时候，推波助澜，产生很坏影响。

3. 着眼点选不准。一些基层单位的思想教育没有把握住职工的脉搏，搞形式走过场较多。有的教育内容与林区的现实情况和职工的现实思想存在不合拍；有的口气太大，话不在心上，职工不入耳，所宣传的内容与职工所思、所盼、所求的内容相去甚远，因而收效甚微。如特别是只讲市场经济好的一面，而对其负面东西对职工讲得不够。而当出现问题时又不积极处理和解决，听之任之。

4. 渠道不够畅通。当前思想政治教育存在"领导作报告，局里听摘要，基层喊口号，群众不知道"现象，导致传播渠道不畅，思想工作断层，使上级的声音很难准确及时地传达到职工中去，以致上下脱节。部分职工因此认为前途渺茫，不思进取。

5. 文化阵地萎缩。由于经济发展相对落后，许多职工下班后的唯一文化生活就是看电视，也有打麻将、喝酒的，有的单位即使有图书室，也是一种摆设，所存图书也多是时间过早出版的，不能满足职工们阅读和汲取知识的需要。林业局没有电影院，20多岁的年轻一代人只知上网、玩微信，难得有机会到影剧院观赏电影、戏剧、音乐舞蹈，缺乏更高层次的文化享受。机关附近没有一家书店，只有两三家个体文具用品商店。年龄大点的职工最大的文化享受就是夏天在广场上扭扭秧歌、跳跳舞、打打扑克。基层宣传思想文化阵地设施建设滞后，与职工群众的精神文化需求不相适应，很大程度上削弱了思想政治工作的力度和效果。

三、认真研究探索新的工作着眼点，提升做好思想政治工作的力度

各级领导必须增强做好职工思想教育工作的自觉性和紧迫性。因为加强职工思想教育是构建和谐林区、小康林区的内在需求；是加强职工思想教育，提高其科学文化素质的重要手段；更是建设社会主义生态林业、民生林业的应有之义。做领导的只有全面理解、把握目标要求，切实加强职工思想教育，培养和践行社会主义核心价值观，才能全面推进社会主义生态建设，民生建设等各项工作。

首先，要丰富教育内容，增强教育效果。加强职工思想政治工作，要从解决职工的实际问题入手，将教育内容渗透到为职工办好事、办实事中

去。而且教育内容要有时代感、新鲜感。其次，要拓宽资金来源，加强载体建设。采取多方筹集、多想办法、多管齐下的原则，积极寻求资金支持，以保证思想政治工作的顺利进行。此外在载体建设上采取传统载体与现代载体相结合，可利用广播站、公共阅报栏、宣传栏、群众休闲广场、信息网络等来组织职工开展有益的文化体育娱乐活动，使职工学有场所、乐有去处。实践证明，必要的资金及载体是加强思想政治工作的有效方法。第三，建立和完善思想政治工作教育机制。建立和完善领导保障机制，防止思想政治工作走形式。建立和完善责任机制，对基层组织的各个部门和负责人的工作进行量化和细化，建立失职问责制度。建立监督信息反馈机制。建立和完善约束激励机制。采取措施建立一支政治强、业务精、纪律严、作风正的专兼职思想政治工作队伍，年终评比根据工作表现给予奖励表彰或通报批评，达到鼓励先进和鞭策后进的作用。第四，要发挥导向功能，促进民主管理。在现代社会条件下，面对职工的各种想法，思想政治工作者要充分发挥导向功能，坚持解决思想实际问题，动之以情、晓之以理、言之以法，从而使思想政治工作真正深入职工之心，变为职工动力源泉。如切实有效的理想信念教育、形势政策教育、道德法律教育，等等，着力提升职工的思想道德水准。培养职工的民主参与意识，是实现民主管理的必然要求。所以，要开展民主参与的权利意识教育，让职工了解民主活动的基本规律和基本原则，懂得民主活动的规则、程序和技能，从而有效地行使自己的民主权利，在企业管理中更好地发挥主人翁的作用。

总之，当前职工思想政治工作具有许多时代新特征，对其中的重点进行认真分析，寻求有效解决途径，目的就是了解和掌握企业职工思想动态，做好思想政治教育工作，使林区人民携起手来，昂首阔步，全面奔向小康社会，共圆伟大的中国梦。

新媒体时代的青年职工思想政治工作*

郑　钦

郑钦，男，1991 年 7 月出生。华中科技大学新闻学专业毕业，中国绿色时报社记者，负责《中国林业》杂志的采写编辑工作。其《浅析新媒体时代下国有林场青年职工思想政治工作创新》荣获"原山杯"国有林场职工思想政治工作征文大赛论文类作品一等奖；《依托科技创新，用信息化促进林木采伐管理建设》荣获国家林业局森林资源管理司主办的 2014 林木采伐管理征文作品三等奖。

国有林场是新中国成立初期，国家投资在国有宜林荒山荒地建立的专门从事造林和森林管护的林业事业单位。经过 50 多年的建设，全国国有林场总数已达到 4855 个，分布在 31 个省（自治区、直辖市）的 1600 多个县（市、旗、区），现有职工总人数 75 万人。面对巨大的管理面积与庞大的人口基数，在全面建设小康社会的新时期，加强思想政治教育工作显得尤为迫切和尤为重要。

由于新媒体的出现带来了巨大的社会变革，传统的思想政治工作捉襟见肘、力不从心。在以数字技术为核心的新媒体大环境下，信息传播打破了传统媒介在时间、空间和传播速度上的限制，现代交互式的传播模式也改变了以往"填鸭式"的传播方式，传播者的话语强权正在逐步被淡出。

＊ 本篇荣获中国政研会（中宣部）2014 课题研究优秀成果三等奖。

这些新的传播模式和传播手段，正在影响着人们日常工作与生活，甚至是社会交往的模式。对于国有林场而言，随着以互联网、手机通信、社交网络为代表的新媒体技术在青年职工中的普及，传统说教式的教育模式已经不太适用于当前的思想政治工作的要求。国有林场思想政治教育者需要紧跟时代步伐，利用新媒体等现代化的传播工具和传播手段，结合实际，把握机遇，增强主动性、掌握主动权、打好主动仗，积极探索国有林场思想政治工作的客观规律和方式方法。

一、国有林场青年职工的特点

青年职工是国有林场的新生力量，是我们林业兵团的后备军。与老一辈务林人相比，他们思想活跃、富于创新精神；他们的精神世界具有复杂性、多元性与矛盾性。具体而言：一是价值取向呈现多元化。青年职工是我国国有林场职工队伍中最具生机活力的一支重要力量。随着改革开放日益推进，他们既有解放思想、实事求是的积极要求，同时也容易受到拜金主义、个人主义等不良风气影响，反映在价值观上就表现为明显的多元化特征。二是文化水平层次相对比较高。有文化、懂技术，善于学习，求知欲望与进步意识较强，是青年职工的显著特征。他们普遍学历较高，善于接受新鲜事物，特别是接受网络信息优势明显。三是存在轻视思想政治教育工作的表现。目前，国有林场青年职工大多数从事耕耘荒山、经营林木等体力劳动为主，经常性地直接运用文化要素并不多。市场竞争造成的压力与影响，工作性质给予的精神作用，往往导致青年职工虽然重视工作任务的完成，但是忽视思想政治教育的作用，缺乏改造思想、加强政治学习的热情与主动性。四是艰苦奋斗的意志不够坚定。国有林场条件普遍较差，改善条件、追赶国家小康建设步伐，本来更需要保持和发扬老一代务林人艰苦奋斗的精神，但是，国有林场青年职工普遍以独生子女为主，难免受到过分关照甚至溺爱，缺乏摔打、挫折锻炼，因此缺乏吃苦耐劳的阅历和养成。表现在具体工作实践中，则往往是工作责任意识较差，吃苦精神不强，普遍缺乏老一辈国有林场职工爱场如家的自豪感和奉献精神。

二、国有林场思想政治教育存在的主要问题

目前我国国有林场对青年思想政治教育存在林场青年职工不爱听，教育质量难达标等问题，具体表现如下：一是重视程度不足。许多国有林场对思想政治工作地位与作用存在认识不清、重视不够、实用主义泛滥等现象。特别是在经济建设过程中，思想政治工作得不到林场党委和其他部门的大力支持，使得时间、内容、人员落实起来困难很大。二是形式枯燥单一。目前多数国有林场思想政治工作形式都是以领导讲谈为主，形式枯燥，填鸭式、灌输式较为普遍，难以调动青年职工的兴趣，缺乏青年职工自我展现的机会，无法起到良好的教育作用。三是内容脱离实际。多数国有林场思想政治教育内容以"光、伟、正"式教条性内容居多，脱离了青年职工的工作与生活实际，不能适应新时期的发展需求。同时极端化的宣传式教育方式容易激起青年职工的逆反心理，容易造成负面影响。四是思想政治教育基础设施落后。国有林场广泛分布于我国农村、偏远山区，特别是国界、省界、市界等边界地区，经济发展落后，交通不便，基础设施建设不完善。这使得思想政治教育的硬件设施不完备，难以丰富思想政治教育的形式，弱化了教育效果。

三、新媒体对于青年职工的影响

从积极一面看，新媒体极大丰富了人们的日常生活，特别是对于久居偏远山区国有林场的青年职工来说，通过新媒体广泛接受大量新信息，增强了与外界交流的渠道，开阔了视野，激发了积极向上的动力，并在学习过程中完善自我，培育创新意识，助推身心发展。同时，新媒体也是他们遇到疑难问题的得力助手，有助于扩展他们的知识面，帮助他们掌握林业知识，在专业上获得新的力量。从消极一面看，与报纸、杂志、电视、广播等传统媒体相比，新媒体的信息呈几何式增长，而且内容传播多元化，大量泛滥的网络信息，难辨真伪，处于成长期的青年职工容易轻信、盲信一些错误信息。特别是一些隐蔽性强的不健康信息，容易弱化青年职工的道德意志以及信仰，带来错误的价值观念。如有些青年职工常常沉迷于网

络新媒体中，身心健康受到损害，工作意志消沉，对网络上的虚幻美好顶礼膜拜，脱离林场工作实际，消极怠工，不思进取。个别青年职工长期沉迷和依赖新媒体，造成长期沉沦于虚拟现实中，与同事关系人情寡淡，引发网络孤独症，甚至患上了"网络社交障碍症"。

四、充分认识利用新媒体开展思想政治工作的优势

新媒体对于国有林场青年职工而言是一把"双刃剑"，用得好可以促进工作、方便生活，达到事半功倍的效果。用得不好就会沉迷网络，严重损害身心健康。因此，我们要将媒体变革创新的成果运用到思想政治工作领域中去，利用新媒体这些有力武器，抢占先机，先发制人，主动出击，促进人与人之间的交流，营造良好的和谐环境，增强思想政治工作的时效性。运用新媒体开展思想政治工作的优势主要表现为：一是有利于提高青年职工接受思想政治教育内容。新媒体是青年人群日常使用以及社会交往中运用得最广泛的工具。对于追求时尚，崇尚个性的年轻人而言，利用新媒体是接近青年职工的最好方式。利用新媒体开展思想政治工作，能够贴近青年职工，打破与青年职工心理上的隔阂，增强亲切感，使青年职工能够快速地接纳思想政治教育内容。二是有利于增强教育传播效果。新媒体最大的特点是信息容量大，传播速度快，传递范围广。对于国有林场青年职工而言，由于长期在野外，交通与基础设施都不完善，获取的外界信息有限。新媒体能够打破地域之间的阻隔，形成点对点的精确传播。而且，新媒体的交互性能够及时地反馈青年职工的意见，与以往灌输式的教育相比，互动性强，有利于决策民主化，同时能够弱化思想政治教育者在青年职工心中的强势地位，使传播内容更加容易接受。三是有利于和谐林场建设。国有林场的工作任务繁重，加上长期处于荒野地区，人和人沟通交流的时间越来越少。新媒体运用能够在基层单位和干部职工之间建立沟通的桥梁，有利于增强单位与职工、干部与群众、干部与干部、群众与群众的沟通和联系，有利于改善干群关系，营造和谐范围，起到凝聚人心的作用。四是有利于激发工作热情。青年职工在价值取向上呈现更为多元化状态。由于他们长期工作在生产第一线，工作担子重、压力大，久而久之容

易产生不良情绪。利用新媒体作为思想政治工作的平台，不仅可以传播正能量，而且也给了大家开辟了意见上传下达的空间，能够让青年职工释放不良情绪，缓解环境生活造成的工作压力，充当"减压阀"的作用。五是有利于维护安定团结。总的来说，新媒体是一个开放性的平台，各种消息鱼龙混杂。如果一些别有用心者散布小道消息，不仅会造成青年职工思想上的不稳定，还会对林区乃至社会都带来极大的负面作用。利用好新媒体作为思想政治工作的平台，及时发布真实的信息内容，可以让群众在第一时间获得正确的信息引导，能起到以正视听、答疑解惑、稳定人心的作用，能充当国有林场的定音鼓、定心丸。

五、新媒体背景下增强思想政治工作的途径与方法

思想政治教育由传统的说教模式转变为新媒体模式，既是机遇，也是挑战。年轻人对新媒体的认同感与依存度，是新媒体在思想政治教育上的立足点。在这一背景下，怎样让思想政治工作在这个"新战场"上占领高地，打出漂亮仗，也是我们亟待解决的问题。具体措施有如下几点：一是转变观点，多适应新媒体语境。在新媒体上开展思想政治工作并不是仅仅转移平台而已，而是应该随着平台的转移转作风、改文风。在新媒体上，思想政治工作教育者放低姿态，以做朋友的心态与青年职工交流。切忌长篇大论、枯索无味的文章，多一些短小精悍、图文并茂的文章，适应新媒体的碎片化阅读方式。在文风上多采用年轻人喜闻乐见、生动活泼的语言，有利于青年职工接受与传播。二是加强青年职工的媒介素养教育。媒介素养就是指正确地、建设性地享用大众传播资源的能力，能够充分利用媒介资源完善自我，参与社会进步。在媒介环境日益缤纷复杂的情况下，如何教会青年职工学会对网上内容加以甄别，提高独立思考与判断能力，这是思想政治工作的关键。要引导青年职工利用新媒体完善自我，合理引导一部分青年职工从不健康上网、沉溺网络中走出来。防范和引导结合，使青年职工学会正确、高效地利用好新媒体。三是主动出击，占领舆论高地。新媒体的开放性使西方腐朽文化思想趁机而入，所以我们利用新媒体进行思想政治教育活动，必须树立新风气，弘扬主旋律。目前网络的无序

性，错误信息与消极舆论泛滥，严重影响了青年职工的身心健康。因此，国有林场思想政治教育工作者要化被动为主动，先行出击，扩宽自己在新媒体上的影响力。积极主动地、强而有力地引导舆论，在尊重青年职工合理诉求的前提下，与各种错误舆论进行斗争，并注意表述和引导技巧，用新媒体的手段化解新媒体中的矛盾诉求，抵制新媒体中的恶意攻击性诉求。四是加强思想政治教育者自身队伍建设。新媒体的出现，对国有林场从事思想政治教育工作者带来了一定的挑战。因此，国有林场需要从源头抓起，与时俱进，加强思想政治教育工作者的新媒体运用能力，为开展好思想政治教育工作打好必要的信息技术基础。此外，要提高教育者适应新媒体环境的意识，主动把握时代脉搏，充分利用现代传媒手段，提高对热点、焦点、难点问题的分析判断、总结提炼，有效引导青年职工领先时代潮流，在新媒体环境下不断开创国有林场创新发展的新局面。五是创新体制，丰富思想政治教育工作内容。通过新媒体平台，可以在线上线下组织一些青年职工自己感兴趣的活动，把新媒体教育和现实教育结合起来，利用新媒体促进实际教育工作的转变。通过新媒体凝聚力量，多组织一些线下活动，举行网络课堂、辩论会等参与度较高的活动，充实青年职工的业余生活。

总之，以互联网为代表的新媒体时代到来，给国有林场思想政治工作带来了新的机遇和挑战。我们不应因循守旧、避而不见，反而应该紧紧把握时代脉搏，充分认识新媒体的优势，充分利用现代传媒手段，拓展思想政治教育工作新途径，营造健康向上、团结和谐、争先创优的建设发展新局面。

国有林场职工思想政治工作的改革与发展

李 建　姚雪梅

李建，男，1976年12月出生。河北省委党校行政管理专业本科毕业，中级政工师，现在河北省秦皇岛北戴河新区团林林场工作。2009年撰写论文《四季如歌》在国家林业局组织的"走进国有林场"主题征文中获得优秀奖；2012年撰写的论文《一路风光》在国家林业局组织的"原山杯"纪念国有林场创办60周年征文中获得二等奖。

姚雪梅，女，1978年2月出生。河北师范大学汉语言文学专业本科毕业，现任河北省昌黎县城郊区钱庄子完全小学教师。2013年撰写的论文《走进学生的心灵用爱改变每一个鲜活的生命》在河北省第四届中小学教师师德论坛征文活动中，荣获一等奖，《河北教育》刊载；2014年指导学生写作的作文《我的家乡美如画》荣获第十五届世界华人学生作文大赛一等奖，《小学生快乐作文》刊载。

随着社会主义市场经济的飞速发展，国有林场的经营状况也发生了巨大的变化。在获得更多生产经营自主权的同时，林场职工的思想政治教育工作也需要同步得到加强。多年的工作实践告诉我们，要想做好国有林场职工的思想政治工作，必须充分认识新形势下思想政治工作的特点，在内容、形式和方法上有所创新。

一、新形势下国有林场思想政治工作的特点

这个特点最突出的表现是多样化和复杂化，着重有以下几个方面：一是传统型向现代型转变。随着改革发展的深入，特别是电视、网络、媒介传播等手段的多样化，林场职工的思维方式已经发生了深刻的变化，逐步由静态的、狭隘的、封闭的思维方式向动态的、系统的、开放的思维方式转变。面对这种变化了的新形势、新情况，传统型单一式的"学文件"、"读报纸"、"讲传统"等思想政治工作方法，必须向现代型的多角度、多侧面的思想政治工作方法转化。二是指令型向沟通型转变。市场经济条件下，思想政治工作必须由指令型内容方法向沟通型内容方法转变，必须坚持"以人为本"和"尊重人、理解人、关心人"的原则。晓之以理、动之以情，以他人和自己都能够接受的方式，而不是只以自己能接受的方式去做工作，也只有这样才能取得更好的效果。三是由说教型向关爱型转变。现代社会，信息传播方式发生了根本性变化。许多林场在注重思想政治工作软件投入的同时，更注重硬件设施的投入，建成了图书馆、阅览室、网络信息中心，等等。与此同时，生产经营竞赛活动和林业建设管理工作相辅相成，林场文化建设得到加强，思想政治工作形式灵活多样，人们在寓教于乐中不断提升思想政治境界。四是大道理与小道理相统一。毋庸置疑，思想政治工作必须旗帜鲜明地坚持真理，把大道理讲透。把思想政治工作对象、层次区分清楚，杜绝照本宣科、不切实际、空洞说教。但是，如果把大道理搞成了呆板生硬的说教，不仅起不到效果，还会导致一些人产生逆反心理，效果上往往适得其反。五是坚持理想与现实相协调的方针。坚持正确的思想导向是思想政治工作的基本功能，一旦脱离现实，再好的理想信念教育都会变成空洞的政治说教。着眼于职工现实工作生活实际，确定具体的思想政治教育目标、任务、方针、原则和方法，把先进性要求同现实性条件挂起钩来，就会收到令人满意的成效。六是主次相一致的教育方法。要针对不同对象、不同层次，突出重点、兼顾一般，用丰富的思想政治工作内容和手段，以灵活的思想政治工作方式方法，使思想

政治工作生动、具体，增强吸引力与亲和力，在不同对象身上产生相同的效果。七是言传与身教相辅相成。片面地把思想政治工作理解为就是组织学习，认为学习可以取代思想政治工作的一切，是失之偏颇的错误认识。理论学习，提高思想认识，转变工作方法，具有很大的精神力量；但是千万不要忘记，列宁曾经说过，榜样的力量是无穷的！因此，我们在任何时候，都不要忽略榜样、表率、模范的实际带头作用。加强理论学习与加强榜样宣传，两者相辅相成，就能够收到更好的宣传效果。

二、切实改进思想政治工作的内容、形式和方法

针对新时期社会主义市场经济的特点和规律，以及国有林场改革不断推进的具体情况反映，认真做好思想政治工作，应当从以下几方面加以努力。

（一）内容要"实"

经济工作讲效益，政治工作也要讲效益。如果违背这个基本的效益原则，思想政治工作就是空洞说教，缺乏针对性，自然难以奏效。因此，在思想政治工作中，教育内容一定要结合形势，针对职工的思想实际，摆事实、讲道理，一句话——就是要"实"。那么，怎样才能使教育内容"实"一些呢？一是要有针对性地对职工进行思想教育，是解决职工思想问题的关键环节。改革思想教育的内容和方法，认真研究我国社会主义现代化建设和深化国有林场内部改革等重大问题，研究当代国有林场思想政治工作的规律，分析、批评、纠正各种错误倾向，正确有力地回答职工提出的问题，引导他们进行学习、思考和开展生动活泼的讨论。二是要积极引导职工参加企业自身的各项活动以及各项有益的社会活动。职工在完成工作任务的同时，积极参加各项政治活动，开阔视野，更多地掌握政治理论，了解党的方针、政策，树立事业心，增强责任感，引导职工树立热爱林场建设，献身林场发展的信念，逐步锻造大批高素质人才。三是把思想政治教育与实际工作有机地结合起来，是做好林场职工思想政治工作的根本要求。要不断引导林场职工正确认识搞好政治理论学习与完成工作任务的关系。在认真学习掌握过硬的工作技能的同时，抵制一切消极的东西，

摆正理论学习与工作的关系，努力联系工作实际，把思想政治教育贯穿到各个工作环节中去，解决林场工作中存在的现实问题，把消极因素变为积极因素，促进生产力的发展，确保各项工作任务的完成。

（二）方法要"活"

长期以来，思想政治工作的方法是你讲我听，这些做法有一定的积极作用，但容易使工作对象产生逆反心理，如果我们不在思想政治工作的手段方法上有所突破，就很难发挥思想政治工作的威力。要按照继承与创新发展相结合的原则，对那些适应形势发展要求，至今依然行之有效的好方法应当继承发展，并很好地运用。同时，要善于运用现代化的传播工具，宣传党的方针政策，根据不同人员的年龄、文化程度、兴趣爱好等，开展不同类型的活动。通过采取多种多样的方式方法，提高思想政治工作的实际效果。另外，要学会在解决矛盾中体现思想政治工作的作用。正确处理虚与实的矛盾，做到虚功实做。所谓虚与实，也就是认识与实践、主观与客观、长远与眼前，它们是辩证的统一体。思想是人们对现实生活的反映，思想政治工作体现在我们生活的方方面面，实际上我们处处都能够感到它的存在，它纯洁我们的思想、感化我们的心灵、指导我们的工作实践，具有不可估量的潜在价值。

（三）形象要"好"

俗话说，正人先正己。要想让人接受我们的宣传，听从我们所讲的道理，我们不仅要有良好的见解，而且还要获得群众的信任和爱戴。因此，党员干部要时刻注重自身修养，在群众中树立起良好的形象，要做到这几点：一是工作能力要强。一个没有工作能力的人，是无法让人敬佩的。只有自己有能力、有作为，才能在群众心目中有地位，宣传工作才能被人信服。二是要言行一致。说一套做一套的人，不管他的道理讲得多么透彻，话说得多么动听，除了使人反感外，不会再有别的结果。三是要公道正派。清正廉洁，一身正气的党员干部自然获得职工的敬重；贪污腐败，损人利己、损公肥私的党员干部，说服教育职工就只会被职工唾弃。

（四）感情要"真"

党员干部一定要尊重自己工作对象的情感，思想上不歧视他们，工作上信任支持他们，生活上关心照顾他们，使双方产生情感上的"对流"。如果做到了这一点，他们的潜能就会最大限度地发挥，迸发出巨大的力量。那么，怎样才能做到感情"真"呢？一是围绕人的需求做文章。人的需求大体有 5 个方面：物质、精神、交往、安全和被尊重等。整个社会主义阶段，在劳动还是一种谋生手段的情况下，这 5 种需求能起到助政作用。如果说人们的物质、精神、交往、安全和被尊重的需求都得不到满足，就说明思想政治工作的方法不对头，目标不明确。从这个意义上说，思想政治工作不单纯是思想政治工作者的事，而是人人都要做的工作，任重而道远。二是围绕人的思想做文章。人的思想来源渠道多种多样，包括封建社会、资本主义社会、社会主义社会 3 个时期的影响都存在。有的这方面多一些，有的那方面多一些，这就给思想政治工作带来了艰巨性和复杂性。我们必须把理想信念教育作为思想政治工作的核心内容，使人们的愿望和动力有机地统一起来。否则，愿望和动力就会背道而驰。三是围绕人的观念做文章。衡量一个人，不应看他在舒适的时候，顺利的时候站在哪里，而是看他在受到困难和有争议的时候，在公与私、苦与乐、生与死的关键时刻站在哪里。这时候，才是人们观念的全面展示。思想政治工作者认准了人们的观念，有针对性地对其加以引导、启迪，就会收到良好的效果。总的来说，思想政治工作要通过各种途径，各种方式方法，在解决人的世界观、人生观和价值观上动脑筋、下工夫，最终都会收到应有的效果。俗话说，精诚所至，金石为开。思想政治工作者作出自己巨大的努力，一定会取得相应的成绩。

正视现实落差 问计有效对策[*]

——新形势下国有林场思想政治工作调研札记

王守华

王守华，男，1974 年 7 月出生。山东省济南市平阴县洪范池镇谢庄村人。中共党员。毕业于山东农业大学园林系，工程师，曾任山东省平阴县孝直镇政府林业站技术员、站长，现任平阴县林业局管理中心管理科长，多次被市（县）林业局评为先进个人。曾取得国家级优秀课题研究成果一等奖 1 项；省级林业优秀设计二等奖 2 项、三等奖 1 项；市级优秀调研成果 1 项。发表专业学术论文 15 篇，获国家级二等奖 2 篇，省级三等奖 2 篇。发表文学作品 14 篇，获优秀奖散文 1 篇，诗歌 1 篇。

国有林场地处生态建设最前沿，许多分布于国家重点生态脆弱地区，是我国林业生态体系骨架的核心部分，是国家重要的战略森林资源基地，是我国林业科研、生产试验、良种繁育和新技术推广的重要阵地，是林业生态文化体系建设的重要阵地。随着社会主义市场经济的不断推进，林业建设由社会造林方式不断向工程造林方式转变，新形势下国有林场的建设地位相比较于新中国成立初期呈现下降的趋势。国有林场职工生存现状堪忧，职工存在这样那样的思想问题，我们必须谨慎对待，积极寻求破解

---

* 本篇荣获中国政研会（中宣部）2014 课题研究优秀成果三等奖。

之策。

一、国有林场生产管理现状不断促生思想政治工作难题

由于行业的特殊性和林业建设的需要，大部分国有林场的林业建设者们，长期在交通不便、工作条件艰苦、信息较闭塞的偏远山区从事林业建设工作，许多职工一辈子默默无闻地战斗在护林战线上。新中国成立初期建立起来的国有林场，似乎没有跟上社会改革开放的步伐，以至于广大国有林场职工实际面临着种种难以破解的问题。一是管理体制不顺。长期以来，国家将国有林场确定为实行企业化管理的国有事业单位，其经费实行自收自支。二是经营机制不灵活。三是林场基础设施建设投入严重不足，致使一些供电、供水、通信、危房改造、管护住房、林区道路等基础设施破旧不堪，亟需改造或重新修建。四是林场经济状况较差，负担过重。五是职工待遇低。特别是许多下岗分流职工基本生活都难以保证，在岗职工工资普遍低于社会平均工资水平。六是思想观念滞后。许多职工的思想观念还停留在砍木料卖木料保吃饭的计划经济时代，"大锅饭"、"铁饭碗"没有真正端掉，不思进取的思想普遍存在，好像林场的发展与己无关，"等、靠、要"思想严重。以上问题长期得不到有效解决，职工思想不断发生变化，促使林场思想政治工作难度加大。

二、新旧体制、机制转换状态下林场思想政治工作面临的问题

随着林业改革的不断深入，国有林场的改革也在有序地展开。旧的体制要破除，新的运营机制要展开。在这种新旧体制机制转换的状态下，职工思想不断发生波动。变化的趋势与特点主要表现为：思想认识复杂化、思想观念多变性、价值取向趋利性、对国有林场改革缺乏信心等方面。职工思想的不断波动，导致林场思想政治工作难度加大。

1. 思想政治工作很难形成稳定的社会共识。有人认为，市场经济靠价值规律起作用，思想政治工作在市场经济中无能为力，无所作为；有的认为，由于社会价值取向的变化，物质利益调节的作用越来越大，思想政治工作的作用越来越小；还有的认为，林场属于经营生产性单位，完成造林

任务，实现经济增长就行了，思想政治工作可有可无。这些思想和舆论环境给当前的国有林场思想政治工作带来了极大的困扰。

2. 思想政治工作的效果同经济关系的作用面临考量。当前，林场的党内活动方式与林场内部的运行特点不适应。各级党组织生活次数相对频繁，形式过于呆板，导致按党内规章要求的时间、次数、内容、方式规范开展党内活动难度很大。而在林场内部，经济关系对职工的影响比政治关系更加实在、直接。从手段上看，思想政治工作侧重于非权力性影响，侧重于思想引导，而一些实际问题光靠讲道理是不能解决的。相反，场长掌握一定财权，具有解决职工物质文化生活方面实际问题的权力，具有解决实际问题的有利条件。因此，有时职工的意见和需求反映到党委（支部），迟迟得不到解决，使得有些人认为思想政治工作脱离实际，没什么实际价值和意义。

3. 职工对思想政治工作的作用理解上产生偏差。思想政治工作的作用，在当前遇到了3个方面的挑战：一是许多社会消极因素抵消了思想政治工作的成果，使之难以发挥作用。如收入分配不公、拜金主义、享乐主义、少数领导干部的贪污腐败行为，等等，常常使人们的世界观、人生观、价值观受到冲击，从事思想政治工作的同志苦口婆心的教育化为乌有。二是思想政治工作缺少物质载体，造成林场思想工作与帮助职工解决实际困难脱节。三是思想政治工作的成效具有间接性、潜在性、积累性等特点，不像物质奖励那样直接、现实、功效快，使人们对思想政治工作的作用产生错觉，认为思想政治工作好比一把伞，"天晴无用场，下雨顶一场"，用处不大。

4. 政工干部对思想政治工作的方法运用感到很无奈，职工不认可。当前，林场的党员干部特别是领导干部存在"一等二靠"的思想，工作等上级布置，开展活动靠资金支持，方法沿袭传统，缺乏对现代科技成果的深入运用。近几年，关于林场思想政治工作的改进与创新，常常是"文件多，落实少"，构想的东西多，可操作的办法少，其结果是思想政治工作者感到辛辛苦苦做了无用功，职工群众认为枯燥乏味得不偿失。

5. 思想政治工作队伍老化问题严重。人秘干部是林场做思想政治的骨干，但长期得不到培训，知识老化，素质弱化，使思想政治工作的改进和创新缺乏内在动力。在市场经济条件下，政工干部缺乏懂政治、懂经济、善经营、会管理、有威信的复合型人才。大部分国有林场的政工干部是兼职的，本身有许多业务等工作，没有足够时间和精力来做好思想政治工作。

三、新形势下林场思想政治工作难题的应对之策

在改革开放和社会主义市场经济条件下，加强和改进国有林场思想政治工作需要坚持与时俱进，开拓创新，不断赋予思想政治工作时代内涵，提高工作的实效性和感召力。

1. 领导干部要身先士卒，秉承奉献精神，解放思想，转变观念。林场领导干部和政工干部只有身先士卒，进一步解放思想，转变观念，才能适应社会主义市场经济的要求，发挥先导和保证作用，才能从无地位的困境中解脱出来。树立"寓管理于服务，以有为争有位"的观念，诚心实意地为林场发展服务，以卓有成效的工作，赢得职工的拥护，使思想政治工作的权威建立在有效的服务之中。实践证明，衡量思想政治工作效果，主要看思想政治工作是否紧贴林场职工实际，是否真正解决了存在的思想问题。这是解决党员干部思想问题、观念问题的关键。思想政治工作的号召力、说服力往往来自党员领导干部的良好形象、高尚人格和以身作则的示范作用。农民总结出一句话，"村看村，户看户，群众看干部"。这对思想政治工作很有借鉴意义，职工群众正是以领导干部的一言一行为依据来判断谁是党的路线政策的忠实执行者，谁是群众利益的根本代表，从而真心实意地相信谁。一个富有强烈事业心、进取心、责任心，怀抱崇高的理想、高尚的道德情操，并具公道正派、廉洁奉公、自省自律作风的领导层，必然具有强大的凝聚力，感染力和号召力，必然能够团结奋斗、风雨同舟、开拓前进。这就要求林场的领导干部，对待功名利禄，多一点"无我"；对待事业工作，多一点"忘我"；对待自己的缺点毛病，多一些"非我"。为此，就要善于学习，乐于奉献，视场为家，视职工为亲人，时刻倾听呼声、关心疾苦、排忧解难。要严于律己，勤俭节约，清正廉洁，

真正做到无私无畏、无欲则刚。领导干部自身的榜样，就是最有说服力的思想政治工作。

2. 充分发挥工会优势，积极为职工群众排忧解困。工会作为林场职工群众组织，代表林场职工群众的利益，具有群众优势。工会的社会职能主要表现在围绕维护、建设、参与和教育等 4 个方面去开展工作，这"四项职能"又相互联系、相互渗透。工会的"维护职能"赋予工会组织和工会干部替职工群众说话、办事的权力。应通过维护，积极有效地发挥替职工群众说话、帮职工群众办事、为职工群众排忧解困的作用，更好地保护、调动和发挥广大林场职工的积极性、创造性，并把这种积极性、创造性引导到完成林场的各项中心任务上来。可以在各种问题萌芽时、在解决各种问题中、在各种工会工作中、在平时的宣传中，积极做好思想政治工作，并以此为思想政治工作和思想教育工作的主阵地。

3. 坚持以人为本，了解职工疾苦，解决问题，化解矛盾。国有林场思想政治工作对象大部分是长期生活在山区的职工群众，生活条件相对较差，综合素质相对不高，存在的民生问题较为突出。因此，国有林场在思想政治工作中要体现以人为本的原则，通过关心、帮助和理解的方式化解矛盾，消除误解，以情感人，凝聚人心。以人为本，充分调动职工积极性是做好思想政治工作的根本。林场政工干部是职工利益的维护者和代表者，必须牢固树立一切为了林场职工的思想观念，时刻把职工的利益放在第一位，密切联系职工群众，积极为职工说话办事，实现好、维护好、发展好职工群众的根本利益，激发职工与林场荣辱相关、休戚与共的正能量。干部要经常深入基层和职工之中，了解职工的疾苦，倾听他们的呼声，及时向场部反映他们的意见或建议。坚持困难职工必访、职工住院必访、职工病故必访，帮助他们分忧解难。必须坚持以人为本，解决生产、生活及思想问题，提高人们思想觉悟，从而增强思想政治工作的及时性和实效性。通过做思想政治工作，把职工群众的积极性充分调动起来，不断提高林场的经济效益。林场内部的和谐发展，是构成外部和谐的基础。内外部和谐发展，为贯彻落实党的十八大精神，坚持科学发展观，促进林场可持续发展提供有力支撑。

4. 与时俱进，不断创新，促进思想政治工作载体的升级改造，提高政工干部自身素质。加强和改进国有林场的思想政治工作，关键在于联系林场实际，改进工作方法，不断探索创新。根据形势发展要求，结合林场自身情况，有针对性地做好思想政治工作。开展思想政治工作，要深入基层第一线，通过体验生活、走访、开座谈会、设立意见箱等形式，与最基层的干部职工谈心、交朋友，倾听职工的呼声，摸清群众的思想，从而掌握基层最真实的思想状况和基层人员的真正需求。随着社会主义市场经济体制的建立和林场改革、发展的深入，思想政治工作的传统载体和狭小阵地已捉襟见肘，难当重任，迫切需要开拓新视野、拓展新阵地、寻找新载体。为此，必须抓好3个方面的工作：一是把广泛深入地开展丰富多彩、健康有益的生态文化建设活动作为新载体，寓教于体（育），寓教于文（艺），寓教于乐，努力实现思想政治工作与生态文化建设的有机结合。二是把严格科学的管理作为思想政治工作的新载体，努力实现两者的有机结合。三是大力推广和运用现代化宣传工具。思想政治工作载体的转变，必然会推动政工干部自身素质的提高。为了适应载体的升级创新，政工干部应加强学习，努力培养和造就自己成为懂政治、懂经济、善经营、会管理、有威信的复合型人才。自身素质的提高，必然会极大地提升做好思想政治工作的能力。

5. 坚持物质激励和精神鼓励并重、具体业务同思想政治工作结合的原则，切实增强思想政治工作的实效性。物质利益是人们进行社会活动的物质动因，物质需要是人们的基本需要。思想政治工作通过使人们看得见、摸得着的物质利益，体会到自身的社会价值，才能更好地激发人们的劳动热情。要将解决思想问题和解决实际问题结合起来，将具体业务同思想政治工作结合起来，将坚持教育与管理相结合，才能增强思想政治工作实效性。具体而言，一要通过开展各种理论、法律和职业道德等学习教育活动，不断提高职工思想政治素质。二要在加强完善民主管理制度建设，发挥职工参与管理事务的工作中，引导林场职工群众正确的思想导向，做好各种情况的解释工作，化解各种矛盾。三要在现实问题中，做好思想政治工作。要把维护林场职工群众的根本利益放在工作的首要位置，具体工作就是要切实解决职工现实生活中的各种问题，从职工最关心与职工利益最紧密的问题入手，把思想工作做到职工的心坎上。要通过扶贫、送温暖、助学、定点帮扶等工作，结合职工思想实际，解疑释惑，疏导情绪。要切实解决职工中存在的民生问题，并在解决问题等具体工作过程中做好思想政治工作。四是思想教育与管理要相结合。思想教育必须与道德教育和法制手段结合起来。要在思想政治工作过程中，引导职工学习法律，依法处理各种问题，依法做好管理工作。特别是处理一些具体问题，要有法律和制度依据，以此为基础，做好林场职工的思想政治工作，就会起到事半功倍的良好效果。

围绕生态与民生林业做工作

筱云燕

筱云燕，女，蒙古族。中共党员，律师、经济师、法律顾问、高级政工师。1985年参加工作，现任阿里河森工公司（林业局）党委书记，历任莫尔道嘎林业局团委书记、内蒙古大兴安岭林管局团委副书记、书记、内蒙古林业工会副主席等职务。先后获得了"林区民族团结先进分子"、"自治区星星火炬奖章"、"自治区优秀党务工作者"、"全国优秀工会工作者"等荣誉称号。

　　思想政治工作是我们党一切工作的生命线。当前，国有森工企业正处在经济转型时期，企业职工的思想也逐步呈现出多元化的发展趋势，针对所出现的新情况、新问题，思想政治工作如何在企业转变发展方式的大潮中，提高工作理论观念、方式方法、手段形式的科学性？如何用科学的思想培养人、教育人、增强思想政治工作的感染力？如何为新形势下发展生态林业、民生林业提供强有力的思想保证？这些问题，是当前和今后必须面对和切实抓好的重大任务。

一、思想政治工作对企业发展的重要意义

　　（一）思想政治工作是我们党特有的优势，在企业发展的各个时期发挥着极其重要的作用

　　追求经济效益最大化是企业工作的中心，也是思想政治工作的中心。

思想政治工作从企业改革和发展的大局出发，能够适时地在企业发展的每一个阶段确定工作的指导方针、工作原则和内容，把思想政治工作渗透到生产经营和改革发展的各个环节，为企业改革和发展提供强有力的思想保证，并随着形势的不断发展变化不断充实和创新工作内容，改进工作方法，为企业改革发展奠定坚实的思想基础，为企业进一步发展壮大铺平道路。

（二）思想政治工作是构建和谐企业的强有力保障

在企业发展的各个时期，根据企业内外部实际，向职工讲清企业改革的形式和面临的困难和机遇，及时将企业的重大活动、发展前景进行广泛的宣传教育，帮助他们认清企业发展与自身利益的关系，从而稳定员工思想，振作员工精神，促进员工自觉投身到企业发展中来，把职工的积极性、创造性引导到生产经营、安全生产上来，真正使和谐企业的思想深入人心，起到思想政治工作的积极导向作用。

（三）思想政治工作能够化解企业经济转型、体制转轨、分配方式多样化带来的各种矛盾、问题

随着企业经济转型的持续推进，经济形势、分配方式及人们思想多样，各种矛盾凸显，职工队伍思想观念发生了深刻变化，迫切需要通过思想政治工作统一人们思想、凝聚力量。紧紧围绕企业实施的战略转型、精细化管理等工作引导职工解放思想、转变观念，理解、支持并积极参与到企业改革实践中来。及时化解员工的消极思想，解除员工的疑惑和后顾之忧，将职工的思想和行动统一到企业改革发展的大局上来，以强有力的舆论导向营造出员工关心企业、热爱企业的良好氛围。

二、当前国有森工企业思想政治工作面临的问题

（一）思想、价值观念陈旧，不能与现代林业企业经济转型相结合

人们普遍认为思想政治工作就是以政治手段来教育人、培育人，对于经济上的问题少讲、少过问，笼统地认为"向钱看"是资本主义思想方面

的东西,有种"谈钱色变"的意识,认为思想政治是游离于生产经营之外的工作,表现为党政分工分家,与企业生产经营脱节。但是,现在正处于林业企业经济转型的重要时期,旧思想观念已不能适应新的形势。林业企业要顺利实现产业转型崛起,就不能离开经济谈政治,空对空,到头来起不到思想政治工作的作用,还会拖经济建设的后腿。只有树立商品经济观念,强化思想政治工作是经济工作的生命线,帮助职工增强市场意识和效益意识,才能充分发挥思想政治工作的作用。

(二)思想政治工作方式方法落后

现有思想政治工作内容、方式方法,很多都是在过去形成的,这种以单一语言灌输的"大兵团作战"及"满堂灌"的方法来解决职工思想问题效果不佳,仅仅通过讲解、培训这种手段已经远远不够,形式上你听我说式的教育缺乏渗透性、吸引力和感染力,许多职工抱着被强迫接受教育的态度来听,很难产生好效果,在这种传统枯燥的宣教形式下,企业的思想政治工作无法深入人心,领导和职工之间也无法有效沟通,企业难以和谐有序发展。

(三)思想政治工作人员素质不能适应新形势

过去,在选拔政工干部时着重考虑政治上可靠、思想作风正派、有一定理论水平和说教能力的干部。现在,企业面临经济转型,单单具有以上条件是远远不够的。因此,需要政工干部学习一些超过自己业务范围的东西——不但要熟悉思想政治工作内容,还要熟悉企业经济转型下应掌握的生产经营,企业管理、产业发展、林下资源概况等知识,把思想政治工作真正融入到企业经济转型崛起的工作中去。

三、新形势下加强思想政治工作的新途径、新方法

(一)围绕服务生态林业、民生林业,将思想政治工作与企业经济转型有机结合

大力推进生态文明、建设美丽中国是发展林业的首要任务,建设生态林业、民生林业是林业工作的核心任务和要求。要增强思想政治工作的感

染力，就必须紧紧围绕服务生态林业、民生林业这个中心，把思想政治工作渗透到职工日常生产、管理、技术中去，与生产经营一道去完成任务。新形势下企业从传统的木材生产向发展生态林业、民生林业转型，为企业发展提出了新的要求：要求我们抓好改革，通过增加改革的系统性、整体性、协同性激发林业发展内生动力和活力，壮大生态文明建设的力量；要求我们抓好资源，加强植树造林、封山育林和抚育经营，增加森林资源和生态总量；要求我们抓好科技，完善现行的林业技术、标准和规程，将林业工作重点由培育管理森林资源转向保护管理自然生态系统；要求我们抓好产业，以丰富的资源为依托，大力发展木本粮油、生物质能源、生态旅游、林下经济等绿色产业；要求我们抓好民生，把改善林区民生作为推进生态文明建设的首要任务。面对新形势，思想政治工作必须坚持思想领先的原则，在企业转型发展中及时揭示出职工在生产工作中的思想状况和倾向，主动进行宣传教育工作，使积极的职工得到及时的宣扬和鼓励，使消极的得到及时批评和抵制。尊重职工、关心职工，与之建立深厚的感情，不断挖掘他们的潜能，不断提高他们的思想道德素质和科学文化素质，不断提高他们的劳动技能和创造才能，充分调动他们在经济转型发展中的积极性、主动性和创造性，同时努力营造林业企业健康发展的良好环境。思想政治工作要紧紧围绕林业经济转型这个中心任务，适时地对职工开展形势任务教育，把林业面临的形势任务、发展方向、整体要求向职工讲清楚、讲明白，积极引导职工增强危机感、紧迫感、责任感和使命感。要把林业转型的工作重点、难点和职工关心的热点作为思想政治工作的着力点，紧紧围绕林业发展的中长远目标开展强有力的思想政治工作，动员广大职工当好主力军、打好主动仗，发挥好思想政治工作的有力优势。培育和塑造企业精神，增强思想政治工作的时代感和紧迫感，为林业企业营造健康发展的良好环境。

（二）围绕建设高素质政工队伍，增强思想政治工作的渗透力

林业转型的首要目标是发展，是林业企业存在之必须，生存之根本，思想政治工作必须要服务于这个大局。一是要加强思想政治工作队伍建

设。思想政治工作是沟通企业上下的喉舌，联系左右的纽带，传递信息的中枢、思想政治工作队伍是林业企业党的全部工作和战斗力的基础，是为林业企业发展保驾护航、为林业经济建设服务的主阵地。作为思想政治工作者要政治坚定，经得起考验，甘于奉献，耐得住磨炼。思想政治工作部门与生产经营部门相比，属于"清水衙门"，所以要严于律己，时刻保持一种埋头苦干、任劳任怨、甘当无名英雄的精神，处处担当表率。发挥"身教重于言教"作用。同时，还要注重思想政治工作的人才培养，优化思想政治工作队伍结构，把思想好、能力强、素质过硬、理论水平高的人才充实到思想政治工作队伍中来。在新形势下，要加强学习其他符合企业转型的方方面面的业务知识，在企业中要从领导到班组形成自上而下的思想政治工作体系，实行党、政、工、青一起抓，建立一支素质好、威信高、整体功能强的思想政治工作队伍，健全一套行之有效的思想政治工作制度，探索一条符合林业经济发展的思想政治工作新途径。二是要加强现场思想政治工作。目前，林业转型发展和安全稳定的任务十分繁重，思想政治工作要紧紧围绕经济转型这个中心任务，发挥好思想政治工作的服务保证作用。要结合林业转型时期的工作特点，把思想政治工作真正落实到工作中，落实到基层，落实到生产经营当中去。思想政治工作者要结合生产经营的实际，开展好各项活动，特别是要结合我们林业自身的实际，倡导"做新时期务林人"，营造和谐、积极、健康的企业文化，形成企业新的生产力。同时，作为新时期思想政治工作者要深入现场、深入一线，及时掌握职工思想动态，理顺情绪，化解矛盾，发现思想政治工作的薄弱点，改进工作方法，围绕生产经营的实际做好思想政治工作，为群众诚心诚意办实事。

（三）围绕建设森工企业文化，丰富思想政治工作的新内涵

随着时代的发展，国家林业方针已经发生了由传统林业的以木材生产为主，向现代林业以生态建设为主的转变，林区企业文化建设也在与时俱进、创新发展，形成了以森林生态文化为核心的独特的森工企业文化。只有通过不断丰富思想政治工作内涵，有针对性地把创新发展的企业精神渗

透到职工群众的思想中，才能使企业文化真正成为凝聚人心、激发热情、鼓舞斗志的强大动力，从而解决企业转型发展出现的新问题，增强思想政治工作的时代感和实效性。一是打造富有林区特点，适合林区发展需要的企业核心价值观。在继承林区优秀传统文化精髓的基础上，突出森林生态文化特色和时代特征。在新的时代背景下，内蒙古森工集团（林管局）不断地充实、丰富、延伸和发展赋予新的思想内涵和时代特征的企业核心价值观，塑造了"为国奉献、为民造福"、"做林业生态建设脊梁、塑林业生态文明形象"等为主要内容的带有时代气息的大兴安岭人精神，确立了"发展森林经济、打造百年森工"的新目标，并采取新闻宣传、宣讲报告等多种方式深入开展宣传，使之成为内蒙古大兴安岭务林人的共同愿景，成为引领广大职工群众建设生态良好、生产发展、生活富裕、环境优美、文明和谐社会主义新林区的强大精神动力。二是把建设繁荣的森林生态文化体系作为企业文化建设的根本导向。从林区行业特点和林区实际情况出发，加强文化发展战略、企业精神、企业哲学、行为规范为主要内容的企业文化建设，构建比较繁荣的森林生态文化体系。内蒙古森工集团（林管局）把建设繁荣的森工企业文化体系作为企业文化建设的根本导向，努力使森林生态文化成为林区文化的主流和旗帜，使人与自然和谐相处的生态价值观成为林区价值观的核心，通过"发展森林经济、打造百年森工"来推进林区生态文明建设，提高林区科学发展的软实力，引领和推动林区的生态建设和产业发展。

四、围绕践行群众路线，创新思想政治工作的新方法

"一切为了群众、一切依靠群众，从群众中来，到群众中去"的群众路线，这是我们党的根本工作路线，也是我们党的生命线。如何在新形势下，牢固树立群众观点，健全群众工作制度，创新群众工作方法是摆在思想政治工作者面前的一项十分紧迫和重要的工作。新形势下，国有森工企业创新思想政治工作，需要践行群众路线，要时刻关注职工群众思想活动的新变化，积极探索国有企业思想政治工作的规律和特点，继续发挥我们党的优良传统

和政治优势，进一步凝聚人心，增强企业员工的责任感，促进国有企业经济转型发展的稳定，增强思想政治工作的针对性和吸引力。方式方法要由原来的"声势型"向"实效型"转变，由"指令型"向"执行型"转变，由单向"灌输型"向寓教于乐的"吸收型"转变。通过扎实的学习和培训，进一步实现思想政治工作方法由经验型向学习型的转变，把思想政治工作真正渗透融入到职工群众中，在管理上形成层次紧密的垂直管理体系，将践行群众路线的政治执行力真正变为服务群众工作的实际成果。

五、围绕以人为本，积极维护职工的合法权益，增强思想政治工作的说服力

开展思想政治工作，要贯彻民主集中制的原则，时时处处把广大职工的根本利益放在第一位。在企业转型发展过程中，要实行民主管理，凡涉及职工生产、生活和切身利益的事都是大事，都要摆到头等位置。制定决策，首先要考虑职工利益；开展工作，要关心职工生活，帮助职工解决实际困难。要以领导干部自身的良好形象，赢得广大职工群众的拥护与信赖。要坚持讲真话，不讲假话；讲实道理，不讲虚道理。思想政治工作的根本任务是调动人的积极性和主动性。林业经济要转型，企业要发展，靠的是职工的创造力和开发力。以人为本，首先要解决的是职工的思想政治问题，即职工的思想包袱是什么？他们想的是什么，需要的是什么？抓住了这问题再去关心人、教育人、激励人、利用多种形式对职工进行世界观、人生观、价值观、政治观、道德观的教育就会达到事半功倍的效果。以人为本是要真正在培养人的能力上下功夫，最大限度地调动职工积极性和创造性，使职工的思想政治工作具有人情味。

在做具体的思想政治工作时要紧扣主题。一要抓住重点，化解矛盾冲突。企业的转型升级，产业结构的逐步调整，岗位的设置，利益的分配，必然会涉及职工的切身利益，这些问题处理不好，就会影响社会稳定，影响改革发展。因此，作为思想政治工作者一定要处理好稳定、改革和发展的关系，克服形式多成效少，压制多说服少，灌输多感悟少，强制多疏导少的工作方式，增强思想政治工作的使命感和责任感，把中央的宏观决策、上级的政策方针和意图讲细讲清讲透，使广大职工把握形势，明确任务，坚定信心。二要把握热点，关注职工利益做好思想政治工作。要把思想政治工作与国家、集体、个人三者利益相结合，渗透到企业改革发展、科学管理和职工的生产、生活当中，做到哪里有职工哪里就有党组织；哪里有问题，哪里就有思想政治工作。

总之，思想政治工作是一项事关林业企业健康发展、产业转型升级、党组织政治核心作用发挥、优秀企业文化建设的系统工程，对加强林业提高经济效益和社会效益、提升企业知名度、树立企业良好形象都有着重要意义。新形势下，林业思想政治工作者要大力弘扬思想政治工作服务于经济建设的宗旨，努力把思想政治工作提高到一个新水平，为推动林业企业转型升级、健康发展作出积极贡献。

森工企业职工思想动态分析

隋海涛

隋海涛，男，1978年6月出生。中共党员，毕业于内蒙古党校经济管理系，现任内蒙古大兴安岭林管局甘河森工公司（林业局）记者站站长，海拉尔青年摄影协会会员。自2000年至今，在中国绿色时报、内蒙古日报、林海日报发表稿件1025篇。2013年获内蒙古自治区工会"五一"新闻奖，2009～2014年连续6年获林区优秀新闻通讯员名称。

根据内兴林党宣通字〔2014〕9号《关于转发〈关于报送2014年度企业职工思想动态调研分析材料的通知〉的通知》文件要求，为全面掌握甘河森工公司深入贯彻党的十八届三中全会和全国人大、政协十二届二次会议精神，深化改革、调整结构、推动公司创新发展过程中干部职工的思想动态，进一步加强和改进企业思想政治工作，公司开展了一次全局性职工思想动态调查活动。

一、甘河森工公司职工基本情况

甘河森工公司职工现有职工3592人。职工平均年龄46.6岁，其中45周岁以上职工2181人，占60.7%，35～44岁的1276人，占35.5%，34岁以下青年职工135人，占3.8%。从文化结构上来看，研究生学历2人，占0.05%，大学本科学历102人，占2.8%，大专、中专学历650人，占

18%，高中以下学历 2838 人，占 79%。近几年分配的大学毕业生职工 46 人，占 1.3%。

二、本次调查的方式

本次职工思想动态调查采取访谈和问卷调查相结合的方式进行，调查范围涉及甘河森工公司机关各部室、局址基层单位和生产一线管护所，涉及人员包括在岗职工、退休职工以及大学生职工。局场两级共开展访谈 28 次，涉及 268 人，访谈采取集中和单独访谈的方法进行。共发放职工思想动态调查问卷 1712 份，收回 1709 份，问卷设计重在了解职工对企业改革改制、转型发展的认识、期望以及目前职工工作生活状态、思想动态、对公司未来发展意见和建议等方面的信息，问卷以不记名填写的方式进行，以客观选择题为主，辅以主观问答题，调查涵盖公司各行业各工种人员，可窥一斑知全貌。

三、职工思想动态主要特点

近年来，甘河森工公司紧紧围绕林区科学发展、转型崛起、富民兴林主线，把握一手抓生态保护和转型升级，一手抓民生改善，突出思想引领和舆论引领，坚持增动力、鼓士气、举新措，充分发挥思想政治工作凝聚力量、激励斗志的作用。2014 年，公司深入贯彻落实党的十八届三中全会精神和自治区"8337"和林区"3598"发展思路，确定了"发展森林经济，打造百年森工，坚持以建设生态文明为中心，以富民强局为总任务，以构建生态体系、产业体系、文化体系为目标，着力增强生态林业民生林业发展动力，坚持稳中求进，推进转型发展，努力成为北疆生态文明亮丽风景线上的闪光点"的工作思路，同时确立了"1223"转型发展目标。总体上看，职工队伍思想相对平稳，面对企业转型绝大多数职工不是等待观望，而是积极主动地去应对，热情较高，踏实工作。从调查结果来看，基层职工思想主要呈现如下特点：

1. 职工的最大关注点是企业转型，实现富民兴林。当问到"当前您最关心的问题是什么"时，33% 的职工选择了"企业转型后的发展前景"，

24%的职工选择了"转型如何实施",领先于其他选项,如"自己和家庭的收入"(21%)、自己的发展前途(23%)等。在回答另一个问题"目前您最担忧什么"时,这一点同样得到印证,职工最担忧的两个问题是"企业效益下滑,发展前景不乐观"(28.6%)。转型时期职工最希望企业加强的工作依次是:抓好生态保护、产业发展、民生改善工作、不断提高经济效益(37.61%);提高职工收入、福利水平(21.22%);加强职工培训,提高职工素质和竞争力(20.25%);丰富企业文化(12.92%);创新企业管理机制,使企业更有生机和活力(8%)。干部职工均选择了能够促进企业发展的选项。职工对转型的期望值较高。转型对企业的影响,46.01%的职工认为困难与机遇并存,41.1%的职工认为企业转型将给企业发展带来机遇,希望企业建立系统完整的生态文明制度体系、实施科技兴林战略、促进转型产业尽快落地、落实好棚改政策,加大困难职工帮扶救助力度,为实现生态林业、民生林业增加动力。超过85%的职工认为林区的政策会越来越好,职工收入、福利待遇会发生较大变化。一小部分职工担心企业深化改革、精简机构后自己下岗无业可就,存在一定的危机感和忧虑感。职工对待转型的态度积极向上。在转型攻坚期,大部分职工表现出良好的心态和较强的责任意识,有一多半以上的职工选择的应对措施是"努力干好本职工作,用能力和业绩增强竞争力",70%的职工认为自己应该"抓紧时间学习,多掌握几种技能,跟上企业转型发展步伐"。职工对企业的责任感、归属感、信赖感增强。

2. 职工对"中国梦"、"尽责圆梦"活动认识深刻。大部分党员干部认为:自治区把凝聚共识、凝心聚力与激励各族干部群众共同担当责任、履职尽责相结合,在全自治区广泛开展以"尽责圆梦"为主题的中国梦主题实践活动,引导广大干部群众深刻认识和体会到个人的前途命运与国家民族的前途命运紧密相连,是很有意义的,80%的职工认为"只有脚踏实地、尽责实干才能实现个人梦、共筑中国梦"。2014年,甘河森工公司党委将结合党的群众路线教育实践活动的开展,在广大职工群众中开展"爱岗敬业,实干圆梦"活动,继续深化"我为企业献一策"、"道德讲堂"、深化窗口单位"文明杯"规范服务竞赛活动,激发干部群众为家庭幸福奋斗、为企业进步出力的干事创业热情。工会将在各基层单位广泛开展"劳动·创造·奋斗——我的中国梦"岗位技术比武活动，公司团委将在青年职工中开展"敦品励学，成才圆梦"活动。引导激励广大职工群众为实现中华民族伟大复兴的中国梦和小康林区梦而发奋成才、建功立业。

3. 职工渴求企业核心价值观与个人价值观的和谐统一。在培育和践行社会主义价值观方面，职工希望企业弘扬生态文化，倡导人与森林和睦相处，深入挖掘森林文化、地域文化、民俗文化、养生文化、健身文化，丰富企业文化内涵，提升甘河人民幸福指数（47.85%）。在个人价值观取向中，要求多为职工提供教育培训机会（22.09%），让自己从事最喜欢、最有优势的工作（16.65%），帮助职工解决实际困难（13.50%）。去年以来，公司在职工群众中倡导绿色文明、低碳、环保的生活方式，开展清洁美化甘河全民义务劳动，形成爱护森林、保护生态、崇尚文明的良好风尚。从调查来看职工更多的是希望企业能给予更多的培训机会以提升自己的人力资本价值，公司将从完善学习型党组织长效机制入手，一是增强职工学习的针对性，使学习做到实用化和专业化；二是创新学习形式，采取"走出去"、"请进来"的办法，为职工开辟更多的学习渠道；三是做到学以致用，用以促学，把学习和解决实际问题相结合，确保企业核心价值观与个人价值观的和谐统一，职工的主力军作用在企业经营业绩中得到体现。

4. 职工对党员干部报以很大的期望值。调研中发现职工群众普遍对党员干部的工作能力和奉献精神提出了更高的要求。75%的职工认为党员干部作为一个单位和部门的"领头羊"，应该更加具有奉献精神，严以律己、宽以待人，提高办事水平和效率，只有这样，企业发展才能更有凝聚力和战斗力，才能带领广大职工群众顺利圆满完成各项任务，才能保证职工利益不受损失。

5. 职工希望通过产业发展助力富民兴林。积极探索生态建设与产业协调发展之路，已成为摆在甘河林区各企业面前的重要课题。超过85%的职工认为企业可持续发展应以产业为支撑，资源的培育必须依靠产业来拉动。自2014年以来，公司通过群策群力，汇聚众智，加快改造提升优势传统产业，通过强力推进 6 项产业实现企业经济的转型升级：一是发展以绿化种苗为主的森林资源经营产业；二是强力推进甘河源头湿地公园建设项目；三是强力推进甘河上游水库建设项目和河道整治项目；四是发展以森林小火车游为重点的旅游产业；五是打造矿泉水、干豆腐低碳绿色环保产业；六是发展树莓种植、野猪养殖、黑木耳培植、野生浆果采集等家庭经济产业。大部分职工认为：以开发优势资源为龙头，分区域、分资源、有重点发展产业，集中形成规模、打造品牌，才能有效兼顾生态、产业、民生需求，表明职工对企业实现产业新发展信心十足，满怀期盼。

四、甘河森工公司职工思想中存在的主要问题

1. 政工干部缺失，老职工观念求稳，创新意识亟待增强。一部分政工人员思想被动，工作靠上级，活动靠行政，方法缺创新，一定程度上存在构想多、实施难、行动少的弊病。一部分政工干部得不到必要的培训，知识老化，素质弱化，吃苦精神差，方法简单，加之思想政治工作的改进和创新方面缺乏必要的内在动力，导致政工队伍缺乏既懂政治，又懂经济懂管理的综合性人才。公司干部职工平均年龄在 46 岁以上，多年的固定岗位、不变的生活工作慢节奏，导致一部分职工观念求稳，对工作和生活冷淡处之，得过且过，一部分人只说不做，没有创新意识，愿做评论员，不愿做战斗员。

2. 职工关心工资收入，期望加薪。近几年林区坚持为职工增资，但是目前林区职工收入与地区和国家其他行业比相差甚大，职工当前收入水平的提高难以应对物价、房价的上涨，生活压力较大，在一定程度上也影响着职工的工作主动性和创造性。90% 的职工期盼林区适当提高工资收入，加大民生改善力度，增加职工对企业的归属感。

3. 党员干部组织能力和沟通能力需要强化。目前森工企业技术创新能力不强、产品市场竞争力不强，缺乏龙头产业的带动，部分单位自主创新创业意识和能力不强，从而在转型发展中导致产业根基不牢，项目流失增加，基于这种情况，大部分职工认为党员干部应进一步发挥表率作用，加大创新创业能力，进一步加强对上对下的沟通协作能力，发挥先锋主力军

作用，多为企业转型做贡献。

五、对策分析

针对基层职工思想特点，为确保转型战略在基层能够顺利实施，甘河森工公司从"培养"、"引导"、"激励"3方面加强职工思想政治工作。

一是加强培养。关注职工成才需求，努力培养一支适应转型的职工队伍。人是生产力中最活跃的因素，转型能否成功，人力资源转型是根本保障。一方面，企业要主动围绕转型，开展一些新技术、新业务方面的培训，也可以组织基层职工外出考察，以开阔眼界；另一方面，要建设一支强有力的政工队伍，围绕"创建学习型企业、争做知识型职工"等活动，鼓励政工干部树立终身学习理念。企业还要为各类人才成长、成才搭建一个平台，要为青年职工脱颖而出创造条件，如开展积极向上的劳动竞赛、建立"公开、平等、竞争、择优"的竞争上岗机制，营造"想干事、能干事、干成事"的良好氛围等。

二是注意引导。进一步将职工的思想、行为引导到与转型同心、同步上来。此次调查中职工对于转型表现出的积极成熟的心态让我们感到欣慰。一方面要进一步将职工思想观念、价值观、行为准则统一到转型的轨道上来，让职工思想成为转型的推动力。另一方面，对于基层职工压力较大的问题，要建立有效的疏导机制，通过为职工增资，改善他们的生产生活条件为职工减压，此外还应开展丰富多彩的文体生活，愉悦职工身心，通过变压力为动力，增强职工对转型的信心、对企业的信心、对自己的信心。

三是搞好激励。通过绩效考核等手段，利用先进典型示范作用，对职工进行全方位的激励。一是继续完善、创新绩效考核机制。利用"创先争优示范岗"、"先锋岗"等活动载体，激发党员干部创先争优热情，加大奖优罚劣力度，引导党员干部转变观念，树立务实、奋进、奉献、自强的创业意识，立足岗位作奉献，要通过群众路线教育实践活动，在工作实践中总结新经验，归纳新方法，善于发现问题、解决问题，克服一部分党员干部分工不协作的弊病，凸显思想政治工作的针对性、时效性和主动性。二是要注重塑造一批先进典型人物，发现、树立和宣传敬业奉献、尊老爱亲、助人为乐的先进典型，利用典型示范作用，激励其他职工爱岗敬业、岗位成才。三是要注重团队的作用，努力创建和谐团队。倡导团队合作、有效沟通，实现快乐工作、共同进步。

总之，甘河森工公司通过本次大调研活动，掌握了公司当前职工思想呈现出的新特点，下一步公司将加大对思想政治工作研究和探讨力度，对症下药，努力做好新时期职工思想政治工作，为实现企业转型发展、创新发展、富民兴林目标积蓄坚强的动力。

职工思想波动表现与应对措施

张家林

张家林，男，1968 年 2 月出生。中共党员，大学毕业，采运助理工程师。现任内蒙古森工集团（林管局）根河森工公司（林业局）下央格气森林管护所党总支书记。

在实行产业化调整、加快转型发展步伐的过程中，国有林场森林管护所（简称管护所）职工的思想信念、价值观念、心理诉求等方面也发生了许多复杂而多元的变化，其中有些形成小气候、小浪潮，起到了一定负面性、消极性的影响，客观上造成了管护所转型发展的现实障碍。我们在调查研究中感到，对这些负面影响必须引起重视，积极寻求对策，清除思想障碍，化危机为动力，推动管护所改革转型顺利发展。

一、产生思想障碍以及负面影响的主要表现

内蒙古森工集团根河下央格气森林管护所是林业基层单位的森林管护所，在进行产业结构调整过程中遇到了许多始料未及的新问题、新情况，突出表现在职工对管护所的转型发展不理解和对森工企业发展前景的担忧。从感情上讲，广大职工对管护所这个有着几十年辉煌历史的企业，有

着千丝万缕的感情依恋。管护所走过的每一个足迹，都印记着他们的辛劳和汗水，甚至流血牺牲。个别职工认为：管护所进行产业化调整是断企业的生存之路，是削弱企业实力、漠视职工感受的无情之举。一些职工就自己的去留问题难以决断，何去何从？不知所措，内心的不安情绪随处发泄，思想一时陷入了难解的矛盾之中。大部分职工最疑虑和担心的问题是企业究竟能否可持续发展的问题。管护所进行产业化调整，木材生产任务量逐年递减，替代产业尚未成型，生存形势非常严峻，职工思想上充满了恐慌和不安。有的职工凭自己的一技之长设法调离管护所；有的职工则怨天尤人，情绪迷茫，悲观；还有的职工不思进取，坐观其变；也有的职工抱残守缺，得过且过。凡此种种思想表现，给管护所思想政治工作带来了新的挑战，迫使我们静下心来认真分析产生这些思想问题的根源，力求通过剖析职工思想动态，准确把握职工的思想脉搏。

二、产生负面影响问题的思想根源

探寻负面影响问题的思想根源是解决问题的关键。针对以上种种消极表现形式，经过分析归纳，找出思想根源大致有以下几个方面：一是职工对管护所怀有深厚的感情，突然转型让职工的思想一时无法接受，觉得管护所无情地抛弃了自己，害怕难以适应新的生产模式，造成顾虑重重、牢骚满腹、情绪不稳、心里不顺。二是个别职工思想狭隘，只看眼前利益，不顾管护所长远发展。他们对森工公司的整体发展思路和经营战略缺乏理性认识，没有站在森工公司的发展大局上看待问题，而只顾及自己的得失和感受，造成不知所措、无所适从、瞻前顾后、忧心忡忡。三是个别职工对管护所的发展失去了信心，尤其是年龄偏大的职工对管护所的转型发展充满疑虑。他们认为，管护所在整个国有企业中"盘子"太小，森工集团不会就资源接续问题出面协调，更不会划拨资源"救济扶贫"，等资源枯竭之后，企业也就"寿终正寝"了。由于他们的片面认识，造成不思进取、坐观其变、得过且过。四是个别生产业务人员存在活思想，时刻做着"跳槽"准备。管护所的转型使个别生产业务人员暂无用武之地，加之受周围人和环境的影响，时刻准备向效益好、待遇高、赚钱多的单位流动，于是就托熟人、找门路，造成了管护所人才流失。

三、解决思想问题的对策

职工在转型过程中的思想问题如果得不到及时有效地解决，必然给管护所的转型发展带来阻力。因此，必须充分发挥企业思想政治工作的优势，采取传统与创新相结合的工作方法，教育引导职工提高认识、摒除杂念、统一思想、集中精力，把实现管护所转型的各项目标任务变为自己的自觉行动。

（一）发挥表率作用，影响带动职工

火车跑得快，全靠车头带。管护所转型发展工作能否顺利进行，领导的表率作用至关重要。因此，领导班子成员必须要有强烈的事业心和责任感，以坚韧不拔的精神克服转型过程中出现的各种困难和阻力，以自己的模范行动影响和感召职工，使职工树立信心、坚定决心。在实施转型过程中，领导干部一定要坚持以人为本的科学发展观，正确处理管护所转型与稳定发展的关系，使管护所转型与生产经营协调发展。特别是在处理重大问题、敏感问题和热点问题上，一定要发扬民主，充分保障职工的参与权和知情权，以人为本理念积极营造和谐稳定的宽松环境。同时，要深入调研，科学定位管护所新的发展思路，制定新的发展规划，确定新的发展战略，紧紧抓住转型的重点产业和关键环节，加大突破力度，用转型发展取得的实际成果，鼓舞职工斗志，凝聚职工人心，焕发职工热情。

（二）发挥宣传优势，积极教育引导

人的思想如同大脑血管，稍有栓塞就会发生"病变"。要保持职工思想通畅，就必须坚持开展经常性的教育引导。首先要发挥宣传优势，积极组织开展形式多样的宣传教育活动，把森工集团对管护所进行产业化调整的目的、意义等，给职工讲清、讲细、讲透。通过有计划、有步骤、分层次的宣传教育，使职工对管护所转型的深刻内涵和深远意义有更加理性的认识，从而使管护所转型得到职工的理解和支持。其次，要把森工集团对管护所转型发展过程中的扶持政策给职工讲清楚，让职工树立信心，看到希望，把行动自觉统一到加大管护所转型力度上来。

（三）发挥辩证能力，做到对症下药

一把钥匙开一把锁。对职工在管护所转型过程中产生的思想问题，要辩证分类，区别对待，做到有的放矢，对症下药。一是对转型中存在模糊认识和抵触情绪的职工，要从提高他们对转型的认识和激发工作积极性上下功夫。通过有的放矢的思想教育和行为引导，使他们进一步认识到转型发展的必要性和加快转型步伐的紧迫性，从而使这些职工成为管护所转型发展中的有力支持者和积极参与者。二是对那些迷茫悲观、心存疑虑、不思进取、坐观其变的职工采取个别谈心的方式，讲清形势，指明方向，说透利害，使他们认识到管护所转型势在必行，只要大家共同努力，就能够创造出管护所更加美好的明天。三是对那些犹豫不定，想脱离管护所的生产业务人员，要积极为他们创造合适的工作岗位，使他们有用武之地。同时，要提高他们的待遇，用事业和感情留住人才。四是对全体职工而言，要通过提高工资收入、发展多种经营产业、改善生产条件和生活居住环境等惠及民生的措施，增强吸引力，调动职工投身管护所转型发展的积极性和主动性。

四、提升整体效能，形成工作合力

做好管护所转型发展过程中的思想政治工作，不是靠某个组织或某个人单打独斗就能办好的事情，一定要充分认识管护所党政工组织的作用，努力形成合力。做到机构健全、分工明确、责任落实、各负其责、各有侧重。党组织要在加强教育引导上下功夫，让职工掌握政策，吃透精神，顺应形势；要围绕职工在管护所转型中关心的热点、难点和焦点问题，做耐心细致、和风细雨、苦口婆心的教育引导工作，想方设法去理顺情绪、化解矛盾、激发热情。同时，要把解决职工思想问题与解决生活中的实际困难结合起来，积极为职工排难解忧，想方设法为职工办实事、办好事。行政工作要始终坚持依靠职工推进管护所转型的方针，在重大决策出台之前，一定要充分听取职工群众的意见和建议，增强工作的透明度，最大限度地消除职工的抵触情绪。工会组织要积极参与管护所转型政策和措施的制定，在制度上要明确职代会职权，在政策上要力争向职工倾斜，努力维护广大职工的合法权益不受侵害。通过发挥整体效能，使思想政治工作渗透到转型工作的各个环节，从而推动管护所转型发展的顺利进行。

总之，做好职工在管护所转型过程中的思想政治工作，对于管护所顺利实施转型、维护企业稳定、实现管护所持续快速和谐发展，有着举足轻重的作用。这是时代赋予我们转型企业思想政治工作者的神圣职责和光荣使命。我们一定要坚持实事求是、开拓创新、与时俱进的指导方针，不负重托、不辱使命，确保林业基层单位健康发展，和谐稳定。

改革转型中青年职工思想动态调查

周清春

周清春，男，汉族，1979年3月出生。中共党员，高级政工师，现任大兴安岭农工商联合公司党委委员、宣传部部长。历任农工商联合公司子弟校教师、公司团委书记、组织部副部长、党政办副主任、督查室主任。先后荣获全区优秀共青团干部、全区学雷锋志愿服务先进个人、全区创建学习型组织、争做知识型职工活动十佳优秀组织者、大兴安岭地区新长征突击手、大兴安岭地区优秀共产党员等称号。

随着大兴安岭林区经济社会改革的深入推进，我们大兴安岭农工商联合公司的改革工作也在不断深化。如何在新的历史条件下做好公司青年职工的思想政治工作，提升公司的感召力、增强公司的凝聚力，让青年职工的步伐与时代合拍共振，探索现代企业做好青年职工思想政治工作的新路子，这是摆在企业领导面前的一个重要课题。

一、大兴安岭农工商联合公司青年职工现状

大兴安岭农工商联合公司是大兴安岭林管局直属的以农为主、多种经营的国有企业，施业区*面积592平方千米，位于大兴安岭伊勒呼里山南麓，松嫩平原北端的河谷地带，横跨内蒙古鄂莫两旗和大兴安岭岭南农业

---

* 森工企业砍伐森林的场所或进行木材加工的场地。

开发区，农场 8 个，子公司 3 个，子弟学校 1 所，物业服务站 1 个，绿洋宾馆、驻加办各 1 个，是集农工贸于一体的综合性企业。现有在职职工 268 人，其中 40 岁（含 40 岁）以下的 101 人，40 岁以上的 167 人；在校小学生 400 名；所属 8 个农场有种植户 550 户，人口 2200 人，其中 40 岁（含 40 岁）以下的 620 人，40 岁以上的 1580 人。经过几年来的不断改革和发展，企业实现了由生产组织型向资产经营型的根本转变，机构改革精简了在职职工，农场经营方式和机械化程度的提高使农业从业人口明显减少，企业青年职工人数大幅度降低。企业转型改制发生重大变化，给青年职工思想观念带来一定的影响，主要表现为两个方面：一方面，大多数青年职工表现出积极的心态，能够认清形势，积极参与企业改革与发展工作，能够时刻认识到企业的生存发展与个人利益息息相关，做到了与企业"同呼吸、共命运"，在实际工作中爱岗敬业，表现出了强烈的竞争意识、创新意识、危机意识、发展意识和较高的思想觉悟；另一方面，少数青年职工世界观、人生观、价值观发生偏移，学习工作中表现出消极心态，言语行动中流露出担忧、失落、逐利和不思进取等消极表现。

二、青年职工思想政治工作面临的困难

随着现代企业制度的建立，与之相配套的一系列政策法规相继出台，但是对企业青年职工这个群体并没有特别的考虑和特殊的关照，因此青年职工思想政治工作中不可避免地会遇到一些困难和问题，主要表现在以下几个方面：一是党组织原有的教育方式和工作方法滞后于青年思想的变化。新的历史条件下，企业青年职工的思想观念、行为方式发生了深刻变化，价值取向呈多元化发展趋势，个人过分强调自我发展的实现，不太看重企业的共同发展大局。二是个别青年缺乏责任意识。社会大环境在改变，企业的小环境也在改变，个别青年职工放任自流、纪律松懈、自由散漫，责任意识越来越淡薄，得过且过的思想严重，对于企业的生存竞争置之不理。三是团组织存在一些不适应的问题。个别团干部认识不到位，对新的历史条件下团组织的工作缺乏信心；团组织引进培育优秀人才的机制不够成熟，共青团作为"人才库"、"后备军"的优势弱化；团干部对企

业生产经营不熟悉，工作方式单一，缺乏量化考核、独创性和灵活性，造成老是被动地跟在企业后面跑，没有锦上添花的本事，常有忙中添乱的表现。

以上存在的问题，削弱了企业对人才的吸引力，导致青年职工人才外流，限制了青年职工在企业中发挥聪明才智，应该引起公司党委的高度重视。青年职工是公司的未来，随着改革开放不断深入发展，企业比以往任何时候都更需要发挥青年职工的作用。因此，公司党委要注重做好青年工作，大力加强青年职工思想政治工作，发挥青年职工在企业生产经营、管理改革、文化建设等方面的作用，主动适应社会深化改革对企业的新要求。

三、做好青年职工思想政治工作的努力探索

当前，企业改革和发展正处于关键时期，要立足大局，放眼长远，深入基层，认真调研，准确把握青年职工思想政治工作的特点和规律，找准工作切入点，在工作举措的前瞻性、科学性和可操作性上狠下功夫。一是纳入企业改革发展大局，摆上议事日程。要从企业长远发展的战略高度，从打造企业参与市场竞争整体实力迫切需要的现实角度，从培养选拔企业未来接班人需要的可持续发展角度，从应对各种矛盾和问题确保企业自身安全稳定的角度，重视青年职工工作。企业党组织和主要领导人要高度重视这项工作，重要的党委工作会议上要部署安排检查督促和总结这项工作。千万不能把这项工作交给有关业务部门就万事大吉，干得好与不好无关大局。这样久而久之，就会越来越边缘化，最后逐渐被人遗忘，似乎领导不抓不管这项工作，企业照旧生存、照旧发展。这种有害于企业的错误观念，如果不加以纠正，企业青年职工的思想政治工作，就很难开展起来，工作成效更是无从谈起。二是高度重视青年职工的工作热情和创造能力，大力宣扬和重点培养先进典型。正确认识青年职工阅历浅、经验差、思想不稳定、礼节礼貌不够、纪律观念薄弱、不服从管理、参加集体活动不积极等表现，切实看到青年职工身上的长处和优点很多，如他们思想活跃、思维敏捷、文化水平相对较高、接受新鲜事物较快、追求远大目标、

不怕困难和挫折、敢于创新、精力体力旺盛，等等。从长远观点看问题，企业的未来毕竟是青年人的。因此，企业在高度关注青年职工的基础上，要大力发掘先进典型，培养先进典型，宣扬青年职工的先进模范事迹，让广大青年职工学有榜样、赶有目标。要加强企业共青团的工作，使团组织正确领会党政领导意图，服从全局需要，为生产管理做好服务。三是要指导帮助青年职工增强建设林场的事业心、责任感，为完成企业的中心任务发挥积极作用。林场企业的中心任务的是提高经济效益，青年职工必须紧紧围绕林场经济建设的中心任务，充分发挥自己的聪明才智。要围绕提高能力素质，深入开展岗位练兵活动，完善岗位成才配套措施，采取技术比武并制定相匹配的奖励政策，使青年职工岗位成才进一步规范化；要围绕提高经济效益，认真开展岗位创优活动，开展以提高工作质量为主要内容的达标评优活动，最终实现良好的经济效益；要围绕企业管理，深入开展献计献策活动，促进技术创新，为企业长远发展建设贡献自己的青春智慧和力量。四是要指导帮助青年职工总结经验教训，科学谋划未来，增强工作信心和生活勇气。要加强调研，注重反馈，及时了解掌握青年思想动态。要结合企业实际，了解青年职工关于企业改革、生产经营管理等方面的看法、建议，帮助他们排忧解难，沟通思想，解开疙瘩，理顺情绪，增强信心，达成共识，形成合力。各级党组织要关注青年职工的需要，维护青年职工的合法权益，下大力气营造企业青年职工成才的环境，为青年职工顺利成长创造条件。要聘请社会科学专家举办专题报告会，宣传、讲解改革的热点、难点问题，激发青年职工的创新热情和创造意识。

总之，企业改革和转型中青年职工的思想政治工作尤为重要，各级党组织一定要教育引导青年职工知难而上、顽强拼搏，在实施"把资源管起来、让百姓富起来"和建设生态型花园式新林区发展战略中争当先锋、建功立业，为把大兴安岭农工商联合公司建设成为全区富裕、文明、和谐的生态型花园式企业作出新的贡献。

找准林区思想政治工作着力点

王世芹

王世芹，女，1973 年 10 月出生。吉林扶余人。中共党员，政工师。现为乌尔旗汉林业局（公司）党委组织部副部长。撰写的《企业文化建设与思想政治工作的有机结合》一文，2014 年 3 月在《企业文化》发表；曾多次获林业局优秀共产党员、优秀党务工作者等荣誉称号。

加强和改进林区企业的思想政治工作，一定要找准着力点。林区企业思想政治工作的着力点到底有哪些？我们认为，以下 3 点相当重要。

第一，把握根本，做好"三贴近"。当前，林区思想政治工作的主线就是要坚决贯彻党的路线方针政策，按照关于思想政治工作做到"三贴近"的要求，重点做好 4 个方面：一是吃透上情。这是落实党的路线方针政策的关键。党的路线方针政策是宏观的、全局的、带有方向性的，有着博大精深的内涵和外延，必须准确理解，全面把握。要确立工作思路，制定工作目标，使林区思想政治工作始终不偏离方向，切实为中心工作和大局服务。二是摸清下情。要善于调查研究，把基层的实际情况摸清搞准，切实了解群众的思想状况。知道群众在干什么、想什么、有什么要求，立足于工作需要，制定方略，采取措施，增强林区思想政治工作的针对性。三是注重实际。这要从两个方面来理解，一方面是社会实际：要注重社会现实大背景来谋划和思考问题，无论企业的效益好还是一般，都必须根据社会实际情况来制定发展规划、确立分配方式、采取奖惩措施等；另一方面要立足于企业实际：结合中心工作、当前任务、群众思想状况，把"上情"与"下情"有机地结合起来，把对上负责与对下负责结合起来，找准结合点。只有把这两个实际抓准摸透，积极开展思想政治工作才能取得预期效果。四是狠抓落实。思想政治工作的总体方略确定以后，落实是关键。既要领导重视，又要形成层层抓落实的网络；既要注重无形的正确思想灌输，又要注重有形的工作步骤实施；既要注重当前紧要工作的落实，又要注重长效机制的落实；要多维度、多层次、全方位地落实到位。

第二，打好基础，筑牢"奠基石"。林区思想政治工作的基础建设应当包括规划建设、网络建设、阵地建设、机制建设4个方面。只有把这4个方面建设好了，才能有效地保障思想政治工作顺利开展和取得实效。一是搞好规划建设。思想是行动的先导。规划是思想的雏形，是建设的基本蓝图。要立足实际情况统筹长远利益，把思想政治工作纳入企业发展的总体规划，与企业建设实现"四同"，即同部署、同检查、同考评、同奖惩。把这"四同"作为企业政绩和领导政绩的范围来进行绩效评估，实现"一岗双责"，与企业精神文明建设、文化建设、工会工作、综合管理等一起兼容并蓄，形成战略目标和政绩指标，把抓政治思想工作与抓市场经营一样看待，实现与企业管理体制相融合促进的目标。二是搞好网络建设。必须尽快和有效地建立两大机构，即领导机构和工作机构。这些机构要有其名，也要有其实，形成层次，逐级负责，各尽其职。机构建立后，其根本职能和所有成员的基本职责都必须明确，要根据担负的任务情况逐一进行量化分工，纳入考核范围。要配备综合素质好、工作履历丰富、善于团结和带领人员共同拼搏的政工干部，并大胆地压担子，让其发挥作用；要建立起互联互通、运转正常的各级政工网络，让思想政治工作形成网络结构，层层有人抓到底。三是搞好阵地建设。要使思想政治工作大有作为，必须开辟和建立符合实际、能够发挥效率的阵地。最有形、看得见、摸得着的阵地就是"刊、站、台"，即定期出版宣传刊物，设立生动的网络站页，形成制度化的文体平台。通过宣传刊物来交流信息，沟通经验，鼓舞人心；通过网络来吸引员工参与企业管理、与领导层交流，同级之间相互沟通情况，为企业提建议等；积极开展活动，通过活动展示职工的才华，激发职工的热情，丰富职工的业余生活，培育职工兴趣和爱好，提高职工技能。四是搞好机制建设。要保证思想政治工作有效开展和全面落实，必须建立和形成四大机制，即长效运行机制、日常操作机制、互动行为机制、激励奖惩机制。长效运行机制的建立，必须坚持领导变动，责任不变。日常操作机制的建立，必须是日常政治工作如上级政策方针传达、年度计划落实、具体工作安排的制订和执行，通过一整套行为规则，提高思想政治工作的执行力，保证思想政治工作每天有事可干，每件事做了有价值，做过的事能够出效益。互动行为机制的建立，必须是形成定期信息交流互通，建立职工思想状态管理数据库，建立职工思想工作跟踪反馈制度，通过双向互动，动态跟踪，把职工思想工作做到家庭，深入户头，谈到心底。激励奖惩机制的建立，主要包含政治工作的激励和职工的激励，政工干部是思想政治工作的知情人、了解人和贯彻者、执行者，工作的开展和推动都依靠这支队伍，必须给予物质和精神的双重激励。

第三，发挥功能，构建"快车道"。林区思想政治工作的功能是多方面的，主要有教育、激励和导向功能。加强和改进林区思想政治工作，就是从广度和深度上充分发挥这些功能，努力建成思想政治工作的"快车道"。一是率先垂范，以模范作用带动和影响职工。做思想政治工作的同志，是思想政治工作的主导者，其自身的能力、素质、形象如何，直接影响到思想政治工作功能的发挥。从事思想政治工作的人员，从理论上讲，必须比一般职工把握得更深、更准一些；从形象上看，必须牢牢树立标杆意识，做到想在前、走在前、干在前。以身作则，以知识、智慧、人格和威信来影响和带动职工，显得尤其重要。二是讲究深入，在扎实有效的工作中以情暖人。"深入"是思想政治工作功能发挥的基本方式。思想政治工作者要善于并勇于深入到基层职工中去，与他们谈心、交心，结为好朋友，学会不断地与他们沟通，帮助他们解决工作、思想、生活中的实际问题，使职工感受到企业的温暖。三是注重规范，把思想政治工作的功能发挥到极致。要在规范化的基础上，讲究人性化，以刚性的制度约束，以柔性的人情味感化。世界上的任何游戏都要讲究规则，只有规则才能使大家感到合理，不讲规则就没有合理而言。特别是在职工较为关注的切身利益上，一定要有基本尺度，做到"一碗水端平"，按照常理办，既关注职工的实际需要，又要使思想政治工作始终沿着健康高效的快车道行进，从而使广大干部职工切实感受到思想政治工作者的温暖和力量，接受正确的舆论导向，积极投身本单位改革实践，为林区全面实现小康社会贡献毕生力量。

努力做到思想政治工作全覆盖

——河北省木兰林管局思想政治工作做法与体会

曹运强

曹运强，男，1967年8月出生。河北林学院林业专业毕业。中共党员，曾任木兰林管局格柏林场林业助理工程师，龙头山林场林业工程师、副场长，八英庄林场场长、书记、工程师，新丰林场场长、书记、高级工程师，现任河北省围场县木兰林管局党委书记、林业正高级工程师。

新时期、新形势下，做好国有林场的思想政治工作，是对国有林场政工干部的一个考验。如何做到潜移默化，使无形的思想政治工作，用看得见、摸得着的载体，变得有声有色，以达到积聚力量、凝聚人心，让国有林场在稳定、宽松、和谐的环境下健康发展，让思想政治工作和管理工作有机结合，这个问题，值得国有林场政工干部深入思考。现以木兰围场国有林场管理局（简称木兰林管局）为例，谈谈开展国有林场思想政治工作做法和体会。

一、木兰林管局基本情况

河北省木兰围场国有林场管理局（简称木兰林管局）始建于1963年，位于河北省围场满族蒙古族自治县境内，是河北省林业厅直属的财政补助的公益性事业单位。全局总经营面积 158.8 万亩，有林地面积 135.3 万亩，森林覆盖率 86%，林木总蓄积量 587 万 m^3，是河北省面积最大的国有林场管理局。木兰林管局地处内蒙古浑善达克沙地南缘的滦河上游地区，距北京 340 千米、天津 440 千米，是阻挡风沙南侵北京的重要生态屏障，更是京津地区的重要水源涵养地，生态区位极其重要。为了加强生态保护，更好地巩固生态建设成果，2002 年 6 月，该局建立河北滦河上游省级自然保护区，2008 年 1 月晋升为河北滦河上游国家级自然保护区。保护区与木兰林管局实行"两块牌子、一套人马"的管理模式，现有职工 1534 人，其中事业编制在职职工 935 人，森林公安局干警（公务员编制）45 人，离退休职工 554 人。在职职工中，247 人具有大专学历，197 人具有本科学历，12 人具有全日制硕士研究生以上学历；中级职称 112 人，副高级职称 77 人，正高级职称 30 人。

二、木兰林管局干部职工思想动态

近年来，木兰林管局全面贯彻落实科学发展观，大力加强林业生态体系、产业体系和文化体系建设，确定了"以森林经营为中心、以科技兴林为主题"的长远发展思路。全局广大干部职工大力弘扬"感恩、奉献、求实、创新"的木兰精神，在生态建设、产业建设、场圃建设、精神文明建设等方面都取得了很大成绩，被国家林业局评为全国林业系统先进集体，被河北省委、省人民政府授予河北省造林绿化先进集体荣誉称号，被河北省发改委、财政厅等厅局授予河北省京津风沙源治理工程先进单位，连续 10 年被河北省林业厅评为年度实绩突出单位。2012 年，被河北省总工会授予河北省五一劳动奖状；2014 年，被全国总工会授予"全国五一劳动奖状"。目前，全局干部职工思想稳定。尽管工作条件较差，收入水平偏低，但大家不计较个人得失，甘于奉献，安居乐业，凝神聚力谋发展，全神贯注搞建设，展示木兰务林人的风采。俗话说，冰冻三尺非一日之寒。和谐稳定的干部职工队伍，蓬勃向上的发展局面，是木兰务林人多年来共同努力创造的优秀成绩。

三、开展思想政治工作的做法和体会

多年来，木兰林管局党委将职工的思想政治工作列入重要的工作议程，坚持与业务工作一起部署共同落实，以业务工作提升思想水平，以思想建设促进业务工作开展，形成了"两促进、两提高"的良好工作格局。

（一）抓班子、带队伍，组织到位

没有一个团结的班子，就不会有一个务实的班子，就不会有一个高效的班子，就不会有一个干事的班子。怎样创建一个团结干事的好班子？木兰林管局党委的做法很明确：一是以完善干部管理办法入手，以岗位定人，以业绩选人，调动各级领导干部在本职岗位上建功立业的主动性、自觉性和积极性。二是开展行之有效的教育，几年来深入开展了"创先争优"、"四比四创"、"双保一提"、解放思想大讨论、党的群众路线教育实践和践行社会主义核心价值观等活动，有效解放了领导干部的思想，增强了各级领导班子团结创新和抓关键、谋大事的能力。三是进一步完善坚持好民主集中制和民主生活会制度。坚持民主决策的原则，始终把是否有利于中心工作完成、是否有利于林业发展大局作为工作的基本出发点和落脚点，要求党员干部要讲实话、做实事、出实招。坚持开好领导班子民主生活会，找问题、查不足，充分发挥集体的智慧，提高班子的整体决策水平。

（二）抓学习、比技能，思想到位

抓好理论学习，建立学习型党组织。本着立足实际，学以致用的原则，深入开展对新党章、十八大精神、塞罕坝精神、生态文明建设、绿色发展、近自然经营理念等思想理论的深入理解，提升党员干部掌握理论、指导实践的能力。通过理论中心组学习，"三会一课"，周五学习日等方式，做到广泛参与，使其成为知识、技术、经验的传播平台和人才培养的重要舞台。按照"引进来、走出去"的工作思路，邀请了林业发达的德国专家以及国内的知名森林经营专家前来授课，深入了解世界林业的发展动态和先进的森林经营理念，创新性地开办木兰大讲堂，由外出学习转为更加实用有效的自我培训。通过开展种苗基地建设劳动竞赛、中幼龄林抚育

劳动竞赛、庆"七一"知识竞赛、演讲比赛、运动会、文艺汇演等活动，充分激发了广大干部职工的工作热情，有效提高了职工的整体素质。

（三）抓主业、聚人心，干劲到位

木兰林管局党委勤政务实，与时俱进，紧紧围绕森林资源培育这个中心，坚持理论联系实际，把社会生态观和林业实际相结合，持续用力，攻坚克难，不断推动全局森林经营工作向更科学、更可持续的方向发展。森林培育是事关木兰林管局生存发展的根本大计，也是最中心的工作。近年来，木兰林管局根据本局森林资源特点，开展近自然森林经营，按照"区域经营、综合设计、集中作业"的工作思路，大力推进小流域综合治理，采取多造少采、采劣留优和封禁、改造、严管等措施，大力提升森林质量，实现了森林面积和蓄积量的双增长。为了科学、系统地推进近自然森林经营工作，木兰林管局邀请国际、国内知名林业专家到木兰林区考察、交流、指导。先后邀请德国弗莱堡大学斯匹克教授、德国森林经营软件专家斯迪勒教授等外国专家和中国林业科学研究院、河北农业大学等国内专家前来交流指导；举办"木兰论坛"，形成"木兰共识"；在《绿色时报》发表做法和体会文章。木兰林管局的做法和体会，得到了业内同行的首肯。各方专家学者共同把脉，肯定木兰林管局经营管理之路的正确性、先进性、科学性，更加坚定了全局上下的决心，鼓舞了干劲。

（四）促就业、惠民生，保障到位

自2011年开始，木兰林管局对林区的贫困家庭学生进行资助，对考入大学的职工子女根据考试成绩和家庭条件，给予一定的助学金，让职工子女更好地完成学业。同时，快速发展的国有林场也创造了更多的就业岗位，为林业子女回林场就业、施展专业技能、服务林业提供了宽广舞台。近年来，木兰林管局共吸收各类大中专毕业生300余名，既解决了林业职工的后顾之忧，又改善了林场的年龄结构、知识结构，增强了发展后劲。以完善基础设施为保障，生产生活条件和林场形象不断提升，民生林业得到体现。一是用好国家危房旧房改造政策，实施安居工程。危房旧房改造工程顺利完成，828户职工喜迁新居，硬化、绿化等附属工程规划科学，居住环境得到显著改善，整体效果得到职工的充分肯定。二是标准化营林区建设稳步推进。本着"满足需要、完善功能、保证质量、力求节约"的原则，自筹资金，对全局营林房舍条件较差的营林区进行标准化用房规划，制定完成新建改建方案，着力改善基层职工的生产生活条件。三是山场施工条件持续得到改善。将标准化工棚建设列入议事日程，着力改变山场施工人员冬天住地窖子、简易窝棚的落后条件，达到提升林场形象、提高职工积极性、提升工作效率的目的。

（五）汇民意、纳民言，管理到位

一是广纳职工意见，推进民主管理。对职工参与管理坚持欢迎、开放的态度，积极征求职工的合理化建议，弥补管理盲区，提升管理水平。对优秀提案设立奖项，给予奖励。二是加强民主决策，规范管理程序。利用职工大会或职工代表大会等形式，使职工的民主管理作用得到充分发挥。三是加强场（厂）务公开，尊重职工权利。加强局务、场务公开，单位管理的重点、职工关心的热点、焦点及时公开。营林区的区务公开，必要的公开到施工点，确保公开内容的真实性、时效性，切实保证职工的知情权和监督权。四是每年定期组织职工体检，做到有病早发现，有病早医治。五是组织慰问一线职工。近年来，木兰林管局为培育后备资源，加快森林抚育力度，4年完成森林抚育46万亩。大家不畏严寒酷暑，奋斗在生产一线。为了鼓舞干劲，工会组织到一线以实物、演出形式慰问一线职工。六是开展健康有益的文体活动，如乒乓球比赛、自编自演文艺节目、义务植树、演讲比赛等活动，增进单位、职工之间的了解，极大提高职工的工作热情。

（六）送温暖、发余热，服务到位

木兰林管局成立老干部科，专门负责对离退休人员的服务工作。一是做到有病必看，有困难必访。二是在职工过生日时，送去生日蛋糕，带去温馨的祝福。三是扩建活动室，设置棋牌室、台球室、阅览室等，组织老干部在重点节日如重阳节开展活动，让老前辈老有所乐、愉悦身心。四是组织老前辈举办书法献艺活动，陶冶情操。五是每年召开老干部座谈会。2014年创新活动方式，由过去把老前辈请来，在室内座谈，到今年组织老前辈到龙头山种苗场查字营林区精品流域参观现场，包括目标树经营、种苗培育、林路建设、区荣建设等，用实实在在、看得见的近自然经营成果，和老前辈共同分享近几年森林经营取得的成效，老前辈感触很深，参观现场后，在座谈会上，高度赞赏现在的做法，认识高度统一，工作热情和信心倍增。

2014年9月，山西省五台山林管局纪委书记王祥，代表中国林业思想政治工作研究会国有林场分会到木兰林管局调研，调研结束时谈到，木兰的做法和体会具有自己鲜明的个性，突出表现为：一是文化宣传载体内容丰富，从基层到机关都能够紧紧围绕职工的思想政治工作开展精神文明活动；二是思想政治工作形式多样，在务虚工作上实抓实干，不拘于形式；三是干部能力强、职工素质高、场圃形象好，创新工作多；四是生态林业与民生林业建设并举，成效显著，近自然森林经营、全流域治理，经营理念的创新和突破，走在全国的前列；五是"感恩、奉献、求实、创新"的"木兰精神"鲜明凸显，场圃和干部职工身上随处可见。王祥书记还说，通过入户调查、个别谈话，都能感受到干部职工不断创新的举止言行、求真务实的工作作风。特别是一线职工、管护人员的牺牲奉献精神，让人没齿难忘。林区职工对局党委领导班子以及木兰林管局的感恩之情，又是那样真切生动。

围绕林区电信企业发展做好思想政治工作

丁甲涛

丁甲涛，男，汉族，1982年9月10日出生。2004年8月加入中国共产党，现任内蒙古大兴安岭林业管理局电信局政治处副主任，政工师。毕业于东北财经大学电子商务专业，论文《提高党员素质 夯实战斗堡垒——林区党员思想现状分析》2011年7月获林区思想政治优秀论文奖。

思想政治工作是凝聚人心、鼓舞士气的有力法宝，在林区电信事业的发展建设中，发挥了极其重要的作用。当前，林区微波通信正在全面改造，做好职工思想政治工作，对于加快企业发展、提高企业经济效益、进一步促进林区电信事业持续健康发展，具有十分重要的意义。作为思想政治工作者，应责无旁贷地肩负起"内强素质，外树形象"的重任，引导职工进一步解放思想、转变观念，最大限度地调动职工的积极性，为林区电信行业发展提供思想保证和精神动力。

下面，就如何围绕林区电信企业发展，做好基层职工的思想政治工作谈几点粗浅认识。

一、坚持经常性，增强思想政治工作的渗透力

思想政治工作贵在经常。只有坚持经常，才能实现新形势和新任务的

要求，有效地调动职工积极性，达到思想政治工作服务于改革发展的目的。在坚持经常性思想政治工作中，我们要着重把握好以下几点，以增强思想政治工作的渗透力。一是为基层开展经常性思想政治工作创造良好的环境。领导班子要树立"两手抓"的共识，把经常性思想政治工作作为发展建设不可缺少的一部分，调动和保护职工的积极性，形成围绕中心抓思想政治工作的合力。二是明确思想政治工作的目标。要确立思想政治工作的课题和内容。大致分为4个类型：①宣传鼓动课题。把动员宣传好人好事、总结表彰等，贯彻到企业发展的始终，达到调动职工积极性的目的。②防范课题。经过思想形势分析，对工作中可能出现的问题进行预测，确定教育内容。③解决普遍性问题和个别思想问题的课题。采取普遍性教育和个别谈心相结合的方法，实施教育和疏导。④深入调查研究，关心职工生活的课题。这是做好经常性思想政治工作的一个重要方面。在实际工作中，还应根据具体情况，随时确定新课题和内容。三是加强政工干部作风建设。政工干部处于中枢和要害部位，是沟通上下的咽喉，联系左右的纽带，传递信息的中枢，同时又是企业党的建设、思想政治工作和企业文化建设的组织实施者。要做好各项工作，必须加强政工干部自身的作风建设：①政治坚定，经得起考验。思想政治工作涵盖面广，既有具体事务性工作，又有许多政治性、政策性的工作，任何时候都要保持政治上的清醒和坚定。②甘于奉献，耐得住磨炼。思想政治工作是一种隐性效益的工作，做思想政治工作的部门相比生产经营部门属于"清水衙门"，所以要时刻保持一种埋头苦干、任劳任怨、甘当无名英雄的精神。③要严于律己，发挥表率作用。思想政治工作是做人的工作，大多政工人员又工作在领导身边，往往是广大职工关注的对象。因此，一定要严格要求自己，处处担当表率，发挥身教作用，增强思想政治工作的感染力、说服力。

二、注重针对性，提高思想政治工作的效力

思想政治工作必须注重针对性。把握思想工作的针对性，应抓好以下几个方面：一是针对任务定内容，提高职工队伍的整体素质。目前，林区电信行业的森林防火、生产生活和安全稳定的任务十分繁重，工作中要做

到针对任务定内容。①联系电信发展的实际，把思想政治工作与单位中心工作紧密结合起来，在做好"形势、目标、任务、责任"主题教育的基础上，及时宣传先进，表彰好人好事，提倡奉献和奋斗精神，形成人心向上的好风气，调动职工的积极性。②联系安全生产的实际，通过思想政治工作，使广大干部职工主动查找、整改事故隐患，勇于同违反安全管理制度规定的行为做斗争。③联系维护稳定的实际，及时掌握职工思想动态，理顺情绪，化解矛盾，促进和谐电信的建设。二是针对容易出现的问题，提前预测组织教育。"凡事预则立，不预则废"，要依据思想形势分析提出问题，对在完成生产任务中可能出现的情况，树立超前意识去预测，把容易出现的问题作为政治教育的内容，用以保障单位的思想建设健康发展。在平时工作中，应及时对职工进行劳动纪律、遵守职业道德的教育。三是针对不同人员的情况，做深入细致的思想工作。应掌握具体方法和正确处理几个关系：①细心观察区分层次，调查研究讲求方法。职工年龄大小、知识结构、个人经历，男女性别这些不同方面带来的思想问题是千差万别的，所表现的形式也是不一样的。在开展思想政治工作的时候，应细心观察，采取一把钥匙开一把锁的不同方法。一般情况下，老同志在沉默不语的时候、技术人员在情绪不高的时候、青年职工在不说不笑不高兴的时候，正是需要做好思想工作的时候。要通过谈心、拉家常等了解掌握情况，并针对不同情况，采取不同方法，解决职工的思想实际问题。②把握好讲大道理和小道理的关系。该讲大道理的时候，必须要讲，只有在道理上讲清楚，才容易收到好的效果。但是，小道理也要让职工讲，耐心地倾听职工讲，引导职工懂得没有大道理小道理也难以成立。③处理好主动做与被动做的关系。对于主动找上门来职工、找领导谈思想解决问题的职工，应该热情接待、耐心倾听，针对不同情况给予疏导、解释、批评、鼓励。对于不能马上解决和答复的，要研究后认真做好善后工作。在平时工作中还要主动做好不同层次人员的思想工作，激发他们的工作热情。总之，思想政治工作针对性越是强，在实际工作中收到的效果就会越是好。

三、坚持群众性，形成党政工团齐抓共管的合力

思想政治工作的对象是人，具有鲜明的思想性和广泛的群众性。开展

经常性思想政治工作要坚持党、政、工、团一起抓，形成有效的合力，才会发挥其应有的威力和作用。这几年，大兴安岭林业电信局党委认真贯彻落实森工集团（林管局）党委的决策部署，针对影响稳定的突出矛盾和问题，采取强有力的措施，做了大量艰苦细致的思想政治工作。在做思想政治工作过程中，坚持讲政策、讲法律，加强教育、说服劝导，效果很好。在很长一个时期内，全局没有出现一起群体上访事件，确保稳定变成现实，为电信局的发展建设作出了积极的贡献。

四、掌握灵活性，营造思想政治工作的活力

掌握好思想政治工作的灵活性，才能真正创造一个生动活泼、团结宽松的工作环境。在开展思想政治工作过程中，应注意把握"四个结合"、"一个区别"和"做有情领导"。"四个结合"：表扬和批评相结合，以表扬为主；普遍教育和个别帮助相结合，以普遍教育为主；肯定成绩与物质奖励相结合，以肯定成绩为主；广泛开展各种有益活动与专业技能竞赛相结合，以开展活动为主。这些做法在开展思想政治工作中必然会经常运用，应区别不同实际情况，灵活地采用不同的方法，达到职工听得进去，愿意接受教育的目的。"一个区别"是，认真区别实际问题与思想问题的界线。在现实条件下，职工中存在有这样那样的实际问题，不能统统归于思想问题。要深入实际调查研究，属于实际问题，能解决的尽快解决，暂时解决不了的，也要讲清道理。当然，对一些属于思想问题的问题，就要做好深入细致的思想工作，力求从思想上解决问题。此外，要"做有情领导"。思想政治工作的着眼点是人心。温暖人，才能激励人；凝聚人，才能振奋人。当前林区电信职工的工作竞争、精神压力加大，各林业局电信部门工作环境艰苦，大多数职工存在收入较低的实际困难。所以，对待职工，更加需要真情地呵护、温情地关心。在实践中，基层党组织应牢固树立职工利益无小事的服务观念，从小事入手，切实帮助职工解决实际困难，使单位真正成为职工心中温暖的家园。企业用真情温暖职工的心房，职工才会自觉把真心奉献给企业，与企业同舟共济。这样一来，在企业内部形成一种朝气蓬勃、奋发向上的文化氛围，形成良好的团结友爱、互帮

互学的人际关系，从而奠定林区通信行业兴旺发达的人文基础。

总的来说，只有深入实际调查研究，了解职工所思、所盼、所想，积极解决职工的实际问题，才能使职工心情舒畅地干好工作，为林区电信行业的发展建设，奉献自己的聪明才智。

做党和人民满意的好老师
——浅析职业院校青年教师思想政治建设问题

林晓睿

林晓睿，男，1981 年 12 月出生。云南个旧人，研究生学历，讲师，中共党员。2005 年毕业于云南大学，进入云南省林业高级技工学校工作，先后任计算机教师、就业办公室工作人员、学保科副科长、团委书记，现任云南省林业高级技工学校党委委员、党政办公室主任。

2014 年 5 月 4 日，中共中央总书记、国家主席、中央军委主席习近平在北京大学师生座谈会上发表《青年要自觉践行社会主义核心价值观》的讲话，强调指出：“教师承担着最庄严、最神圣的使命，教师要时刻铭记教书育人的使命，甘当人梯，甘当铺路石，以人格魅力引导学生心灵，以学术造诣开启学生的智慧之门”。同年 9 月 10 日，我国第 30 个教师节来临之际，习近平同志在同北京师范大学师生代表座谈讲话中提出，“要有理想信念、要有道德情操、要有扎实学识、要有仁爱之心，要做党和人民满意的好老师”。

随着我国改革发展进程的深化，职业教育事业的蓬勃发展，在校生的规模日益扩大，加之当前职业技术学校（以下简称职校）正逐渐进入新老教师交替阶段，由此引起越来越多的青年加入职校教师队伍。同时，国内的职业院校竞争也日益加剧，把职业院校各项事业的改革和发展推向了风口浪尖，职校青年教师思想政治教育工作面临着复杂的形势。另外青年教师队伍所承担的教学、科研任务愈来愈繁重，直接关系到职业教育当前及今后的发展，因此，青年教师队伍建设显得越来越重要。分析研究这些新问题，把握和确定引发这些新问题的重点群体，有利于增强职校青年教师思想政治教育的有效性，有利于造就一支高素质的青年教师队伍。

一、青年教师思想政治现状分析

目前，职校以就业为中心的定位，在很大程度上使得过分强调毕业生就业率，而忽视了教育教学质量的提高和青年教师思想政治素质的培养。另一方面，为了提高青年教师的教学能力和水平，虽然开展了很多对教师的培训，但是往往重视专业功底、教学能力的培训，不注重加强青年教师的思想政治教育。基于这种现状，青年教师思想政治教育工作异常薄弱，迫切需要加强和改进。一是注重业务能力的提高而政治学习流于形式。随着教育的改革和发展，青年教师高度重视教学和学术研究，原本无可厚非，但一些人对政治漠不关心，主要表现在不太关心国家时事，分辨是非能力较差。青年教师政治理论学习照本宣科、单调枯燥，基本上是领导读，教师听，政治学习流于形式，从而使政治学习收效甚微。因此，造成许多青年教师轻视甚至忽视政治学习。二是部分青年教师敬业精神不强，责任意识淡化，师表形象欠佳。在当今市场经济的冲击下，部分青年教师个人主义思想膨胀，人生观、世界观和价值观发生了偏移。有的青年教师受功利主义思想影响，产生了一切向钱看的错误态度，缺乏应有的职业精神，工作不能认真负责，事业心、责任感不强，服务意识、奉献意识弱化，不安心于教学；有的青年教师满足于课堂教学，对学生的思想道德教育不闻不问，对违纪行为视而不见，不批评教育，更不愿花时间及时去了解掌握学生的思想动态；有的青年教师师表形象欠佳，不能以身示范，甚至个别的教师出言粗俗，行为、举行不符合一个教师的身份。三是重个体轻群体，价值观多元化，理想信念动摇。在动态的市场环境下，社会结构和利益格局发生了深刻变化，一些青年教师的价值主体由社会本位转向个人本位，价值取向转向世俗功利，趋于实惠、实用，个别教师过于追逐荣誉、利益、权利、地位，事业心责任心缺失，奉献精神下滑，在付出与索取、理想与现实的矛盾中陷入误区；一些青年教师对一些社会不正常现象稍有不满便牢骚满腹，一遇挫折便怨声载道，对马克思主义信念产生动摇，对社会主义前途丧失信心。

而存在上述问题的原因，有外在的社会环境和学校层面的因素，更主要的是内在因素，而内在因素我们可以用心理理论来分析青年教师群体的行为动力，借此加以因势利导，提高他们的工作积极性和创造性。一是外在因素。进入 21 世纪以后，社会进步明显加快，知识经济来势迅猛，全球各种思想文化影响渠道增多，冲击和影响明显加深，而学校是各种文化思潮最敏感的地方，青年教师传统的观念受到严重冲击，思想已经悄悄地发生了巨大变化。学校领导层面对青年教师的思想政治工作缺少足够的重视，导致制度不健全，措施不到位；工作思路狭窄，缺少与青年教师交流的平台，工作方法过于传统，因循守旧；手段没有创新，只重说教，对青年教师放任自流，有时发生了问题不能及时解决，造成青年教师长期的工作压力和心理压力不能释放；而有的盲目追求一流，对教师产生了巨大压力，各种学术评比、成果鉴定、职称评聘等使青年教师疲于应付，忽视了政治学习。二是内在因素。青年教师自身特点是心理形成的核心，而青年教师心理是一个较为复杂的系统结构，主要由青年教师自身、学生、青年教师工作时间、空间和工作待遇等要素组合而成，这些要素相互联系、相互影响，决定着青年教师心理的运作。工作时间、空间及待遇是青年教师活动的客体要素，是青年教师可以支配和利用的资源，也是一定的社会支持。由于青年教师社会阅历浅，工作上缺乏经验，思想上容易波动，行为方式上有时不能正确把握自己，当与自身的期待不一致时可成为青年教师的压力和障碍，削弱他们工作的热情，责任意识淡化。甚至部分青年教师片面认为政治学习无用，从而不关心时事政治，放弃政治学习，造成政治素质低下，分辨力下降。

二、加强青年教师思想政治工作的重要性

随着社会主义市场经济的确立和发展，社会经济、文化生活发生了巨

大变化，个人利益得到充分的肯定，人们的思维方式、生活方式及思想道德观念也受到了极大的冲击。然而，在社会主义市场经济的负面效应下，身处其中的职校青年教师的思想也有了一些变化，出现了许多新问题。有的物质利益至上，理想信念淡薄；有的敬业思想衰退，利益意识浓厚；有的职业道德淡薄，外表形象欠佳；有的职业满意度低，集体观念较差，等等。当今世界，科技进步日新月异，国际竞争日趋激烈。特别是经历了历史上罕见的国际金融危机，各国纷纷调整发展战略，更加注重科技进步和创新驱动。当今世界的综合国力竞争，说到底是人才竞争，人才越来越成为推动经济社会发展的战略性资源，教育的基础性、先导性、全局性地位和作用更加突显。"两个一百年"奋斗目标的实现、中华民族伟大复兴中国梦的实现，归根到底靠人才、靠教育。源源不断的人才资源是我国在激烈的国际竞争中的重要潜在力量和后发优势。广大教师应当认清肩负的使命和责任，努力为发展具有中国特色、世界水平的现代教育，培养社会主义事业建设者和接班人作出更大贡献。

在新的事物、新的理念、新的思想、新的知识层出不穷的当代，提升自己的个人修养，不仅仅是提升自己的道德品质，还包括提升自己的知识素养。为此，教师要始终按照习近平总书记所要求的那样，牢固树立终身学习理念，加强学习，拓宽视野，更新知识，不断提高业务能力和教育教学质量，努力成为业务精湛、学生喜爱的高素质教师，牢固树立改革创新意识，踊跃投身教育创新实践，为发展具有中国特色、世界水平的现代教育作出贡献。

职业院校青年教师的思想政治水平直接决定了学校的教育水平，职业院校是向社会输送技术人才的排头兵，在整个教育系统中占有重要地位，而职业院校学生素质教育的落实，关键是提高教师的素质，教师素质水平的高低，直接关系到技工学生素质水平的高低，而教师素质的核心问题是师德问题。学为人师，行为世范。教师必须坚持为人师表，把做学生健康成长的指导者和引路人作为自己的毕生使命。一位富有人格魅力、为学生膜拜并效仿的教师，一定是一位注重修身立德、充满为人师表使命感的教师。教师个人的修身立德、为人师表，既是教师职业道德建设的基础，也是教师带头践行社会主义核心价值观的基础。

三、如何加强青年教师思想政治建设

"学其为人师，身正为人范"。中华民族优良的师德传统是在几千年的教育实践中形成的，它是教师和一切教育工作者在从事教育活动中，必须遵守的道德规范和行为准则，以及与之相适应的道德观念、情操和品质。现代社会的师德不是停滞不前的，它具有鲜明的时代特征和新的内涵。在社会主义建设时期，师德需要不断发展和完善，顺应科学发展观和和谐校园建设的基本要求。因此，和谐校园的青年教师思想品德内涵主要表现为以下3个方面：一是具有坚定的思想政治觉悟。青年教师要以对国家、民族和子孙后代高度负责的精神，认真学习和宣传马克思主义、毛泽东思想和党的十八大精神，在教书育人过程中，以培育职校学生的民族精神、责任精神为己任。此外，职校青年教师还要弘扬艰苦朴素的职业精神，遵纪守法，严以律己，在抵制腐朽堕落的拜金主义思想上作出表率。二是具有热爱学生的真心和忠于教学的恒心。青年教师必须尊重学生，以情育人，平等公正地对待所有的学生，自觉维护学生的合法权益，言传身教，为人师表，努力成为学生的良师益友。坚持育人为本的思想，全面关心学生的学习、生活、心理等一切成长问题。青年教师应满腔热情地投入到教育事业中去，树立先进的教育观念，自觉遵守教育规律，认真钻研业务，精心组织教学，提高教育质量。对学生要严格要求，因材施教，循循善诱，努力将学生培养成具有优良心理素质的人才。三是具有扎实的专业知识和广阔的社会视野。青年教师需要不断扩充和深化所教授的专业知识，树立终身学习的理念。终身学习是教师职业的内在要求，青年教师也是如此，只有适应形势要求，与时俱进，才能不断提高思想政治和业务素质。青年教师在扩充专业知识的同时，也必须扩大知识面，开阔视野全面提高综合素质水平。

教师应自觉加强理论学习和自我反省，提高师德水平。一个师德高尚的教师必定是一个自觉进行师德修养的人，充分加强自身修养的积极性至关重要。首先，教师要狠抓师德建设中的薄弱环节，树立正确的教师观念；其次，教师要加强学习、严以律己、追求上进，不断提高思想政治素质。再次，师德的时代性、进步性特征要求青年教师要在不断实践中，自我学习和修炼，不断将师德发展到新的水平，新的境界。

学校应加强外部环境建设，激励支持师德水平的提高。要完善师德教育，加强教育和培训，以更新观念、加强师德和提高能力为主要内容，进行多种形式的培训和教育。完善师德评价制度，建立各部门的目标责任制、责任追究制、师德工作考核制等制度，逐步形成层层抓落实的责任网络。完善师德监督制度，建立师德监督机制，要从多方面入手，从监督主体上看，可以分为学校、学生、社会3个层次，学校监督就是学校建立负责师德建设的部门，经常调查了解师德情况；学生监督就是建立评价体系，定期进行评教活动，鼓励学生对教师师德进行评价；社会监督就是通过组织校外人士譬如家长担任社会督导员，加强师德监督的客观公正性。

此外，师德的奖惩体制需要完善。学校要着眼于发挥教师党支部在青年教师思想政治工作中的作用。在队伍建设方面，要选好配强教师党支部书记，注重从优秀青年教师党员中选拔党支部书记，注重通过教育培训不断增强党支部书记履职能力。在支部设置方面，要根据青年教师思想、工作和生活实际，按照便于有效开展工作的原则，不断探索、创新党支部设置方式。在支部作用发挥方面，要致力于创建基层服务型党组织，助力青年教师成长发展，不断丰富支部活动方式和活动内容，不断增加党支部吸引力、凝聚力，有效提升党支部开展青年教师思想政治工作的效果。

总之，职业院校的青年教师的思想政治教育工作是一项需要常抓不懈的工作，学校领导应该发挥核心领导作用，加大思想政治工作力度，调动广大教师的积极性和自觉性，把学校的思想政治建设不断推向新的水平。

凝聚改革发展正能量

——广西国有大桂山林场加强思想政治工作调研报告

蒋　凤

蒋凤，女，1987 年 5 月出生。中共党员，2010年 6 月从贺州学院汉语言文学系毕业，曾在公司与工业园区管委会的党政办公室、党群办公室工作。现任广西国有大桂山林场党群办公室主任、团委书记。

2014 年撰写信息被大桂山林场网站采用 145 篇，被中国林场信息网、广西改革新闻网等场外媒体采用 62 篇，被广西林业信息网采用 38 篇，被《广西林业》采用 25 篇。连续多年被评为"优秀共产党员"、"先进生产工作者"、"宣传工作先进个人"等称号。

思想政治工作是党的优良传统和政治优势，是一切工作的生命线。做好新时期林场干部职工的思想政治工作，是增强工作活力的重要保证，是推动改革发展的强大动力，有利于强化广大干部职工的认同感与归属感，调动工作积极性与主动性。习近平总书记谈到的党员干部队伍中的"软骨病"问题，林场干部队伍中也存在。所以，在当前全面深化改革进程中，进一步加强和改进思想政治工作显得尤为重要。

广西国有大桂山林场创建于 1957 年，位于桂粤湘 3 省交界的贺州市，系广西壮族自治区林业厅直属国有大一型林场。林场经营总面积 107 万亩，活立木总蓄积 510 万 m^3，下辖 13 个机关科室、7 个营林分场、3 个对外造林基地、2 家人造板厂、1 家国家森林公园、1 家木材加工园区，资产总额 35 亿元。林场现有职工（含聘用人员）1860 人，其中各类专业技术和管理人员 260 人。

一直以来，大桂山林场以发展和谐劳动关系、创建文明和谐林场为目标，坚持解放思想、突出实践特色，坚持正面教育、贯彻群众路线，全面提高干部职工队伍的思想道德、科学文化和技术技能素质，切实将林场干部职工的思想政治水平提升到新的高度，为推动林场实现科学发展、和谐发展、跨越发展提供了强大的精神动力和智力支持。近年来，大桂山林场荣获全国森林防火先进单位、全国模范职工之家、全国十佳林场、广西现代林业产业龙头企业、自治区林业厅进步林场、自治区林业厅优秀林场、贺州市创先争优十佳先进基层党组织、贺州市创建国家森林城市先进单位、贺州市和谐企业等 40 多项荣誉，并涌现出全国林业系统劳动模范、贺州市道德模范和身边好人等许多先进人物。

一、主要做法和成效

（一）加强思想政治教育，凝聚跨越发展合力

一是成立思想政治工作领导小组，定期召开思想政治工作例会，及时排查思想隐患，主动为职工解决问题，营造和谐的工作环境。加强场务公开栏、小区橱窗、小区广播、林场网站、LED 显示屏等宣传思想文化媒体建设，为丰富干部职工精神文化生活搭建平台，实现思想政治工作优势有效转化为林场跨越发展优势的良好局面。二是以开展"坚定理想信念、坚守组织纪律"党风廉政主题教育活动和"讲大局 树正气 比奉献"主题教育实践活动为契机，加强社会主义核心价值体系、形势与政策、法律法规及广西林情教育，引导广大干部职工牢固树立正确的世界观、人生观、价值观，增强创新意识和奉献意识。通过把思想政治、道德伦理教育和科技文化教育寓于各种健康有益、积极向上、为群众所喜闻乐见的文体活动中，达到"润物细无声"效果。三是以创建市级文明单位为契机，充分发挥群团组织的积极作用，党、政、工、青、妇齐抓共管，全方位、深层次地组织开展学雷锋、志愿服务、道德讲堂建设、学习型单位建设、文明有礼团队培育、勤俭节约、经典诵读、"我们的节日"、文明风尚传播、文化

体育、帮扶共建、优质服务、优美环境建设等 13 项创建活动，实现领导班子团结奋进、锐意改革，思想政治工作切合实际、深入扎实，林场管理科学规范、精益求精，干部职工精神饱满、奋发进取的创建目标。

（二）组织开展读书活动，营造全员学习氛围

一是充分发挥"职工书屋"教育职工的作用。林场为职工订阅报刊杂志 102 种 6000 多册，种类包括《读者》、《特别关注》、《青年文摘》、《爱人》、《家庭医学全书》、《中国绿色时报》、《广西日报》等，丰富职工提升文化素养和思想境界的精神食粮。开展网上学习平台，2014 年新增 2 台电脑，方便职工上网学习和查阅资料，切实做到职工教育贴近基层、贴近实际、贴近生活，不断提高广大干部职工的理论素养、业务水平和综合能力，营造和谐向上、充满活力、求真务实、开拓创新的工作氛围。二是以建设学习型单位为目标，大力倡导"读书明理、读书求知、读书创新、读书奉献"的文化新风尚。鼓励干部职工结合林场中心任务、重点工作和自身工作的性质、特点，精读业务书籍，不断提高做好本职工作的本领；研读经典书籍，用科学理论成果武装头脑、指导实践、推动发展；选读兴趣书籍，包括文学、艺术、历史、政治、经济、哲学、社会等方面，不断拓宽视野、增长见识、提高素养。同时，充分利用网络平台刊登职工读书感悟、心得体会，举办读书交流会、"对我影响最大的一本书"征文比赛、"我的中国梦"演讲比赛，组织读书心得评比，使读书学习成为干部职工工作的第一需求和潜在追求。三是完善学习保障机制，进一步完善制度，建立健全学习考勤、检查通报、导学服务、经费保障等制度，强化鼓励干部职工自学的激励手段。进一步整合资源，加强沟通协调，统筹安排领导干部、科级干部的学习教育培训工作。进一步强化考核，形成定性与定量、考试与考核、学习与应用相结合的考核机制，并纳入年终岗位目标责任制考核体系，强化制度执行力。

（三）组织开展全员培训，提高职工综合能力

一是把职工培训列入林场发展规划，认真组织实施，做到组织、人员、经费、宣传"四到位"。为适应林业发展新形势，林场除积极组织高级干部及专业技术人员外出培训学习外，还举办了党的十八大、十八届三

中全会、社会主义核心价值观、道路交通安全、森林认证、安全生产、财务会计、公文写作与公务礼仪等多个培训班，鼓励干部职工以学促干、以学促工、以学促用，精心塑造独具特色的"桂山文化"。二是扎实开展"创先争优"、"创学习型组织，争做知识型职工"等活动，全场上下形成和谐、团结、奋发向上的精神风貌，切实增强驾驭工作的能力，促进林场经济持续健康发展。每年都组织职工、家属分批次前往广西壮族自治区总工会干部学校参加家政服务技能培训班学习，进一步提升职工素质和职业技能。同时，带领部分离退休人员代表到兄弟林场考察学习，坚定他们发挥余热奉献林场的信心与决心。

（四）重视企业文化建设，丰富职工业余生活

一是开展大型文体活动。林场逢"单年"举办文化艺术节，开展"读一本好书有奖征文比赛"、党史知识竞赛、"党在我心中"演讲比赛、"风雨兼程路，谱写新篇章"板报比赛、"印象·大桂山"摄影比赛、感恩缅怀主题教育活动、红歌大合唱比赛等活动，全面发展和提升大桂山林场企业文化，促进林场各项工作打开新局面。逢"双年"举办体育节，设立篮球、气排球、羽毛球、拔河、立定跳远、仰卧起坐、蛙跳、跳绳等项目，规模大、规格高、参加人员多，有利于塑造广大职工群众的健康体质和完美人格，营造良好的企业文化氛围。二是开展重大节日庆祝活动。充分利用劳动节、端午节、中秋节、国庆节、元旦节等法定节假日，组织开展丰富多彩的文体活动，凝聚职工智慧和力量，加快推进林场跨越发展上台阶。如：春节举办"迎新春游园"活动，活动形式多样，内容丰富，深受广大职工家属喜爱；"三八"妇女节，根据广大女职工的兴趣爱好和老职工的身体状况开展踢毽子和夹玻珠比赛，营造浓厚节日氛围；中秋节组织"赏月联欢会"，进行歌曲演唱、文艺表演、猜灯谜等。定期组织开展男子篮球、气排球、拔河、象棋、扑克、板鞋等比赛，增强同事间的深厚友谊。三是踊跃参加场外体育竞技比赛。积极组织干部职工参加场外各项体育竞技比赛，不断提高运动健儿的竞技水平。近两年组织参加了贺州市第一届农口系统运动会、贺州市"创森杯"首届林业系统运动会、"桂山杯"首届组织系统运动会、贺州市第三届运动会暨首届全民健身运动会

等，向外界展现了大桂山林场职工团结奋进、拼搏向上的精神面貌，为大桂山林场打出了一张亮丽的名片。四是组织开展全民健身活动。2014年7月，林场组织开展以"快乐工作，健康生活"为主题的全民健身活动，成立跑步、羽毛球、气排球、篮球、乒乓球等5个兴趣小组。各兴趣小组充分利用晚上、周末时间进行统一集训，定期请专业教练加强技术指导，季度进行小组赛，年中进行半年赛，年底进行年度赛。通过开展全民健身活动，努力造就一支开拓进取、团结向上、体魄健康、精力充沛的干部职工队伍。

二、工作经验和体会

（一）用心做好思想政治工作

大桂山林场思想政治工作领导小组掌握做好思想政治工作必备的基本常识、实用方法与沟通技巧，深入基层、深入群众，采取定期或不定期谈心的方式，积极探索贴近职工、服务职工、关心职工疾苦、倾听职工呼声的新途径新方法，着重解决干部职工在林场改革发展中出现的思想问题，达到沟通情况、掌握实情、消除误会、化解矛盾的目的。

（二）专心抓好职工教育培训

林场每年都安排教育培训专项资金，组织开展各类学习培训和文体活动，提高干部职工队伍的思想道德、科学文化和技术技能素质，鼓励他们以主人翁的态度积极参与到林场的各项建设中来，热情参加林场组织的各项活动，增强其对林场工作的认同感，营造"团结奋进、昂扬向上、求真务实、开拓创新"的浓厚氛围。

（三）真心为职工排忧解难

以林场开展的党的群众路线教育实践活动、"三送"下分场、和谐建设在基层、"坚定理想信念、坚守组织纪律"党风廉政主题教育活动为契机，积极深入到生产一线、基层职工中，认真倾听职工呼声，和职工拉家常，广泛征求职工对林场改革发展、重大决策、重要事项的意见和建议，问政于民、问需于民、问计于民，进一步密切党群干群关系，营造和谐稳定的工作和生活环境。

（四）热心投身林场改革

林场把思想政治工作与中心工作同规划、同部署、同落实，切实将思想政治工作与生产经营、内部管理和改革发展机制相结合，形成互帮互教、共同进步、人人关心林场发展的生动局面，为林场建设提供了强大的精神动力、思想保障和智力支持。

三、工作建议与对策

1. 结合林场实际与职工需求，全面加强思想教育，积极探索思想政治工作新方法，不断充实新内容，竭力拓展工作思路和活动空间，使林场真正成为职工参与民主管理、维护自身合法权益、提高整体素质和满足精神需求的理想的职工之家。同时，注重宣传教育，让广大干部职工切实将思想和行动统一到林场建设中来，形成人人关心、踊跃参与的良好氛围。

2. 积极争取地方政府、地税部门及上级组织的重视支持，妥善安排林场企业文化活动的正常支出，确保活动经费用对、用好、用到实处。进一步明确职能定位，重点做好工作内容的创新及工作方式的转变，增强林场硬件、软件和自身建设，切实发挥好工会密切联系群众的桥梁与纽带作用。

3. 进一步树立坚实的群众观念与职工利益无小事的责任意识，立足场情，从硬件上配备配齐文化娱乐设施，从软件上健全完善激励机制，继续为职工办好一批惠民实事。教育广大干部职工牢固树立大局观念，树立主人翁意识、责任意识与发展意识，充分调动其投身林场建设的积极性、主动性，把思想和行动切实统一到林场发展上来。

4. 创新活动方式，丰富活动载体，继续组织开展文化艺术节、体育运动会、环境卫生评比、知识竞赛、演讲比赛、征文比赛、球类比赛、我为林场发展献良策等活动，为干部职工提供充分展示才华的广阔舞台，进一步丰富职工的精神文化生活，陶冶职工的思想情操，展现桂山人的精神风貌，营造积极向上、生动活泼、团结和谐的文化氛围。

党组织建设篇

与时俱进 创新党内组织生活

刘裕春　毛行元

刘裕春，男，1958 年 3 月出生。中共党员，高级工程师，中南林学院林业专业本科毕业，曾任国家林业局"三北"防护林建设局副处长、处长、副局长，国家林业局西北林业调查规划设计院院长。现任国家林业局华东林业调查规划设计院党委书记、副院长。作品《绿色长城专题片》获国家林业局首届梁希林业新闻奖；"巴彦浩特生态园林总体规划"获 2004 年全国优秀工程咨询成果三等奖、林业优秀工程咨询成果二等奖。

毛行元，男，1962 年 10 月出生。中共党员，高级工程师。曾任国家林业局华东林业调查规划设计院团委书记、党办副主任、主任、政工处主任。现任纪委副书记、监察处长，党委委员。主要作品有：《林业发展应摆脱资源配置按比较效益取向的误区》、《关于森林生态效益补偿初探》、《浅析超限额采伐森林的原因及对策》、《在现代林业建设的前沿阵地奋力前行》等文章在《中国绿色时报》及国内正式出版报刊上发表。

　　党内组织生活是党的生活的重要内容，是党组织对党员进行教育、管理、监督的重要形式。党的奋斗历程表明，严格党内组织生活是党保持和发展先进性、纯洁性，增强凝聚力、创造力、战斗力的根本保证；是解决党内存在问题的重要途径；是巩固、扩大党的群众路线教育实践成果的必然要求；是促进党员干部健康成长的重要前提；是党自身进行全面深化改革的重要组成部分。

经过开展党的群众路线教育实践活动，基层党组织党内组织生活随意化、单一化、娱乐化、庸俗化等现象得到有效纠正，原则性、政治性、战斗性得到加强。但是，有的基层党组织党内组织生活存在的问题仍然比较突出，主要表现在以下几个方面。

一是党内组织生活不严格、不规范。党内组织生活缺乏规划和应有的严肃性，不按要求落实组织生活制度，没有把党员定期参加党内组织生活作为一项"硬制度"进行强化落实，没有上升到党内法规的高度来推进，存在重业务、轻党建的现象，组织生活流于形式，缺乏制度执行力；在落实制度上打折扣、搞变通，简单地用业务会议代替，致使党内组织生活往往被业务工作冲淡，党内教育也容易走形变味为单纯的工作要求，存在着组织随意、管理松散的现象。

二是党内组织生活缺乏创新、活力不足。组织生活与群众思想联系不紧、脱离群众，多数单位党内组织生活形式仍停留在老办法、旧模式上，载体形式单一、多以会议为主，以灌输说教的方式来开展学习教育活动，效果差；多数单位党内组织生活没有把党员个体需求与组织生活有机结合起来纳入考评，对党员参加党内组织生活缺乏约束力，激励效应发挥不出来。

三是民主生活会质量不高。有的议题不突出，把讲体会谈感想当作民主生活会的代名词；有的空泛议论，对自己放礼炮，对他人放哑炮，对群众放空炮；有的一把手表率作用差，不坚持原则，不涉及问题，不触动矛盾，客客气气，谦谦让让，和稀泥当好人；有的搞厌恶批评的霸道主义，听不得反面意见，个人利益碰不得；有的忽视会前准备，把生活会开成了聊天会；有的会议开过就忘，没有总结整改和督促检查。

四是批评与自我批评开展不积极。部分党员对开展批评与自我批评持消极态度，只讲一些无关痛痒的套话和空话，对于实质性问题避而不谈，常常是自我批评谈感想、相互批评提希望，批评下级较多、批评上级较少，批评组织较多、批评个人较少。批评不是为了弄清问题、解决问题，不是为了帮助同志，不是以党和人民的利益为重，而是以不伤人为原则，只有触及到自己的切身利益时才会"据理力争"。

五是部分基层党务干部素质不够高。主要表现在理论水平不高，对理论学习不热心，缺乏创新意识，工作的灵活性、积极性和主动性不足；有的党务干部党建业务不精，对党务工作的一般程序、原则和方法等不熟悉，工作找不准方向、把不住重点；有的党务干部缺乏搞好党务工作的意识，重业务、轻党建工作，对党务工作缺乏热情和责任感。

严格党内组织生活是加强党的建设，巩固党的执政地位的重要因素。从某种意义说，党的历史就是严格党内组织生活、增强先进性和纯洁性的历史。严格党内组织生活直接关系到基层党组织和党员作用的发挥，关系到党的先进性、纯洁性的增强和执政水平的提高。这几年，国家林业局华东林业调查规划设计院党委在如何更好地开展党内组织生活方面，进行了一些有益的探索与实践。

一、突出党员主体地位，激发党内组织生活理念创新

当前，新媒体技术的迅速发展，党员接受外界信息途径复杂多样，思想也呈现多元化。如果我们不认真研究党员主体的现状和特点，一味地以灌输式教育，就会使党员对党内组织生活产生厌烦思想，影响党在党员心目中的形象。新形势下，只有唤醒党员主体地位，使党员"化被动为主动"，在组织中感受主、客体相辅相融的氛围，才能自觉地增强主人翁责任感，自愿地调动自身的创造力。那么，究竟如何激发党内组织生活理念创新？现提出以下几种方式，仅供参考尝试与借鉴。一是主题活动轮值负责制。在党内组织生活中，根据个人特长和兴趣点，把活动"承包"给不同党员，按照项目管理法的模式运作，每项活动有一个项目负责人，负责具体活动的设计、过程的组织协调等工作，在活动中担当主持人。还可以采取课题招标，以党员个人或党小组中标的方式，调动党员参与组织生活的积极性，增强党员主体意识。如华东调查规划设计院第二党支部开展

"我为支部添光彩"活动中，选择"召集人"就采取自愿报名、组织确定的方式进行，实践证明，经过两年的运作，效果良好。二是积极开展争做全天候身份党员活动。开展"做24小时党员"主题实践活动，唤醒党员在8小时以外的党员身份，号召党员积极参与所在社区公益活动，发挥每个党员的专业优势，积极为社区做好事、办实事，展现党员风采。华东调查规划设计院全部在职党员主动到驻地社区登记，每个党员都提出愿意为社区提供几项力所能及的服务，接受社区监督，在社区开展争做全天候党员活动。三是创建"软组织"平台。主要应用于党员8小时以外组织生活的开展。在传统党委——支部链条外，依据党员的兴趣、专业等发展一些方式灵活、党员易于参与的平台，开展座谈、走访、调研等活动，发挥党员"主人翁"作用。

二、突出问题导向，促进党内组织生活内容创新

党内组织生活内容必须紧密围绕党的中心工作，在引导党员凝聚共识，发挥党员为改革献计出力、化解群众思想难题等方面下功夫。这些年，国家林业局华东林业调查规划设计院党委始终围绕国家森林资源监测工作，强化党员的思想、组织、作风、制度和反腐倡廉建设，为推进各项事业发展提供了坚强的思想、政治和组织保证。一是开展正面引导。党组织必须高举正面引导党员思想的旗帜，精心设计正面引导党员思想的活动，如邀请专家解读《中共中央关于全面深化改革若干重大问题的决定》、国内外重要形势分析、习近平总书记系列重要讲话辅导报告等，让党员在组织生活中接受党的最新精神，增强党员的责任感和使命感。二是注重调研实践。新时代的党员多数具备较高的知识和文化素养，具有较强的调研分析能力，很适合在调查研究与实践锻炼中接受学习教育。党组织要根据不同时期围绕不同的主题，深入基层第一线，开展调查研究，听取基层群众的意见建议，到基层群众中去"接地气"，既发扬了党的优良传统，又发挥了党员的积极性和创造性，能够有效地促进各项工作。在教育实践活动中，院领导干部注重到林业基层一线调查研究，主要领导率领科技人员利用休息日深入浙江兰溪市苗圃，了解实情，多"接地气"，帮助基层解

决困难，受到了基层群众的好评。三是强化业务技能培训。每个党员都有自己的岗位职责和任务。随着改革的全面深化，党组织要关心党员工作岗位的变化，要根据各单位各部门工作实际，加大党员业务技能培训的力度，提高自身能力素质，使党员在本职岗位中建功立业，发挥模范带头作用。四是发挥建言献策作用。"一个篱笆三个桩，一个好汉三个帮"。各级党组织工作的出发点和落脚点都要"围绕中心、服务大局"，为本单位本部门中心任务圆满完成作出显著贡献。党组织要充分发挥党员的智慧力量，调动广大党员的积极性和创造力，为做好某项工作，攻克某个难关，请党员出主意、想办法，群策群力。例如，开展"改革发展金点子"有奖征集活动、"我为改革发展做贡献"主题实践活动等，都能使党组织活动发挥实效性，有力地推动中心工作。五是党内决策咨询。党内决策前应以咨询、征询等方式向党员征求意见建议，大家的意见经整理后要向党员公开，决策中采纳情况也应公开。通过咨询和沟通，既可以使党内思想统一，便于实行，也有利于党内监督。

三、坚持群众路线，激发党内组织生活形式创新

全心全意为人民服务是我党的根本宗旨。坚持立党为公、执政为民，要求党员特别是党员领导干部要做到心里装着群众，权为民所用，情为民所系，利为民所谋。因此，党内组织生活要突出服务群众的特色，真正做到开放务实。一是开放组织生活。当前，党内组织生活多数是"关门式"学习教育，采取灌输式传达式居多，相对封闭，容易造成脱离群众、脱离实际，许多党员对这种被动参加的活动也颇有微词。随着时代发展变化，这种传统的组织生活模式越来越不受党员欢迎，效果不好。只有转变观念，开放思维，才能寻找到深受党员欢迎的组织生活内容和形式。如果把组织生活会放到现场，如爱国主义教育基地、实践基地等，效果一定比在会议室里好得多。前些年，国家林业局华东林业调查规划设计院结合开展森林资源监测工作，组织党员就近到革命纪念地开展重温入党誓言活动，效果就很好。二是党群互动式。有的活动吸收党外群众参加，特别是邀请民主党派和无党派人士参加，通过学习交流互通党内外信息，有利于大家

团结协作、合作共事。在特定的节日如"三八"、"五一"、"五四"之际与群众团体联合，邀请群众代表开展联谊生活，大家就女性、家庭、青年等主题进行专题讨论，促进党员与群众的思想交流。国家林业局华东林业调查规划设计院多数支部每年都会开展2~3次有所在部门党外群众参加的组织活动，通过开展这一活动，进一步融洽了党群关系。三是结对联合式。根据工作特点和联系需要，机关党组织和基层党组织以"结对子"的形式，联合开展一些组织生活，增加组织之间的了解、互相沟通，达成理解和信任，促进资源互补，使机关党员能懂得如何更务实地为基层做好服务。在开展教育实践活动中，国家林业局华东林业调查规划设计院主动与单位驻地的九堡社区党组织"结对子"，开展党建共建活动，通过近一年的共建，做到了双方友好往来、资源共享、活动互补。四是服务群众式。组织党员走进社会窗口单位，如义务协助交警维护交通秩序，义务到敬老院帮扶孤寡老人，到贫困山区小学为孩子讲课等体验式服务。这些活动会使党员在社会服务中联系群众、了解社会，同时展现党员的个人风采，让群众真实感受到党员的奉献价值。五是关心党员式。关心群众、联系群众，不只是关心和联系党外群众，也要关心和联系党员群众，对党员群众的关心和服务也必须纳入党组织的工作内容。对于党员遇到的思想、工作、生活等方面的问题，党组织应该为他们排忧解难，增强党员对党的信任感，提升党组织的凝聚力和向心力。国家林业局华东林业调查规划设计院党委一直以来关心党员群众的思想、工作、生活，党员群众本人及家庭有喜事、难事、丧事、住院等情况，组织上必须登门访问，进一步拉近党组织与党员群众的距离。

四、利用现代技术，增强手段创新

有人说，在科技日新月异的今天，谁能成功掌握和运用新媒体，谁就占领了21世纪舆论导向的制高点。党组织要充分认识运用新媒体的迫切性和必要性，主动出击，运用现代科技手段占领现代舆论阵地，特别是深入研究和掌握网络舆论引导的特点和规律，切实运用新媒体推进党的建设科学化。一是"网"化党的组织生活。目前多数单位和部门都有自己的网站，许多工作要通过网站开展。党组织要借助互联网和移动媒体新技术，及时转变党员参与组织生活的方式，用党的先进理念占领网络阵地和手机等移动媒体阵地，把党内组织生活建在网上，把党支部有关规定和工作流程都挂在网上，便于党员查询学习；要求党员定期浏览"党员 e 家"，设计主题活动要求党员必须参与问答，鼓励党员发表个人观点。通过"党员 e 家"，把网上活动与网下活动相结合，把虚拟与现实相结合，使组织生活在网上"火"起来。二是建立网络学习新模式。利用新媒体不受时间、空间限制的特点，借助手机、互联网、数字电视、网络电视等多种新媒体终端，建立网络党校，给广大党员提供随时随地开展学习、接受培训教育的平台。党员通过实名制进入网络党校学习平台，在规定时间内学习指定篇目和课件，完成党组织要求的有关问卷，撰写学习体会。党组织能查询党员在网络党校学习情况，并给予及时考核成绩。网络党校还可以开设"读书交流论坛"等栏目，让党员发表个人对阅读书籍的心得体会，激发大家碰撞思想的火花。三是开拓联系群众新方式。新媒体植根于民间大众，具有反应快速的特点，党组织可以通过网站、微信、微博、QQ、邮箱等形式，建立党员干部与群众互动平台，如"领导在线问答"，使党组织能够及时了解社情民意，倾听群众诉求。党组织借助在线交流平台拉近领导与群众的距离，传递党的声音，畅通民情渠道，以便党和政府及时把群众意见建议吸收到有关政策中，推动社会民生热点难点问题的解决，有效地促进问政于民、问计于民、问需于民。在教育实践活动中，国家林业局华东林业调查规划设计院党委采用的新媒体技术，如视频会议、微信、QQ 群、邮箱等形式，极大地方便了了解社情民意，收到了良好的效果。

时代赋予我党重大历史使命。国家林业局华东林业调查规划设计院党委肩负着神圣职责，其基层党组织的数量比较庞大，各基层党组织建设水平和风格千差万别又各具特色。因此，党委必须不负使命、履行职责，带领各级基层党组织不断拓展工作视野，从国内外政党和多学科理论中寻找借鉴方法和手段，不断找到新的、适合不同类型党内组织生活的有效内容和形式，提高党内组织生活质量，进一步提升党的建设科学化新水平。

党组织属地化管理调研报告

中国林业科学研究院课题组

课题组组长：叶智　副组长：王伟新　组员：贺顺钦、罗华莉

贺顺钦，女，1975 年 8 月出生。中国林业科学研究院林业经济管理专业毕业，硕士学位，中共党员，高级工程师。曾任中国林业科学研究院党群工作部京区团委书记、国家林业局直属机关团委副书记、京区妇工委主任、青年志愿者协会会长。现任党群工作部（正处）副主任、京区纪委副书记、青联主席。曾在全国各大报纸杂志发表论文有《辽东栎苗木早期生长与光的关系》、《加强和改进思想政治工作，构建和谐科研院所》、《浅谈用标准化理论做新形势下林业科研单位的党员管理工作》、《关于促进林业科技成果转化工作的思考》，等等。

　　按照全国党建研究会科研院所专委会关于申报党建调研课题的部署和要求，中国林业科学研究院选择"科研院所党组织属地管理与系统指导相结合的党建工作研究"作为本年度研究课题，针对本院 23 个直属单位（京外 11 个）的情况设计调查问卷，共发出问卷 860 份，收回 831 份，回收率达 96.6%。同时，课题组还采取座谈会、电话访谈等调研方法，全面了解本院京外各单位党建工作状况，属地管理与系统指导中存在问题及原因，研究探讨解决问题的对策和建议，为提高科研院所党建工作科学化水平提供重要依据。

一、党组织属地化管理的概念

1987 年，党的十三大政治报告指出：为适应党的领导方式和活动方式转变，必须调整党的组织形式和工作机构。由上级行政部门党组织垂直领导的企事业单位的党组织，要逐步改为由所在地方党委领导。这是党在组织形式上的重大变革，也是现阶段党组织属地管理的依据。

党组织属地管理，一般是指党员的党组织关系归属地方党委领导。与属地管理相对应的，是属条管理，即党员党组织关系归属上级行政部门党组织领导。党组织属地管理是中共十三大以后党的组织管理现状。但严格地说，党组织属地管理的原则是与整个中共党史相伴随的。党章没有对属地管理和属条管理做出过明确规定，在具体实践中，党成立初期，下级党组织和基层党组织主要是属地管理的。随着党的组织发展和活动范围扩大，后来才出现属条管理，如军队系统、文委系统、工委系统等。

二、属地化管理与系统指导相结合的重要性和必要性

党的十八大要求我们以改革创新的精神全面推进党的建设新的伟大工程，全面提高党的建设科学化水平。如何把科研院所京外单位的党建工作切实管好管活，我们认为实行党组织属地化管理与系统指导相结合，是一种比较科学有效的管理方式。

（一）中国林业科学研究院京外单位党组织现状

中国林业科学研究院（简称中国林科院）下属 21 个所（中心），其中京外有 11 个所（中心）分布在全国 10 个省、自治区和直辖市（见表 1）。

表 1　中国林科院京外单位分布情况

京外单位	所在地
哈尔滨林业机械研究所	黑龙江省哈尔滨市
沙漠林业实验中心	内蒙古磴口县
泡桐研究开发中心	河南省郑州市
林产化学工作研究所	江苏省南京市
亚热带林业研究所	浙江省富阳市
竹子研究开发中心	浙江省杭州市

（续表）

京外单位	所在地
亚热带林业实验中心	江西省分宜县
资源混虫研究所	云南省昆明市
桉树研究开发中心	广东省湛江市
热带林业实验中心	广西省凭祥市
热带林业研究所	广东省广州市

目前，全院共有党委（总支）22 个，支部 157 个，党员 2400 多名。其中京外有 11 个党委，86 个支部，党员 1343 名。这些单位党建工作、党组织和党员状况呈现出 3 个主要特点：

一是党员队伍比较稳定。具体分布情况见表2。

表2　中国林科院京外单位党员分布情况

京外单位	党员总数	退休党员数	在职党员数
亚热带林业研究所	156	40	116
热带林业研究所	70	14	56
资源昆虫研究所	64	24	40
哈尔滨林业机械研究所	33	0	33
林产化学工作研究所	227	93	134
亚热带林业实验中心	308	82	226
竹子研究开发中心	21	3	18
泡桐研究开发中心	53	7	46
桉树研究开发中心	24	7	17
热带林业实验中心	276	139	137
沙漠林业实验中心	111	14	97
合计	1343	423	920

二是组织健全、隶属关系明确。本次调查中，我院京外单位未发现党组织覆盖死角，基本做到每名党员都有相应支部进行管理。

三是党组织活动基本正常。本次调查了京外各单位党组织近 5 年来党内重大活动情况，如先进性教育、科学发展观、创先争优活动等。据调查，99％的被调查者反映每项活动上级党组织都能及时印发指导性文件；63％的被调查者认为上级党组织能提供帮助，并指导开展相关工作；74％

的被调查者反映地方上级党组织能跟踪检查。

当前，各科研院所、企事业单位、街道、社区基本实现了党员组织关系属地化管理。管理中相继出现的一些问题，如党员的组织观念淡化，不能正常参加活动，党组织难以管理；党建工作体制不顺，党组织作用难以得到发挥等。这类问题出现之后，只有少数企业、街道、社区初步研究有关问题，并提出了解决问题的对策和建议。

据初步调查，到目前为止，还没有带"国"字头的科研单位去专门开展此项研究。对其所属的京外单位，一般情况下，在干部管理上实行垂直管理，如院级党组织主要负责党政领导班子的配备、调整、考核、任免、行政奖惩等；党委换届时，审批党委会候选人等。具体党建设工作归地方上级党组织指导，如审批党委换届及选举结果，组织开展系列党建学习活动；协助做好领导干部的政治理论学习、培训；协助做好老干部管理工作；定期开展地区扶贫和帮扶工作等。

（二）党组织属地化管理与系统指导相结合的研究意义

鉴于国家级科研院所在全国各地都有分布，属地管理党员占党员总数的一半甚至更多，实行属地管理与系统指导相结合的党建工作，将会是今后科研院所长期面临的任务。

党的十八大对党建工作提出了新的更高要求。我们要通过开展属地管理与系统指导相结合的党建工作研究，引导京外单位党组织用党的创新理论指导新的实践。同时，认清本单位党建工作中存在的问题和薄弱环节，围绕中心，找准党建工作定位，理清党建工作思路，落实党建工作任务，用党建工作促进科研业务工作的完成。

实行党组织属地管理与系统指导有机结合，既有利于党组织发挥核心领导作用，解决各单位在党员管理、工作任务、管理体制、党建资源等方面"两张皮"问题，加大支持力度；又有利于各单位围绕中心任务改进党的活动方式、创新党的工作方法、增强党建工作的针对性和有效性，并为京外单位抓实做强党建工作提供指导和帮助。

三、目前中国林科院京外单位党建工作存在问题及根源

从调研结果看，中国林科院京外单位党建设工作取得了一定成效，但

确实还面临着许多新的问题。

（一）党组织属地管理与系统指导相结合取得的初步成效

一直以来，中国林科院京外单位普遍重视党建工作，能严格按照院分党组安排部署进行，并积极融入到地方上级党组织的工作中去，保证了本单位和谐、稳定和发展。

1. 党建工作研究部署及时有效。多年来，中国林科院坚持每年年初召开党建暨政研会年会，安排部署全年全院党建工作。每两年举办党委书记研讨班，探索做好党建工作的有效途径，研讨存在的问题，并提出有效对策，保证京外单位党建工作和院分党组在研究部署上基本保持一致和同步（见图1）。

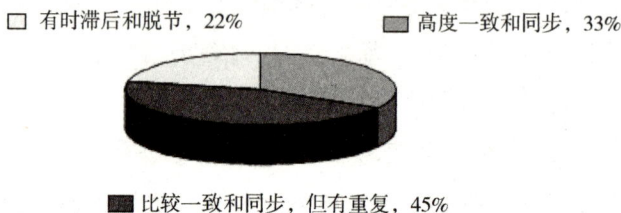

图1 党建工作部署和安排

在先进性教育、创先争优等活动中，院分党组和地方上级党组织都有布置时，38%的被调查单位选择哪个先布置执行哪个，35%的被调查单位选择结合单位实际，按院分党组要求执行。这说明，我院京外单位基本上都能灵活掌控指令，较好完成上级党组织布置的工作任务。

2. 党建工作督查指导及时有序。无论是地方上级党组织，还是我院分党组，都能不定期地对京外单位党建工作进行督查指导，及时掌握工作进展情况，切实提出建设性意见和建议。本调查中，院分党组每年到京外单位督查指导1次或2次的占71%（见图2）。

地方上级党组织每年到京外单位督查指导4次及以上的占39%（见图3）。

另外，68%的被调查者认为上级党组织来本单位督查指导工作，对推动所在单位工作影响较大，希望能够形成长效机制，不断提高本单位党建工作水平。

京外单位所占比例

45%

26%

14%

9%

6%

每年检查指导次数　1次　　2次　　3次　　4次及以上　　无

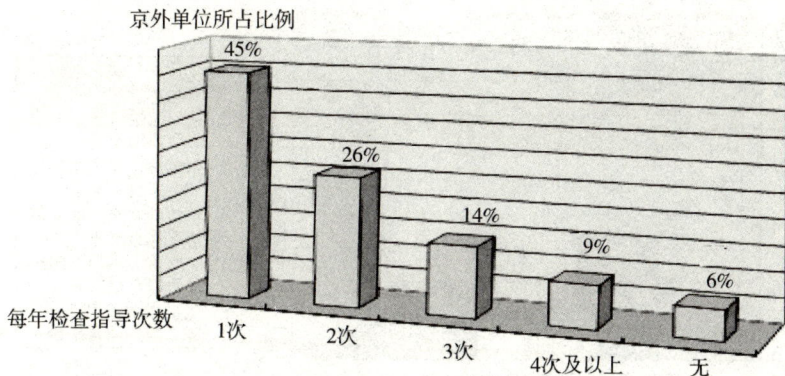

图2　每年我院分党组督查指导工作次数

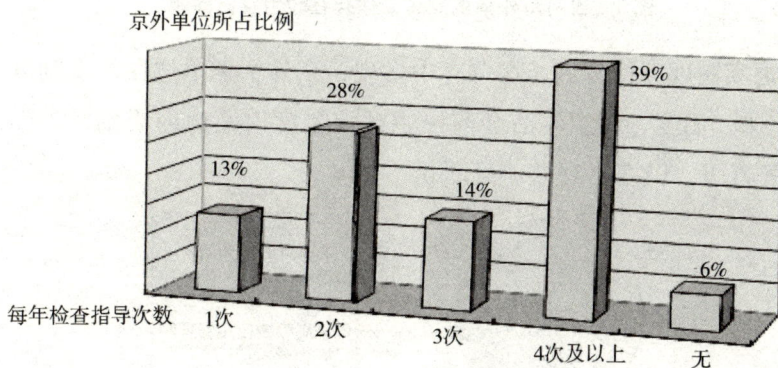

京外单位所占比例

28%

39%

13%

14%

6%

每年检查指导次数　1次　　2次　　3次　　4次及以上　　无

图3　每年地方上级党组织督查指导工作次数

（二）党组织属地管理与系统指导存在的问题与根源

随着改革发展的不断深入，我院京外单位党建工作在属地管理中也出现了一些不容忽视的问题（见图4）。

1. 沟通协调有待加强。从调查结果分析，我院京外单位党建工作属地管理中有工作重复或遗漏现象。例如，在学习实践科学发展观活动中，个别单位既没有与院分党组同步，也没有与地方上级党组织同步，后经与地方上级党组织协商才被列入第二批参加。在开展民主生活会时，个别单位按照院分党组的要求、步骤全部完成，但地方上级党组织还要他们按地方要求再次组织。这反映出院分党组与地方上级党组织的党建工作在时间内容、部署要求、检查指导、监督落实上存在不同步问题，党建工作属地管理与系统指导在沟通协调方面有待加强。

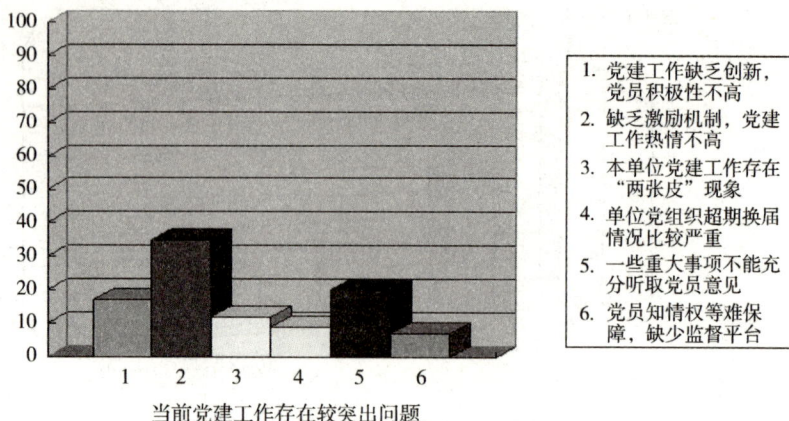

1. 党建工作缺乏创新，党员积极性不高
2. 缺乏激励机制，党建工作热情不高
3. 本单位党建工作存在"两张皮"现象
4. 单位党组织超期换届情况比较严重
5. 一些重大事项不能充分听取党员意见
6. 党员知情权等难保障，缺少监督平台

当前党建工作存在较突出问题

图4 当前京外单位党建工作存在较为突出问题

2. 落实制度有待改进。在调查中发现，京外个别单位在落实制度，如"三会一课"制度、民主生活会与民主评议制度以及党内激励、关怀、帮扶制度等方面，仍需要改进（见图5）。

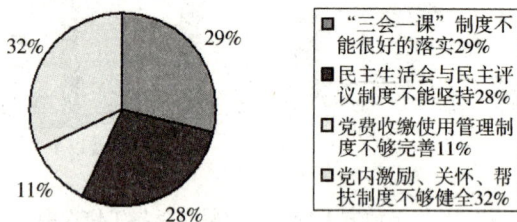

■ "三会一课"制度不能很好的落实29%
■ 民主生活会与民主评议制度不能坚持28%
□ 党费收缴使用管理制度不够完善11%
□ 党内激励、关怀、帮扶制度不够健全32%

图5 所在单位落实制度中，最需要改进的部分

党员领导干部民主生活会是发展党内民主的一项重要制度。我院大多数京外单位虽然比较重视民主生活会（见图6），能够每年认真开展党员干部领导民主生活会、听取群众意见、解决职工群众实际困难。但仍有33%的单位，对于党员干部领导民主生活会的定期举行，表现出认识不足、流于形式的问题，还需不断改进和完善。

3. 党组织生活质量有待提高。我院京外大多数单位党组织尽管能正常开展组织生活，但由于组织活动流于形式、方式方法陈旧、缺乏创新，造成党组织生活质量不高（见表3）。

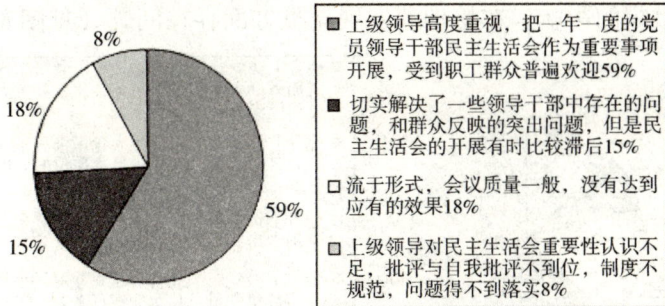

图6　领导干部民主生活会开展情况

表3　党组织生活形式与质量

党组织生活内容单一，形式单调，缺少交流互动	61%
组织生活仅组织参观学习和传达上级文件等，没人愿意参加	35%
一些党员领导干部借口工作忙，不能自觉参加双重组织生活	31%
联系当前形势和党员思想、工作实际不紧密，缺乏针对性	19%
主要领导重业务轻党建，党组织生活变成工作布置会、总结会	11%
出于应付上级检查，没有明确目标任务和要求，形式主义突出	10%

4. 党员的党性修养、工作作风和服务意识有待提升。每名党员都是一面旗帜。党员的表现影响到一个单位党组织作用的发挥。在本次调查中发现了一些问题，具体情况如下所示（见图7）。

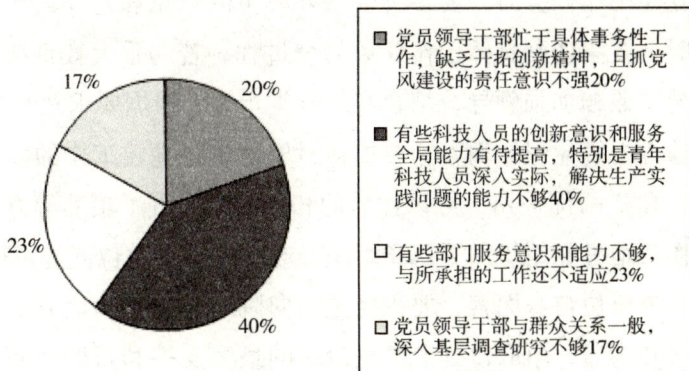

图7　党员党性修养和干部作风发挥情况

5. 发展党员工作有待增强。发展党员工作是党建工作的基础。我院京外单位将近60%的单位能定期发展、培训党员，但也有个别单位由于受地方上级党组织的影响，在培训和发展党员方面存在问题（见图8）。

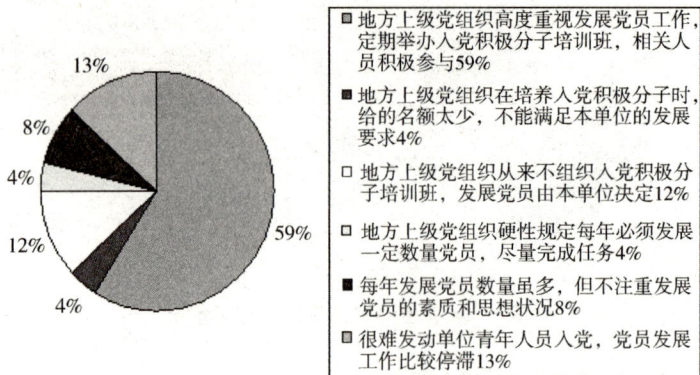

图例：
- 地方上级党组织高度重视发展党员工作，定期举办入党积极分子培训班，相关人员积极参与59%
- 地方上级党组织在培养入党积极分子时，给的名额太少，不能满足本单位的发展要求4%
- 地方上级党组织从来不组织入党积极分子培训班，发展党员由本单位决定12%
- 地方上级党组织硬性规定每年必须发展一定数量党员，尽量完成任务4%
- 每年发展党员数量虽多，但不注重发展党员的素质和思想状况8%
- 很难发动单位青年人员入党，党员发展工作比较停滞13%

图8　中国林科院党员发展情况

四、探索解决之道，形成长效机制

探索党组织属地管理与系统指导相结合离不开各级党组织的高度重视，需要各级党组织齐力协作。结合科研单位实际，我们认为应从以下5个方面着手。

（一）加强沟通协调，正确处理属地管理与系统指导的关系

火车跑得快，全靠车头带。对于院级党组织而言，要多加强领导，在安排部署党建工作任务时，要多听取京外单位的意见和建议；在督查指导党建工作时，要渗透到具体工作任务的全过程。若遇重大教育活动，院级党组织要统筹兼顾加强领导，结合实际分类指导，根据要求及时督查。

对于地方上级党组织而言，要加强对属地单位党建工作的领导和具体工作指导。在"两优一先"等评优活动和入党积极分子培养等方面，要把属地单位作为地方党组织的下属党组织，与地方其他单位同等对待。

对于京外单位自身而言，要积极主动向院级党组织和地方上级党组织请示、汇报和沟通，争取得到上级党组织的最大支持和帮助，从而有效促进单位各项工作的开展。

（二）提高思想认识，切实保证相关制度的贯彻落实

党的制度以党章为根本依据，在党建工作中，重点加强以下制度、机制的贯彻落实。

1. 强化民主集中制。民主集中制是党的根本组织制度，是领导班子实施对本单位领导的工作准则。加强民主集中建设，有利于各级党政班子真正成为领导本单位科研工作和全面建设的坚强领导核心。

2. 落实"三会一课"制度。"三会一课"制度是严格党员管理、加强党员教育的重要制度之一。贯彻落实"三会一课"制度，有利于党员教育和党支部建设。

3. 坚持民主生活会制度。民主生活会制度是加强党组织领导班子建设的一条重要途径，是针对各方面的情况检查总结，统一认识，开展批评与自我批评。加强民主生活会制度，有利于增强团结，改进工作。

4. 坚持民主评议制度。民主评议制度是从严治党，提高党员素质的一项重要措施，是对党员进行经常性教育、管理和监督的有效方法。

5. 增强党内激励关怀帮扶机制。党内激励是手段，党内关怀是基础，党内帮扶是关键。落实好党内激励关怀帮扶机制，能防止和克服认识上的片面化和工作上的简单化，有利于本单位和谐健康发展。

（三）加强党组织工作创新，提高组织生活质量

科研院所必须围绕提高自主创新能力这一中心任务，创新党建工作，激发党员活力。

首先，找准党建工作与中心任务结合点。党建工作只有融入到科研工作中，服从和服务于科研工作，才能增强党建工作活力，促进科研业务工作的发展。为创新党群活动品牌，林科院出台了《优秀党群活动评选与奖励办法》，每两年评选一次，每次不超过 10 个，在每年召开的党建暨政研会年会和林科网上进行宣传展示。通过开展党群活动，激发党员和科技人员献身科研、服务院所发展的热情，提高党支部的凝聚力和战斗力，发挥党员的先锋模范作用，增强管理干部服务基层、服务科研人员的信心。

其次，创新党组织活动方式。针对科研单位特点，党组织活动要在坚持以理想信念为主的传统教育下，增加学术氛围，开展必要的学术活动，增强活动的实效性。我院开设了"林科讲坛"。组织知名学者和专家从国际国内形势、金融投资、养生保健、科研经验、工作方式方法等方面，开展了 8 场讲座，吸引了 1000 多名职工参加。这种在大院文化的基础上，采用内外结合、大小结合的形式，进一步解放思想，开放办院，形成了良好

的学术氛围，使社会主义核心价值体系潜移默化地融入了我院科技人员的工作和生活中，得到广大职工的一致认可和高度评价。

第三，加强党内民主。知识分子有发现、分析和思考问题的能力，也有阐述观点、开展争鸣的欲望与冲动。我院各级党组织每年不定期召开座谈会，努力形成党内敢讲真话的民主气氛，并向各级领导和有关部门原汁原味反馈座谈会意见和建议，要求相关单位和个人及时提出整改措施和整改时间，院纪检部门及时督促检查，提高了党组织生活的质量和效果。

（四）注重发挥领导干部表率作用和青年党员先锋模范作用

无论哪个时代、哪个行业都需发挥党员先锋模范作用。作为党员领导干部，特别是党的主要领导干部应在各方面以身作则，树立好的榜样。要求别人做的，自己首先做到；禁止别人做的，自己坚决不做。我院在围绕发挥党员先锋模范作用上开展了一系列活动，在凝聚院所力量的同时，也对党员特别是青年党员作用的发挥起到了极大的促进作用。

1. 推行读一本好书活动。我院提出广泛开展读一本好书活动，并重点推荐了《钱学森》一书。院分党组主要领导深入各单位，向党政主要负责人、首席科学家、研究员、杰出青年一对一赠书，并与他们亲切座谈。号召大家从钱学森的传奇人生中汲取前进的动力，结合院所发展规划，更好地确定本单位和自身的事业定位和研究方向，摆正位置，带领团队为林业事业做贡献。为巩固读书成果，培养和锻炼年轻同志，院青联举办了"向钱学森学习"演讲比赛，激励青年向钱学森学习，33名青年通过谈学习、体会和收获，抒发了立志献身现代林业科研事业的壮志情怀。

2. 开展杰出青年和服务科研奖评选。完善激励机制，加强评比表彰，是树立比学赶帮、崇尚先进的良好风尚的重要举措。我院每两年组织一次杰出青年评选，到目前为止，已经评选了3届，共评选出了17名杰出青年。同时，号召全院广大青年科技工作者以受表彰的同志为榜样，发扬"献身、创新、求实、协作"的科学精神和理论联系实际的优良学风，为我国现代林业建设事业奉献自己的青春。同时，院出台了《服务科研突出贡献奖评选与奖励办法》，每两年评选一次，每次评选不超过10人，评上的职工将自动成为本年度的优秀职工，并将作为提拔、任用的重要依据。在每年党建暨政研会年会上进行表彰奖励。通过评比、宣传、表彰与奖励，充分调动广大职工积极性和创造性，不断优化院管理人才队伍，切实提高院所服务岗位工作的科学化水平。

3. 举办相关培训学习班。举办中青年管理干部学习培训班，强化青年职工的政治意识、大局意识、创新意识、制度意识，提高他们的出谋划策能力、贯彻落实能力、沟通协调能力，总结提高能力。学习全国计生委宣教司党支部的发挥每一名党员的先锋模范作用及精细化工作的先进经验和做法，提升我院党员发挥先锋模范作用的实力。

（五）切实加强中青年科技骨干发展和入党积极分子培养

中青年科技骨干是科研单位的未来和希望。发展中青年科技骨干入党，有利于充分调动其刻苦钻研的积极性和主动性。各级党组织要把发展中青年科技骨干入党列入重要议事日程，加强政策和舆论导向，宣传党员在积极进取、献身科学、报效祖国的先进事迹，突出培养重点，为青年人要求进步创造良好的政治环境。在党支部工作量化考核中，把组织发展工作列为考核内容。

近两年，中国科学院等有关科研院所开展了在中青年科技骨干中发展党员的相关研究，其做法和经验很值得我们学习借鉴。同时，我们也尝试以党课教育、学习培训、组织社会考察等形式，加强对入党积极分子的培养教育。对由于名额限制，而不能满足本单位发展要求的单位，党组织主要负责人要及时与地方上级党组织沟通汇报，积极争取名额；对于由本单位自身决定发展党员数量或上级党组织硬性规定发展党员数量的单位，本着成熟一个、发展一个的原则，严格把好入口关、质量关。对于党员发展工作比较停滞的单位，进一步健全完善党员领导干部、党委委员、支部书记、老科学家和研究生导师联系青年科技骨干制度，定期分析骨干思想制度，新党员质量跟踪制度，入党积极分子培训制度等。通过完善机制体制，充分发扬传、帮、带的作用，教育引导中青年骨干向党组织靠拢。

开展科研院所党组织属地管理与系统指导相结合的党建工作研究，是科研院所探索加强京外单位党建工作的重要尝试，更是京外单位与全院党建工作在时间内容、部署要求、检查指导、监督落实上实现融为一体、共同进步的有力保证。融为一体、共同进步主要包含了4方面的内容：①紧紧抓住贯彻上级党组织部署要求，在思想政治建设上与全院融为一体，共同进步；②紧紧抓住贯彻民主集中制，在提高班子建设水平上与全院融为一体，共同进步；③紧紧抓住增强党组织活动实效，在充分发挥组织作用上与全院融为一体，共同进步；④紧紧抓住院所文化建设，在树立核心价值上与全院融为一体，共同进步。通过以上4个方面的努力，最终能够为全院科学发展提供坚强有力的思想政治保障，也为我院成为世界一流林业科研院所奠定坚实基础。

用好批评与自我批评这把利器

王永海

王永海，男，1963 年 12 月出生。博士，高级经济师，中共党员，毕业于西安交通大学应用经济学系。现任国家林业局机关服务局局长。在有关刊物上曾发表《机关事务工作者应具备的几种素质》、《机关事务管理工作的问题意识》、《试论机关事务工作的社会化改革》等文章。

在党的群众路线教育实践活动中，领导带头固然是推动该项活动有效开展的首要前提，而同样关乎着教育实践活动能否取得实效的重要因素，还包括如何用好批评与自我批评这把利器。

首先，批评与自我批评有着深刻的中国传统文化基础和历史积淀，和个人追求的自身修养的锻炼提高有着高度的契合。先贤所谓"修齐治平"的人生理想、曾子为人熟知的"三省吾身"的内圣之道、曾国藩砥砺自我的内省功夫以及传统文化典籍中俯拾可得的诸如"见贤思齐"、"闭门思过"、"反求诸己"等哲言睿语和仁声贤迹，至今依然是国人自我修养所推崇、熟悉并且躬身实践的方式。至于"闻过则喜"、"树木求谤"、"廷争面折"言官奏劾、清流评议更是传统政治文化中引以为荣、于今天依然富于借鉴意义的高尚品质。这样厚重的自我修养传统和广泛的"切直求谏"、广开言路的政治文化基础，是古老的中华民族及其文化能够历尽沧桑，至今依然薪火相传，并且可望发扬光大的原因之一。

其次，批评与自我批评是中国共产党所以能够取得成功的一大支点。中国共产党能够在灾难深重的旧中国领导中国人民取得新民主主义革命和社会主义革命的胜利，最根本的原因固然是其代表了最广大人民群众的利益即中华民族的利益，最了解中国的国情从而选择了最适合中国国情的道路，同时，还因为中国共产党源于扎根群众，有着最广大的民众基础；源于铁的纪律，因而具有了党的高度统一。铁的纪律的形成与维护，批评与自我批评无疑是最重要的支点。在残酷的斗争环境和探索社会主义建设极其复杂的条件下，为了党的奋斗目标和整体利益，以党的原则、纪律为标准，老一代共产党员就是应用批评与自我批评这个支点，勇于解剖自己，敢于批评一切有害于党的利益、形象的人和事，坚持真理，修正错误，实事求是，由此锻炼成为了一支所向披靡的政治力量，团结带领全国人民从胜利走向胜利。

再次，批评与自我批评也是中国共产党最重要的政治传统。谈到党的优良传统，理论联系实际、密切联系群众、批评与自我批评是其中最重要、最宝贵的财富。中国共产党的历史表明，什么时候批评与自我批评这一利器使用得当，蔚为风气，什么时候党员干部就心情舒畅，士气高昂，党的事业就蓬勃发展；什么时候批评与自我批评这一利器用得少了、不善用了，什么时候党员干部就受压抑、战斗力就受影响，党的事业就遭遇挫折甚至犯大错误。

那么，如何才能用好批评与自我批评这把利器？笔者认为，应从以下3个方面下功夫。

1. 消除思想顾虑，做到"防患于未然"。敢于开展批评与自我批评，是一种可贵的品质和作风。然而，在实际工作中，我们不难发现，一部分同志对于开展批评与自我批评心存顾虑：自我批评，担心影响个人"形象"；批评别人，又担心"得罪人"。因此，要在党内形成勇于开展批评与自我批评的良好风气，形成民主和谐的工作氛围，担负主要领导岗位的领导者就要带头树立正气，消除思想顾虑。毛泽东同志曾经说过："房子是应该经常打扫的，不打扫就会积满了灰尘，脸是应该经常洗的，不洗也会灰尘满面。我们党的工作，也会沾染灰尘的，也应该打扫和洗涤。"批评与自我批评要及时抓苗头，"防患于未然"，不能讳疾忌医，以致"小疾"酿成"大病"，甚至病入膏肓、不可救药。

2. 坚持理论联系实际，让事实立信。开展批评与自我批评，应站在马克思主义的政治立场上，对问题进行实事求是地科学分析，坚持理论联系实际的务实作风，是什么问题就是什么问题，既不夸大也不缩小，更不能捕风捉影，强加于人。批评要有根据，要讲道理，说服而不能压服。开展批评和自我批评，为的是使存在缺点或犯了错误的同志心悦诚服地知错、改错，如果以势压人，往往不能从思想上解决问题。对自己的缺点和错误，也要坚持自己教育自己、自己说服自己。批评别人要掌握第一手材料，让事实立信，不能道听途说、人云亦云。

3. 讲究方式方法，加强学习研究。开展批评与自我批评，就要坚持高标准、严要求，讲究方式方法，把科学性和严肃性结合起来。既要对错误的东西敢于直言，讲党性、讲原则、讲真理，也要对有错误的同志心存爱护循循善诱，而不能一棍子打死。这是因为，开展批评与自我批评的终极目标是以增进团结、提高执行力、提升党员干部素质为出发点和落脚点，因此，运用恰切的方式方法开展批评与自我批评也是坚持实事求是态度的应有之义。同时，锻造具备与工作相适应的素质、品行，就必须坚持不懈地学习。只有接受正确思想和正确理论的指导越多，思想水平和党性修养才会有开阔的视野和坦荡的胸襟。加强学习研究，丰富头脑，净化心灵，就一定能正确对待和开展好批评与自我批评，以党员个体的纯洁性保证我们党的整体生命力。

总之，实现党要管党、从严治党从而完成历史赋予中国共产党的历史使命，进而克服当前党内存在的精神懈怠、本领恐慌、消极腐败以及脱离群众的危险，在全党全国开展群众路线教育实践活动正是号准了脉，抓住了根，活动要取得实效，就必须用好批评和自我批评这把利器。

党建"四联制"工作法实施见成效

闫启安

闫启安，男，1963 年 10 月出生。中共党员。1986 年 7 月参加工作，内蒙古林学院采运专业毕业，研究生学历，高级采运工程师。2012 年，任职克一河森工公司（林业局）党委书记。几年来，克一河森工公司（林业局）党委相继获得"自治区国资委'四强'基层党组织"、"自治区国资委'五好'班子"、"自治区'五一'劳动奖状"等诸多荣誉。

为促进企业科学发展提供坚强的组织保证，内蒙古森工集团（林管局）克一河森工公司（林业局）党委在全局范围内实施了"四联制"工作法。

一、"四联制"工作法开展的背景和程序

党的十八大对于党的建设提出了明确的任务和要求：党担负着团结带领人民全面建成小康社会，推进社会主义现代化，实现中华民族伟大复兴的重任。形势的发展，事业的开拓，人民的期待都要求我们以改革创新的精神，脚踏实地的作风，为民务实的干劲来履职履责，做到立党为公、执政为民、造福百姓、不负人民重托。

克一河森工公司党委对全局的形势进行全面分析研究，认为现在正处于经济转型期、林业发展机遇期、政策支撑保障期、民生改善重要期，需

要全局上下同心协力、万众一心，把林业生态保护、产业发展、民生改善等各项事情办好，特别是关乎职工群众切身利益的事情办好，化解容易在职工生活、保障等方面引发矛盾的问题。这些矛盾的化解与解决，一方面需要努力通过创新发展来解决，另一方面也需要通过密切联系职工群众，积极做好思想政治工作，取得职工群众理解、谅解和支持，与职工群众共同谋求解决困难的办法。

但是，克一河森工公司的党建工作却存在着不少的问题，如党群干群关系淡薄，部分干部工作热情度不高，深入一线不够，掌握职工思想动态不详实，缺乏大局意识和服务意识；少数党务干部对党建工作的重要性认识不足，没有把党建工作与经济工作紧密结合起来；有的基层党组织党建工作机制和工作方法没有创新，在实际工作中号召力不强，与群众的交流渠道不畅通，等等。针对这些问题，公司党委按照《十八届中央政治局关于改进工作作风、密切联系群众的八项规定》和《自治区党委、政府关于改进工作作风、密切联系群众的规定》以及森工集团党委《改进林区干部作风的五项规定》的要求，结合党的群众路线教育实践活动，在全公司范围内实施"森工公司党委常委联系党委（纪委）委员，党委（纪委）委员联系基层党组织和党代表，党代表联系党员，党员联系职工群众为主要内容的'13555'、'四联制'工作法"。

首先，克一河森工公司党委下发了"四联制"实施方案，统一指导全局"四联制"工作法的实施，从指导思想、基本原则、工作内容和方法、工作程序与职责、活动的组织领导都做了详实安排，为这项工作的有效开展提供了组织上的保证。其次，公司党委每位常委都按所联系的委员、党代表、党员和职工分头开展工作，深入到党员和职工群众中，深入到生产一线，与联系对象零距离接触，详细了解他们的工作、生活、思想、学习等方方面面情况，掌握群众所思所想所盼，发现最前沿、最基层的生产经营情况、职工群众生活情况、思想动态情况，提请公司研究解决。

目前，克一河森工公司正在深入实施"4175"发展思路，全局干部职工精神饱满、干劲十足，呈现出良好的发展势头，在生态建设、产业发展、民生改善、管理创新、文化建设、人才管理、党的建设等各个领域都取得了新的成绩，推动克一河森工公司各项事业蓬勃发展，方兴未艾！

二、"四联制"工作法开展的有效性

克一河森工公司现有党员1101名，职工2347名，其中，在岗党员642名，离退休党员459名。这些职工、党员分布在全局各条战线、各个岗位，通过党委常委、委员、党代表对号联系，能把职工、党员一条线联系起来，形成一个信息网络、感情网络、工作网络、学习网络，形成"全局一盘棋、干部职工一家人"的喜人局面。

"四联制"工作法实施过程中做到了"四个结合"。一是与全员提创新发展建议和党代表、职工代表巡视相结合。从局厂两级到段（队）、班组层层开展了全员提创新发展建议活动。在和职工、党员联系时，大家能结合本岗位、本单位及全局有关方面的工作，积极提出自己改革和完善的建议，涉及面很广泛。经各班组、段（队）、到单位对职工、党员所提出的建议进行归纳，筛选出可行性的建议上报克一河森工公司（林业局），公司（林业局）经过分类整理、召开专门会议讨论、召开创新发展建议评选大会进行公开评选，对好的建议进行表彰奖励，让职工感受到信任与尊重，也让他们更加真心关注企业的发展。例如，机械运修处修路工作量大，平地机铲刀磨损严重，购买铲刀需到专卖店购买，而且需要很长时间，延误工期，针对这一情况，单位职工曲兆春向他的联系人孙树林提出采用"大推"废旧链轨板加工铲刀的建议。经过不断改良和反复试验，此项技术改革获得成功。以每年更换二套铲刀计算，节约资金1.16万元。在桥涵修建过程中，钻机转头更换也很频繁，购买一个转头需542元，王福生建议利用报废链轨板加工钻头，仅需材料费58元，以每年需用钻头22个计算，可节约资金1.19万元。这些建议具体、现实，具有可操作性。全公司（林业局）开展创新发展建议活动以来，共征求各种建议546条，其中有关民生工作改进的建议207条、技术革新建议92条、生态建设建议96条、产业发展建议83条、企业管理建议68条，被采纳合理化建议百余条，创造了可观的经济效益。二是与为民办实事、扶困救助结合起来。公司领导在联系职工党员时，详细询问了解职工存在的具体困难并予以解决，对他们的想法打算，特别是发展家庭经济。比如，培植黑木耳，养殖二代野猪、森林鸡等方面，都大力予以扶持。这些好的想法通过联系人及时反映到公司（林业局）和工会，并通过工会组织，单位行政组织给予帮扶，解决实际运作中的具体困难，促进家庭经济发展实现脱贫致富。2014年，公司（林业局）扶持55户困难职工发展家庭经济，为55名职工发放无息贷款52.5万元。三是与信访稳定相结合。通过与职工零距离接触，和职工感情接近了、距离感消除了，职工愿意和领导交心，愿意把他们的甜酸苦辣向领导倾诉，领导能及时了解他们的想法、苦衷和怨气，及时掌握他们的思想动态，以便有针对性地开展工作，及时化解矛盾。特别是在敏感时期，知青工、大集体、一次性安置人员、棚户区改造等有关上访人员的信访稳定工作，事关企业安全稳定大局。2013年以来，林区知青工上访比较频繁，不断到公司（林业局）和上级进行上访。公司（林业局）领导一方面做好与上级主管部门的沟通联系，掌握动态，一方面接待好上访人员，主动约谈知青重点人员，认真听取他们的想法、诉求，及时将上级政策情况进行传达，与他们面对面进行沟通、交流，做耐心细致的讲解工作，安抚他们的情绪。公司（林业局）领导以情感人、以理服人，在59次接访中，通过和职工的联系沟通、及时化解矛盾和解决问题，保持了企业的和谐稳定。四是与群众路线教育实践活动相结合。"四联制"活动的基本出发点，就是密切领导干部和职工群众的联系、畅通交流渠道，领导干部以此为契机转变作风，深入基层与职工谈心谈话坦诚相见，对职工反映的问题，认真整改落实，让职工对领导的工作实施监督，有效促进了企业的和谐发展。

"四联制"工作法实施初步取得4个成效：一是畅通交流渠道。"四联制"工作法的实施，使党委常委、委员、党代表、党员有了更强的责任感，找到了认真开展工作的载体。各级联系人每季度亲自到自己所联系对象的单位履行职责，向联系对象面对面宣传党的方针和政策，宣传森工公司（林业局）的长远规划和阶段性工作部署，联系人还自行制作了征求意见表发放给每个联系对象，工作结束后，对联系对象所反映存在的问题、发展的建议整理形成调研报告，向上一级反映。上一级负责人对各层反映的意见和建议进行讨论解决、督促落实。"四联制"工作法实施以前，职工群众、党员干部有建议、有想法、有问题需向上级反映时找不到具体对象，而且有思想顾虑；"四联制"工作法实施以后，由于有了具体联系人，群众可以随时随地找联系人反映，也可直接向公司（林业局）常委反映，这种横向到边、纵向到底的联系网络，使职工有了畅通的沟通渠道，促进了企业各项建设的顺利发展。二是沟通交流了思想。公司（林业局）党委两级班子不定期深入基层大走访、现场办公，并与基层干部、职工亲切交谈。基层单位普遍实施"一线工作法"，即领导在一线示范、党员在一线表率、职工在一线实干。公司（林业局）班子成员与职工一同工作在一线，领导吃苦在前、党员以榜样的力量影响职工。领导干部这种放下身段、担起责任、深入基层、联系交流，拉近与职工的距离，了解对方的思想、工作、生活、个人爱好等方面的情况，大家像兄弟姐妹一样相处，相互之间交流起来既方便、又贴切，既温暖、又交心。例如，机械运修处承担着全局木材运输、公路养护、桥涵建筑、平房建设工作，过了"五一"就进入繁忙季节。领导与职工一同修路，在休息时交谈中，张跃龙向领导建议做一个移动宿营车。这个建议经领导班子讨论研究，觉得切实可行，就组织人员研制宿营车，用报废车辆的横拉杆代替转盘工作获得成功，解决了每年修路要驻扎、撤销作业点的麻烦，节省了资金，提高了工作效率。三是密切了干群关系。公司（林业局）党委对近年来分配的大学生，在工作上关怀、生活上关心。有的大学生在这里结婚安家的时候，单位帮助解决具体困难，让他们没有后顾之忧。防火防汛处一名职工由于在防火紧要期去108外站驻防，把原定的婚期推迟了。单位领导得知此事，在防火期结束后，组织队员帮助布置新房、张罗相关事宜，让这位职工圆满举办了延迟的婚礼，弥补了婚期推迟的遗憾，让广大职工感受到了领导亲切关怀的感人力量。职工们说，"四联制"工作法，使职工群众对干部信任度增加了，和干部的感情亲近了，有什么话愿意和干部说了。四是促进了和谐发展。企业的和谐关键是人的和谐，干群关系的和谐，民生改善的和谐。"四联制"工作法实现了干群双向互动，让党的方针、政策，公司的发展战略部署直达职工群众，让广大职工群众的心声及时上传领导决策过程之中。通过问政于民、问计于民、问需于民，及时反映职工的意愿，解决职工的困难，体现职工的价值，发挥职工的作用。贮木场职工王彦海下岗后，经历了人生的低谷。他的联系人及时帮助他寻找致富途径，鼓励他发展食用菌，并为他积极向上级反映解决场地和原材料等问题。在联系人的鼓励下，他连续几年艰苦奋斗，终于成为黑木耳培植大户，脱贫致富带头人，被中华全国总工会授予"全国下岗再就业标兵"的荣誉称号。特勒林场管护员张成坤，全家的主要经济来源是他每月1000多元钱的工资。孩子上学，妻子又不幸患上了乳腺癌，每年都要外出治疗，生活非常艰苦。他的联系人鼓励他发展适合自己情况的家庭经济，并向上级联系人反映他的情况，为他及时解决了场地、技术、资金等问题。经过几年的奋斗，他不断扩大黑木耳培植规模，如今每年培植黑木耳6万袋，收入在5万元左右。在公司（林业局）党委、工会组织的帮扶下，困难职工通过发展家庭经济脱贫，走上了致富之路。如今，公司黑木耳培植户已经发展到240户，共培植黑木耳700万袋。其他如珍珠鸡、森林土鸡、野鸡2240只，马40匹，二代野猪已繁殖到百余头。从职工居住、生活到工作等方面都得到很大的改善。环境变美了，工资提高了，职工的心气顺了，干劲足了，与干部的心也贴得更近了。得民心者得天下，克一河森工公司（林业局）党委两级班子用自己的行动赢得了职工群众的心，营造了一个和谐、向上、进取的工作新局面。

"四联制"工作法经过一个时期的有效实施，已取得初步成效，但下一步还要进一步改进联系方式，多深入生产经营第一线，多深入职工群众中去，了解他们的思想意愿，了解他们的所需所盼，真正做到取信于民，树立党的威信，发挥党组织在企业发展中引领发展、保驾护航的作用。

党组织建设科学化水平亟待提高

黄智君

黄智君，女，1983年5月出生。武汉大学社会学专业毕业，硕士。曾在国家林业局管理干部学院学工部、人事处工作。现任国家林业局管理干部学院教研部经济管理教研室助理研究员。在《理论界》、《决策咨询》、《国家林业局管理干部学院学报》、《青年与社会》等刊物发表过多篇学术论文。

党的基层组织是落实党的路线、方针、政策和各项任务的战斗堡垒。不同行业、领域中党的基层组织建设，有着不同的特点和内涵。对于林业行业干部教育培训机构来说，基层党组织在完成中心任务过程中，应该充分发挥骨干、桥梁作用，确保每一次培训任务的圆满完成。

一、林业教育培训机构党组织建设的内涵及特点

林业干部教育培训机构作为林业行业的教育培训基地，承担着林业行业机关公务员、各级林业管理人员和专业技术人员培训，承担着林业行业的人才培养、学术研究、社会服务、党建和思想教育等各项工作职责。习近平在中国浦东干部学院的干部教育培训座谈会上曾指出：干部教育培训在政治理论培训上"要适应经济社会发展的需要和知识更新越来越快的趋

势，把党的理论创新最新成果、改革开放和社会主义现代化建设新鲜经验、改革发展稳定面临的重点难点问题，及时转化为培训内容。"* 做好干部教育培训工作，必须完善培训教育机构自身全方位的建设，而培训教育机构的党组织建设则是全方位建设的核心内容，因为党的建设是其中管长远、管根本的及其重要的基础性工作。实践证明，林业行业教育培训机构党组织的建设，既要遵循干部教育培训的需要，又要遵循林业行业的特点来定位。国家林业局党组曾明确提出："机关党建工作必须始终围绕林业中心任务，着眼林业建设大局，既要全面推进、又要突出重点，充分发挥好服务和保障作用"。** 由此看来，林业干部教育培训机构党组织建设，就具备了内容上的行业特色和主体上的双重身份的特点。

1. 内容上的行业特色：围绕和服务林业大局。林业教育培训机构党组织的建设离不开林业行业的总体要求。当前和今后一个时期，林业仍将处于重要的战略机遇期和黄金发展期，建设生态文明和美丽中国，发展生态、民生林业对林业干部教育培训机构的党建工作提出了新要求。因此，为实施人才强林和科教兴林战略，林业干部教育培训机构必须紧紧围绕现代林业建设的大局，全面贯彻党的十八大和国家林业局党组的部署及全国林业厅局长会议精神。通过干部教育培训，加强林业干部对中央和林业重大决策部署的贯彻领会和贯彻落实。林业教育培训机构党组织的建设工作要紧紧围绕林业党建工作的要求，有针对性地开展思想、组织、制度建设，根据林业行业的特殊性，把国家的顶层设计和基层实践经验融入到教育培训的党建工作之中，这样才能为发展生态林业、建设生态文明、推动科学发展提供坚强的政治和组织保证。

2. 主体上的双重身份：党组织建设的践行者和施教者。一方面，林业干部教育培训机构于内是党组织建设的实践者。党员队伍必须加强自身的政治素质、业务能力和作风纪律建设。其自身的党组织建设水平直接影响到林业干部教育培训事业的发展。另一方面，林业干部教育培训机构由于

---

　　* 习近平 . 2010. 做好新形势下干部教育培训工作［EB/OL］. 人民网 . 2010. 10. 25http：//politics. people. com. cn/GB/1026/13038906. html
　　** 国家林业局召开直属机关党的建设和机关建设工作会议 . 中国绿色时报［N］. 2010－2－5

承担着干部党建和思想教育的任务，因此也是党建工作的施教者。新时期对党建工作队伍素质提出了更高的要求，林业教育培训机构的党建工作应该把出发点和落脚点放在战斗堡垒的建设上，放在发挥党员的先锋模范作用上，放在促进人的全面发展上，通过理论武装和党性锻炼，强化林业干部教育培训核心价值理念，提高全体党员特别是党员领导干部的整体素质和工作能力。

二、林业教育培训机构党组织建设的现状及问题

近年来，虽然林业干部教育培训机构党组织的建设上取得了一定的成绩，但是林业行业以及干部教育培训的快速发展，对林业干部教育培训机构提出了更高的标准。林业干部教育培训机构党组织建设在制度机制、方式方法等方面还不能很好地适应新形势、新任务，还不能完全符合林业干部教育培训工作的新定位、新要求。为此，国家林业局管理干部学院的课题调研组于 2013 年 7 月，对全国的十余所林业教育培训机构发放了调查问卷，就林业教育培训机构党组织的思想、组织、作风、廉政建设等方面的问题进行了调研，对党组织建设的实践问题进行了分析和研究，力求为进一步提高林业干部教育培训机构党建工作质量给予建议。本次调查发放问卷 320 份，回收 310 份，有效问卷 308 份，有效率 96.3%。

（一）党员队伍建设及其对党建工作的认知

目前，全国 11 个省份的林业教育培训机构的党员中，硕士研究生以上学历占 34%，大学学历人数占 60%，大专学历人数只占 6%，党员整体学历层次较高。党员干部中从事专职党务工作者只有 7.8%，从事业务工作者多达 73.1%。通过调查发现，林业干部教育培训机构缺乏专设党务机构和专职党务干部，不便于组织协调和党内管理，不便于党组织队伍建设的平衡发展。

此外，青年教师党员比例过低，同样影响了林业干部培训机构党的队伍建设。究其原因，从青年教师自身来看：很多青年教师存在重业务轻政治的倾向，对党的认识存在片面性甚至是误区，认为入党后不自由，会影响业务发展。从党组织方面来看：基层党组织重视不够，工作方法简单，

影响了一些青年教师的入党积极性，甚至影响到一些青年教师切身利益。组织领导的政策导向发生偏差，在培养选拔青年教师时，忽视了思想政治条件的重要性。

对党组织建设成效的认知上，目前林业干部教育培训机构党建工作卓有成效，党员对党务工作者的工作给予认可。问卷按熟悉程度把对当前基层党务工作者的理论水平的判断分为四个层次，调查结果以熟悉和了解的人数居多，占九成以上。

在问及"你在本单位作重大决策征求意见时的态度"时，78.3%的专职党务工作者都表示积极参与、认真思考、主动献计献策。而具有同样态度的兼职党务工作者和业务工作者的回答率只有56.9%。可见专职党务工作者较兼职、业务工作者相比，对单位重大决策征求意见时的态度更为积极。

专、兼职党务工作者和业务工作者在对待单位重大决策征求意见时的态度存在差异，值得反思的是这一差异是受自身单方面理解和觉悟的影响，还是受其工作角色所限，或是两种原因兼而有之？调查显示，相当一部分业务工作者表示：很想参与单位的重大决策，但苦于没有机会。这说明工作角色所承担党务工作的多少直接束缚到了业务工作者参与重大决策的意愿和能力，这种角色和身份上的束缚同时影响了他们在党建实践中的参与度。因此应该加强专、兼职党务工作者的队伍建设，使更多的业务工作者也能顺利参与到党组织及其各项工作实践中来。

（二）工作内容和方法

对本单位党建工作的规划、计划操作性的评价，半数人认为"有规划、计划，思路清晰，战略性强，针对性、可操作性强"。9.9%的党员则持相反态度，认为"没有规划，甚至没有年度计划，存在因循守旧照搬上级文件、应付了事的现象"。这说明党建工作计划性仍存在一些不足，需要从思想源头上重视对党建工作的组织计划。

关于对本单位"党的建设工作方法和手段"的评价，也有半数人认为本单位党的建设"方法和手段灵活多样，针对性、实用性很强，成效比较明显"。但还有12.1%的党员认为"工作方法和手段单一，工作成效不明显"。可见林业干部教育培训机构党建工作方法应该在创新的基础上，更注重成效，应该从党组织建设的实践过程中总结经验，综合社会管理和公共事务管理的经验，把工作成效作为衡量和调整工作方法手段的首要标准，实现党组织建设的顶层设计和实践的契合，以适应形势发展。

值得注意的是，重业务、轻党建现象的程度直接影响到了党建工作方法和手段的成效，被调查者中越是认为到单位存在把业务工作当主业，把党建工作当副业的现象，就越能以批判的眼光来看待党组织建设的工作方法和手段，越能认识到工作方法中存在的问题。因此，要想提高党建工作的方法和手段的成效，就必须首先从思想认识上入手，要重视党组织的建设工作，不能怀着把业务工作当作主业和硬任务，把党建工作当作副业和软任务的消极态度。

（三）党建工作与业务工作的关系

调查发现，认为单位"偶尔"会存在重业务、轻党建现象观点的，近半数为科员，而处级干部只有27.3%，司局级干部中却没有人会认为单位存在重业务、轻党建的情况存在。值得深究的是，是单位确实不存在重业务、轻党建的现象，还是主要领导干部没有认识到抑或是对这种现象避而不谈？可以了解的是，司局级干部认为："完全没有党委重业务、轻党建的党组织"。那么，这种绝对判断可以看出，在司局级领导心目中，不存在这种现象；但是，那些经历最具体、最日常工作实践的群众党员，却感受到重业务、轻党建的现象存在。大多数群众党员正是在日常工作的具体实践中，体会到重业务、轻党建现象存在。所以，党组织建设的经验积累，一定要以日常工作实践为基础，一切脱离基层实践的、空架子式的党组织建设，都是不能被广大党员和群众所认可的，是没有根基的。

对"党员干部的宗旨意识"的认识，超过半数的被调查者认为本单位的党员干部"有群众观念，能为群众办些实事"。说明党员干部贴近群众实际，形式主义并不严重，取得的工作成效被人们所认可。

对于"基层党组织的作用"，虽然有半数以上的党员都认为"能较好地发挥作用，党建业务两不误，能完成工作目标，群众比较满意"，但仍有被调查对象表示，目前在"三会一课"制度实施、听取机关党委工作汇报等问题上，大多浮在面上，形式主义多，其实质内容与业务工作的融合程度较低，对业务工作的促进作用有限。这就说明，林业干部教育培训机构党建工作"两张皮"现象仍然不同程度存在，说得多、做得少，理论与各项业务工作脱节现象依然存在。

造成脱节和整合难的原因，是由于林业干部教育培训机构对党建的重视程度还不够，创新发展党建工作和走在林业行业前列的意识还是不强。这从林业干部教育培训机构的年度工作总结中就可以看出，相当多的单位在重要的工作总结中，没有对党建工作进行认真分析和评价，说明平时做得少或者没有做，总结没法写。调查中还发现一个问题，即党支部书记多为兼职，在党务工作方面坐而论道多，扑下身子具体实践明显不够。正像人们常常概述的那样：政治工作讲起来重要、做起来次要、忙起来不要。业务工作繁重是林业干部教育培训工作的实际情况，但是不能很好将党建工作和日常业务工作相结合，是这次调查暴露出来的主要问题。如何解决这个问题，找到结合点，将党建工作与业务工作创新性地结合起来做，使党建融入到业务工作之中，继而更好地促进业务工作，成为整个林业干部培训机构党建工作需要研究的重要课题。而阻碍基层党组织作用发挥的原因有以下几点：一是对林业干部教育培训机构党建工作重要性的认识不到位，没有树立起党建工作在机关执政能力建设、先进性建设中的重要作用的政治责任意识；二是思想政治建设明显薄弱，发展不平衡；三是基层党组织本身的创造力、凝聚力、号召力、战斗力不强，领导和党员参与党建工作的积极性不高；四是青年知识分子包括部分年轻党员思想政治观念淡薄，容易上当受骗。反观社会上有些人，被国际国内高调自由主义思潮诱骗利用，充当贬低中华民族、抹黑共产党、分裂祖国阴谋的舆论先驱，不以为耻、反以为荣。对这些人和事极其恶劣言行，值得林业人高度警惕。

三、推进林业教育培训机构党组织建设的几点启示

当前，我国林业正处在转型升级的关键阶段，现代林业发展的水平、质量、效益取决于能否有一支高素质的干部队伍。与以往相比，林业管理干部培训机构所承担的教育培训任务更重、责任更大。要通过加强教育培

训，推动干部队伍素质转型升级，以适应现代林业快速发展的需要。

启示一：要把加强党的建设切实作为保证林业教育培训工作科学发展的动力源泉。党的十八大首次提出建设生态文明和美丽中国的发展目标和美好愿景，将生态文明建设纳入到"五位一体"的社会主义现代化建设总布局之中。林业行业作为建设生态文明的主体部门，国家林业局党组审时度势，提出了发展生态、民生林业的总目标。建设生态文明和美丽中国，发展生态、民生林业使命光荣，责任重大，任务艰巨，迫切需要一支高素质的林业干部人才队伍。各级林业教育培训机构作为行业干部培训的主阵地、主渠道，承担着行业干部教育培训的职能，加强自身党的建设是保证各项业务工作科学发展的应有之义，必须要始终坚持以党的十八大精神统领各项工作开展，必须要始终坚持把建设生态文明、发展生态、民生林业作为指导做好新时期行业干部教育培训工作的纲领、根本和主线。只有切实加强党的建设，才能把中央和国家林业局党组关于加强生态文明，发展生态民生林业的一系列战略部署理解深、领会透，才能自觉融入和主动落实到贯彻党的干部教育方针，增强教育培训时效性的具体实践之中。只有切实加强党的建设，才能真正改进作风，形成坚强有力的党委领导核心，形成促进业务工作发展的统一规划，推动具体落实的实际措施，切实发挥和体现党组织在推动单位整体工作开展中的领导核心和战斗堡垒作用，不断增强基层党组织的凝聚力、战斗力和向心力，开创团结和带领教职工办实事、抓好林业教育培训各项工作的新局面。

启示二：加强林业教育培训机构党的建设，要结合单位的人员结构和业务特点，创新载体，突出实效。通过汇总分析调查问卷后发现，林业干部教育培训机构职工群体呈现出"两高一多"的人员结构特点，即学历层次高、技术职称高、业务干部多。这个群体普遍具有较好的教育背景，参与政治活动和单位重大事项民主决策的意识较强。笔者认为，做好林业干部教育培训机构的党建工作，要注意处理好3个关系：一是处理好抓好党建与推动业务的关系。加强党的建设，不能游离中心工作、脱离自身职责，防止出现"空对空"、"两张皮"以及轻党务、重业务等倾向。要与业务发展相结合，通过创新党建活动载体，开展争先创优、党的群众路线教育、实践教育等主题活动，将业务工作融入到党建活动中，通过党建载体为业务工作开展搭建平台、提供保障，把活动成果转化为业务开展和单位科学发展成果。要与党员履职尽责相结合，教育引导党员，干部增强政治意识、大局意识、责任意识，提高服务民生、服务群众的能力，充分发挥领导干部的骨干带头作用、党组织的战斗堡垒作用、党员的先锋模范作用，使党建和业务工作两手抓、两不误、两促进。二是处理好党务公开、民主决策和集体决策的关系。充分尊重党员干部的知情权，充分保障党员的参与权，充分支持党员的监督权。坚持群众观点，站稳群众立场。对涉及单位发展和职工切身利益的重大事项，通过党代会、党员座谈会、支部会等形式，广泛听取、征求党员的意见。对党员的意见建议，要高度重视、认真研究。对于有价值的合理化建议，要充分吸收采纳。对决策的过程、依据、标准、结果等，在一定范围内向党员公布，让党委工作自觉接受党员监督。通过民主生活会征求意见、开展谈心活动等，听取党员对党委工作的意见，接受党员评议，提高党组织工作的科学性、民主性和规范性。三是处理好年轻干部增强政治意识和提高业务能力的关系。分析调查问卷数据不难看出，目前 35 岁以下的年轻干部已成为教育培训单位的主力军。在对年轻干部的教育培养过程中，要注意把增强政治意识和提高业务能力结合起来。通过组织开展多种形式的党团活动、定期组织政治理论学习、确定政治导师和业务导师等形式，教育引导广大青年干部充分了解党的光辉历程以及在改革发展历程中所发挥的重大作用，树立永远跟党走、政治上要求进步，做一名合格共产党员的政治抱负，增强青年党员的政治责任感和历史使命感。

启示三：加强林业教育培训机构的党的建设，要健全党建机构，配齐配强党务干部。要设立专门的党委办公室，明确职责，使各项党建工作有规划、有落实，各项党务活动有人抓、有效果。加强基层党支部建设，积极引导，选强配齐党支部班子，把那些业务水平高、大局观念强，党员职工信任的干部选送到支部班子中来，增强支部的凝聚力和战斗力。要严格专职党务干部的选拔考察程序，真正把那些政治上坚决、理论素养高、熟悉单位情况的干部选拔出来，从事党务工作，提高党建工作开展的规范化和科学化水平。

参考文献

[1] 骈茂林. 公民参与：现代学校制度建设路径［J］. 中国教育学刊，2012，（4）.

[2] 中央组织部党建研究所. 继续推进党的建设新的伟大工作——认真学习胡锦涛总书记在中央党校的重要讲话［J］. 求是，2007，（14）.

[3] 张书林. 推进党的建设科学化：经验、困境与路向——解读"全面提高党的建设科学化水平"［J］. 思想·探索，2013，（1）.

创优为载体 党建谱新篇
——根河森工公司星级单位创建管理活动调查札记

李 英

李英，女，1969 年 3 月出生。中共党员，2000 年本科毕业于中央党校行政管理专业。1986 年 12 月参加工作，1990 年任根河林业局贮木场计生员、安全员、行政秘书，1995 年以来任内蒙古根河森工公司（林业局）党委宣传部综合干事、理论教员、副部长。2013 年任宣传部部长、统战部部长。2012 年荣获林区"兴安脊梁"先进个人、2014 年荣获林区民族团结先进个人等荣誉称号。撰写多篇论文在国家级、省级报刊上发表。曾多次荣获《林海日报》好新闻一等奖、二等奖。林区"家风家教故事"一等奖等荣誉。曾主编出版书籍《根深林茂》。

内蒙古森工集团根河森工公司（林业局）现有职工 4536 人，离退休职工 7460 人，公司党委下设 1 个基层党委、17 个党总支、7 个直属党支部、139 个段队级党支部，有党员 2152 人，其中在职党员 1296 人，预备党员 856 人。

公司党委围绕经济转型和创新发展主题，找准党组织开展活动和党员发挥作用的着力点，积极创新党建活动载体，探索推行"星级单位创建"模式，公司基层党组织争星进位、争创一流，激发了新的生机与活力，进一步推进了基层党组织"规范化、示范化、品牌化"建设，带动了公司党建工作的整体提升，有力促进了企业生态建设和转型发展。

一、背景和思路

几年来，根河森工公司党委积极实施党建引领工程，公司党建和精神文明建设工作取得了令人欣喜的成绩，工作得到稳步发展、有效提升。但是仍存在一些问题，主要为：一是党建工作开展不均衡，有的单位党建工作只停留在按部就班的布置、学习、动员上，工作缺乏主动性，相关工作的开展存在进度、效率以及效果不理想等问题，在抓落实上有待于改进和提高；二是在思想建设上，部分党员干部缺乏创新意识和进取精神，思想跟不上形势的发展；三是在方式方法上，党建工作存在创新不强、实效性差；四是在作用发挥上，党建工作与生态保护、经济转型等生产经营工作结合不够紧密，党组织的战斗堡垒作用和党员先锋模范作用发挥不强。诸如此类种种原因，导致党组织、党员缺乏争创一流的内在动力和外部约束力。认真思考破题的对策，我们感到，把一些行业争创星级的做法引入基层党建工作中，不失为一个好的思路。通过在基层党组织中推行星级单位创建活动，使基层党组织对自身进行准确定位，明晰创建内容，明确争创目标，努力争星进位，从而把"四强"党组织、"四好"领导班子、"四有"职工队伍的要求具体化、明晰化，为基层党建工作搭建起有效载体，提供有力抓手。2012年4月，公司党委决定在所属基层党总支、直属党支部开展星级单位创建活动，公司党委制定了《根河森工公司星级单位创建管理考评办法（试行）》，并对《党建工作责任目标考核细则》进行了修订，召开专题会议进行全面部署，提出了"一年重点推进、两年抓好规范、三年全面提升"的分步目标，并把2014年定为"党建提升年"。

二、做法和方向

星级单位创建分为科学设星、力促争星、严格评星等几个关键环节。

（一）细化标准，便于考核

星级单位创建管理以党的思想建设、组织建设、党风廉政建设、精神文明建设、工会、党委综合、党务公开、共青团、民兵武装、信访、社会管理综合治理、关心下一代、禁毒工作及公司党委年度工作安排等为主要内容。以公司党群各部门工作考核细则为标准。考评分值为组织工作 16 分、宣传及精神文明建设 16 分、纪检工作 16 分、工会工作 16 分、党委综合工作 10 分、共青团工作 5 分、信访工作 5 分、综合治理工作 4 分、民兵武装工作 4 分、党务公开工作 2 分、关心下一代工作 2 分、禁毒工作 1 分，计 97 分；机动加分项 3 分；共计 100 分。机动加分项是为鼓励各单位在党建和精神文明建设中有创新做法并获得公司党委及以上级别肯定和表彰的；在常规工作以外的重点工作中有突出表现或贡献的党组织，由公司党委综合评定，给予酌情加分。"星级单位"创建共划分为 3 个星级，从 3 星级起步争创。各星级的评定标准逐级增高，"五星级"单位为最高档次。各单位所创星级保持一年，实行星级动态升降制。

（二）搭建平台，力促争星

星级单位创建是个大载体，必须搭建有效的平台，才能形成推进基层党建强大的牵引力和推动力。一是搭建创先争优平台。基层党总支、直属党支部以争创"红旗党组织"为载体；段队级党支部以争创"先锋党支部"为载体；广大党员以党员先锋岗、党员责任区、党员先锋号、流动红旗、窗口服务标兵为载体；各级党组织和每名党员都能够在活动载体中找到自身的位置和争创的目标。公司机关党委举办了创建服务型党组织思想理论培训班，公司机关全体党员分两批次参加学习。学习中讲授《团队精神是企业真正的核心竞争力》；组织观看红色教育影片《周恩来的四个昼夜》等。根河贮木场党总支开展以三室（党员活动室、党代表工作室、职工健身室）、三活动（开展创建"五型"党组织，争做"五型"党员活动、开展党建品牌创建活动、"学党史、颂党恩、红色教育"活动）为载体，推进创"五型"党组织、做"五型"党员，强党建、谋发展为主题的启动仪式，并举行创"五型"党组织、做"五型"党员签名活动。森调大队党总支开展了以"五培育"为载体，创"五型"党组织，做"五型"党员为主题的党建工作推进会。会上宣读了争创"五型"党组织和争当"五型"党员倡议书和决心书，全体党员举行了签字仪式。同时，森调大队党总支还开展了新老党员重温入党誓词、组织党团员捡拾白色垃圾等活动。二是搭建品牌创建平台。深入开展"四强"党组织、"四好"领导班子、"四有"职工队伍创建活动。不断推进公司党建暨精神文明建设工作创新发展，着力构建一种好机制，营造一个好环境，培养一支好队伍。开展"一个单位一特色、一个总支一品牌"的党建品牌创建活动，各级党组织和广大党员结合经济转型、任务转变、二期"天保工程"等实际，将活动融入转型、融入工作实际，使党建工作扎实有效，提高了党建工作活力和服务水平。根河贮木场确定了"树旗帜、重服务、促转型、增效益"党建品牌，角刀木森林管护所确定了"守护南大门、做生态先锋、为党徽增光"党建品牌等。三是搭建公开监督平台。围绕公司中心工作和群众关心的问题，分类分层，以党的思想建设、组织建设、作风建设、制度建设、反腐倡廉建设等5个方面为重点，将全年党建重点工作任务及完成任务的措施进行公开。日常检查、重点工作督查每次检查结果及时向基层反馈，年度评定结果及其考核分值将以文件形式通报全公司。把星级评定结果公示于众，强化职工群众监督，确保公平公正。

（三）严格程序，评定星级

星级创建考评工作由公司党委统一领导，并成立创建考评领导小组。星级评定按照三个步骤进行：一是确定考评方法。考评创建分平时了解掌握、日常考评（由党群各部门负责制定）、重点工作督查、半年考核、年末综合考评。检查中按照相应的考核细则，通过听、看、查、议、评（包括召开座谈会、个别谈话、延伸检查）等方式进行。二是考核评议。日常检查及年终考评由党群各部门抽调人员组成临时考评组对基层党组织开展考评工作。党组织综合考评总得分由党群各部门综合考核分值和考评创建领导小组综合评价分值组成，比例为6：4，两部分加权之后，再加上机动加分项分值，即为年终总得分。三是审核定星。基层党组织的星级档次，由上级党组织研究确定。三星级：考核分数达到85～90分（含90分）；四星级：考核分数达到91～95分（含95分）；五星级：考核分数达到95分以上。四是结果运用。将星级单位创建考评结果作为党组织评先评优和领导班子考核奖励的重要依据。考评结果为四星级的，奖励单位班子成员基础绩效年薪10%；考评结果为五星级的，奖励班子成员基础绩效年薪

20%。原则上四星级以上单位不超过单位总数的60%。连续两年获得五星级的单位，由公司党委命名为党建工作示范单位。考评结果达不到三星级，取消班子成员绩效年薪资格。采取整顿帮扶措施，全面规范提升。

三、成效和体会

2013～2014年度，根河森工公司评选出五星级党组织4个，占公司基层党组织总数的16%；四星级党组织8个，占公司基层党组织总数的32%。三星级党组织11个，占公司基层党组织总数的44%。在2014年度党建工作推进月活动中，各基层党组织结合本单位实际，自选主题，创新载体，积极落实，采取灵活多样的形式开展了系列特色活动。进一步增强了党员干部的责任意识、充分发挥了先锋模范作用，提升了党建工作水平，为公司的转型发展增添了新动力。公司党委在"七一"活动中对潮查森林管护所党总支等9个基层党组织的20名党务工作者给予了表彰。星级单位创建管理激活了党组织活力，调动了党员的积极性。目前，公司星级单位创建管理的进展态势良好，全公司抓党建、聚合力、促发展氛围浓厚。通过一年多的实践，深感有以下几点体会。

一是服务企业经济转型科学发展是星级单位创建管理的核心内容。企业党的建设工作只有更好地适应发展、服务发展、推动发展，才能焕发出蓬勃的生机。星级单位创建管理作为增强党建活力的有效抓手，实践中仍需要进一步丰富内容，拓宽平台，做到时时处处与公司整体工作大局同步合拍，与实现、维护和发展好职工群众利益紧密契合，才能收到"两满意"的效果。

二是加强工作指导、激励创新是星级单位创建管理的基本原则。星级单位创建管理是一项系统工程，与企业各个领域、各个行业、各个部门的工作内容密不可分，把星级单位创建管理与企业各方面工作紧密结合起来，加强对星级单位创建管理工作的领导和组织协调，适时提出工作要求，加强对工作的督查和指导，必将取得事半功倍的效果。由于不同战线和行业基层党组织的职责任务不同，所以推行星级管理的侧重点也应有所不同。在今后的实践中，我们还需要进一步运用好针对性措施，为不同战线和行业量身定做创争目标，创新考评方式，确保星级单位创建管理取得实效。

三是完善配套制度，不断健全机制是星级化管理的重要保障。公司党委制定下发了《根河森工公司星级单位创建管理考评办法（试行）》和《党建工作责任目标考核细则》。在此基础上，要进一步健全完善相关配套制度，形成较为完善的星级管理工作规范，为规范星级单位创建管理打下坚实基础。

四是加强宣传引导，营造浓厚氛围是实施星级单位创建管理的重要手段。要广泛利用报刊、电视、互联网等媒介，深入宣传星级单位创建管理中涌现出来的好典型、好经验，促进典型示范带动作用的发挥，为基层党组织和党员树立榜样标杆，进一步形成争先晋位、群星璀璨的生动局面。

星级单位创建管理是一项系统工程。2014年，我们进一步延伸星级单位创建活动。根据《根河森工公司星级单位创建管理考评办法（试行）》，将全年基层党建重点工作任务纳入《党建工作责任目标考核细则》，以星级化管理体系为抓手，把星级单位创建活动延伸到段队党支部，使基层党组织明晰创建内容，明确争创目标，努力争星进位，实现基层党建实绩综合考评工作目标考核常态化、激励动态化，不断激发基层党组织争先创优的生命活力。

党建科学化基本内涵与特征

徐 婧

徐婧，女，1986年2月出生。陕西商洛人，中共党员。本科就读于西北大学英语专业，后又于长安大学继续深造，攻读马克思主义中国化专业，获法学硕士学位。2009年9月至今，在国家林业局管理干部学院党群工作部工作。曾在全国性刊物公开发表过《论马克思主义幸福观》、《关于高校学生党组织作用发挥的思考》等文章。

党建科学化是马克思主义政党建设理论体系中的一个新理念，它提升了对党建规律的认识，蕴涵着新的理论和实践探索空间。理论、观念、制度、方法等4个方面的"科学化"是党建科学化的基本内涵。提升党建科学化水平，要紧紧抓住其中国化、规律化、时代化、系统化这4个基本特征。

习近平总书记在党的十八大上提出了"中国梦，人民的梦"的伟大构想。这一梦想是全国人民共同的心声。实现中国梦，必须依靠人民的力量，而人民智慧和力量的凝聚核心是我们伟大的中国共产党。只有在中国共产党的领导下，中国特色社会主义才能不断发展，中华民族才能实现繁荣富强。世界上霸权主义、强权政治的存在，以及社会主义建设过程中出现的新情形，要求我们党继续发扬"与时俱进，改革创新"的精神，根据变化了的新实际，全面加强和改进党的建设，确保党始终走在时代前列，保持党的先进性和纯洁性。党建科学化水平，正是在对国内外形势的准确把握、对党的建设现状科学分析的基础上提出来的。对党建科学化基本内涵和特征的正确理解，在社会主义理论体系的构建和党的实践工作的开展方面，都具有重要的理论意义和现实意义。

一、党建科学化水平研究背景

中国共产党创立、发展和壮大的历史和实践证明，正是由于重视自身建设、不断强化执政能力，中国共产党才能领导全国人民克服种种困难和挑战，取得社会主义建设事业的伟大成就。但是，当前国内外形势急剧变化，对党的领导水平和执政能力提出了新的要求。特别是国内方面，随着改革开放的深入推进，发展转型带来的新矛盾、新问题层出不穷，贪污、腐败、渎职现象有所抬头，使得党的形象、公信力面临质疑。正如学者张书林在其论文中指出的那样："党的自身建设面临困境，党的领导面临困境，党的执政面临困境。"[1]显而易见，在信息开放时代，新的形势要求必须追本溯源，重新认识、正确把握、努力加强党的科学化建设，这甚至已成为关系党的生死存亡、关系社会主义事业兴衰成败、关系中华民族前途命运的重大课题。

党在十七届四中全会中明确指出："要推进党的建设科学化"，"提高党的建设科学化水平。"[2]在中共中央文件中鲜明提出"党的建设科学化"的命题，在我们党的历史上是第一次，这充分表明提高党的建设科学化水平具有重大意义。

二、党建科学化的基本内涵

现阶段，我党不仅根据世情、党情、国情的变化，提出了党建科学化的任务，而且也为进一步实现党建科学化进行了深入探索。特别是近些年来，学术界对党建科学化的深刻内涵作出了理论阐述。现有的党建科学化研究成果，在一定程度上拓宽了党建科学化内涵的研究视野，对进一步深入研究党建科学水平问题也起到了积极的推动作用。党建科学化是指中国共产党在历史范畴内和现实基础上，结合自身长期执政的客观规律和事物发展的规律，汲取现代政党政治的先进之处，不断探索和创新，不断改革和进取，从而在错综复杂的事物运动中，实现一种能动性的科学化建设。

党的建设科学化不仅是党在科学总结多年执政实践的基础上提出来的新经验，也是新形势下党在十七届四中全会上对加强党的建设提出的新要求。与此同时，党的十七届四中全会还明确指出：在党建科学化这项新的重大战略任务的实施过程中，党的建设必须要以科学的理论为指导、以科学的制度为保障、以科学方法为推进力，全面发展党的各项建设事业。所以，党的建设科学化的基本内容就包括：理论科学化、制度科学化、方法科学化这3个层次。要推进党的建设科学化就应该从以下这几项内容寻求突破。

一是理论科学化。科学化的理论是党开展各项事业的先导，因而党建科学化的首要环节就是理论科学化。世界上任何一个政党都离不开科学理论的指导，没有科学理论指导的政党是盲目的，不成熟的，更谈不到对执政理念，科学制度和科学方法的创新。那么，在新形势下，坚持以科学的理论武装各级党员干部的头脑，并进一步提高其理论素养，就成为推进党建科学化建设的重要任务。此外，以理论指导实践，在实践的过程中检验理论、发展理论也是形成成熟理论的主要环节。只有成熟的理论才能使党保持正确的政治方向和坚定不移的政治信念，才能标志一个政党的成熟。

二是观念科学化。开展党建科学化工作的思想保障是全体党员观念的科学化。党的建设工程是一项目的明确、计划条理、组织有序的系统性工程。要想顺利实施这一工程，就必须对影响和支配党建工作的广大党员干部的思想观念进行科学引导。当前部分党员存在封闭、落后的思想观念，这与日益信息化、全球化的世界格局极不相称，严重影响了党的先进性的发挥。所以，引导广大党员干部转变陈旧观念，打破理论的局限，实现思想解放、观念科学就成为提高党建科学化水平的目标之一。同时，党的其他各方面建设也应借助科学化观念的推动，在改革的进程中全面发展。

三是制度科学化。科学化的制度是推动党建科学化的重要保证。首先，党的制度科学化是党的建设必须尊重自身发展规律，形成规范化的制度系统。其次，必须做到科学决策、科学管理、科学运行，以及科学的队伍建设。党的制度建设是一项长期工程，具有根本性、全局性、稳定性的特点。各级党委应高度重视党的制度建设，常抓不懈，坚决废除不合理的旧制度、完善已有制度、创新新制度，最终建立起以党章为根本、以改革和创新为动力、以民主集中制为核心的规范体系。

四是方法科学化。提高党建科学化水平的关键环节是采用科学的方法。因为党的建设虽有科学理论的指导，科学制度的保障，但两者的有效实施，都必须以科学的方法、手段为依托。所以随着网络化、开放化的日益加剧，提升党员、党组织运用现代科学技术优化党建方法是十分必要的。第一，可以借鉴国外政党的有益经验；第二，可以结合管理学、社会学、心理学等学科知识，运用大众传播的各种载体，如报纸、电视、手机、网络等，提升各级党员干部的管理能力和服务水平，切实实现党建方法的科学化。

三、党建科学化的基本特征

现在，一些党建工作还没有取得预期成效，一个很重要的原因就是我们对新形势下党的建设新情况新问题研究得不够、不深。要想从根本上解决这种"不够、不深"的问题，扭转僵局，就要全面开展党建工作的新工程，切实提高党的建设的科学化水平。这要求我们一方面要准确把握党建科学化的基本内涵，即党的建设必须尊重客观规律，自觉遵循马克思主义的政党建设规律，正确分析新情况，解决新问题，总结新经验，坚持科学理论的指导，以科学的制度为保障，以科学的方法为推进力。另一方面应准确认识党建科学化的基本特征。

（一）中国化是党的建设科学化的根本路径

所谓马克思主义中国化，就是将马克思主义的基本原理和中国革命与建设的实际情况相结合，从而走适合中国特殊国情的社会主义革命和建设的道路。马克思主义中国化，不仅是中国革命的根本出路，也是中国建设、改革和发展的根本出路。它不但指导中国革命、建设和改革开放取得了伟大成功，而且极大地丰富和发展了马克思主义，开拓了马克思主义在中国发展的新境界。马克思主义的基本原理是我们党的建设应该遵循的，但中国共产党的建设更应符合中国自身建设和发展的规律，做到理论联系实际。

十月革命一声炮响，给我们送来了马克思主义。在宣传和运用马克思主义的实践过程中，中国共产党辩证分析了中西方地理方位、时代特征、社会性质和发展趋势等多种因素，开辟了一条适合中国特殊国情的社会主义道路，形成了与中国实际相结合的特色社会主义理论——"中国化"的马克思主义理论，充分发挥了"理论联系实际"的优良作风。"中国化"在这里不仅强调了地理位置、所处时代的不同，更包涵了社会发展道路和性质的不同，而这种不同则赋予了中国共产党不同于西方政党的本质特征与社会角色。

中国共产党的建设所取得的成就是党将马克思主义与中国革命实践相结合的结晶，是党坚持发展和创新马克思主义的智慧成果，准确体现了中国化马克思主义的历史轨迹和指导地位。我们党在推动党的建设的科学化进程中，一定要继续坚持这一基本轨迹和价值取向，正确剖析党的建设的客观规律，科学把握党的本质特征和发展要求，避免误入歧途。

（二）规律化是党的建设科学化的根本取向

"规律是事物之间和事物内部诸要素之间的固有的、本质的、必然的联系。"[3]把握了事物之间的相互联系，也就把握了事物的规律性。规律，一方面是客观存在的，不以人的意志为转移，人们必须尊重规律；另一方面，人们又能够通过实践活动认识规律，了解和利用规律。而"科学"与"不科学"的根本区别在于是不是遵循并把握了规律。党的建设的科学化就是要完整揭示党的本质及其内在联系，准确把握其规律，形成科学认识，并运用这一正确认识指导实践。具体来讲，党的建设不仅包含了其内部思想、制度、组织反腐等各方面建设，也包含了党与外部要素之间的联系，如环境因素、经济基础、社会发展水平、文化背景等。因而，能否顺利地推进党的建设就在于能否深入研究、准确把握党内外诸要素之间的固有联系，即能否完整地掌握党内外的规律性。所以要提高党的建设的科学化水平，就必须致力于对党的执政规律、社会主义建设规律和人类社会发展规律的研究，自觉有效地按照客观规律来建设党，提升党建的科学化水平。

探索马克思主义执政党的建设规律是一项长期任务。中国共产党的执政党建设包含两方面的问题：一是建设什么样的党的问题；二是怎样建设党的问题。解决好这两个问题对于推进党建的进程、提高党建的科学化水平具有重要意义。对于建设什么样的党的问题，主要是从中国共产党的本质出发，建设一个始终代表人民利益的党。对于怎样建设党的问题，应该以党的自身建设规律、领导规律、长期执政规律为准绳，发扬改革创新精神，正视建设进程中的新情况，努力推进党的建设的全面化科学化，实现新时期的新发展。

（三）时代化是党的建设科学化的历史方位

时代化是党建科学化的历史方位。党建科学化，就是要准确定位我党所处的历史方位，与时俱进，使党的发展紧跟时代步伐，保持党始终处于不断发展的时代前列，使党的科学化建设以时代性为方位，以先进性为取向。这里所讲的党的时代性、先进性是指党的先锋队性质。党的先进性和时代性的特征是我党一贯的优良品质，但我们应该看到党的先进性和执政地位的巩固不是一蹴而就、轻易取得的，也不是一劳永逸、一成不变的，是时代和历史的选择，所以需要时代的判断和检验，更需要不断强化建设和巩固提高，确保我党始终立于时代之巅，永葆时代性。

对于党的建设科学化进程的判断应该从以下几个方面考虑：党的理论是否先进，党的规章制度是否完善，党的执政方式是否正确。当然，对以上几方面的判断，必须立足党和国家发展进程中所处的时代方位。时代在发展，形势在变化，过去先进并不代表现在先进，现在先进也不等于永远先进。所以，我们党要有忧患意识，在深刻领会党建规律性的基础上，积极探索党的时代性和先进性，实现党的建设的科学化。

（四）系统化是党的建设科学化的内在要求

党建科学化的内在要求是系统化，没有系统化也无所谓全面化，更谈不上科学化。也就是说，系统化的党建工作是提升党建科学化水平的前提条件。因而，中国共产党要坚持用系统化的思维指导党的建设，这也是开展科学化党建工作的内在需要。

第一，政党的系统性特征，是指政党由若干相互联系、相互制约的要素构成的有机整体，而且诸要素之间的结构和品质又构成了政党的内在属性和本质特征，这使得政党具有了特定的功能。随着诸要素之间力量的对比和权衡，其品质和结构也随之改变，因而政党内各要素并非是固定的，政党的系统性特征也是不断变化的。

第二，党的建设的系统性特征，是指在党的本质特征、内在功能和角色定位的基础上，形成的对党的思想、制度、组织反腐等方面的发展要求，进而构成党建各要素之间的相互影响、相互制约的整体。例如，党对多年执政历史经验教训的总结，对多项理论成果的探索和研究，对现实情境的辩证分析与概括等，都是党的建设事业在不同层面上的表现，是党的总体建设特征的组成部分。而且互为联系、相为促进的党的各项事业特征，共同构成了党建系统性特征的有机统一体。

第三，党的建设科学化的系统性特征，是指党的建设事业以科学的理论为指导，以科学的制度为保障，以科学的方法为推进力。虽然党的理论体系、制度体系与方法体系互不相同、结构各异，但三者是密切相连的，共同推动党建科学化这一统一整体的进程。

当前，中国共产党已经形成了中国特色社会主义理论体系，而"党的建设科学化"理论的提出，将进一步丰富和发展中国特色社会主义理论与马克思主义党建学说的内容。同时，对这一理论的认识和探索也更有利于提高党的凝聚力、核心力，提升党的执政绩效，巩固党的执政地位。在新的历史时期，只有自觉运用马克思主义执政党的建设规律，不断发展科学化的理论、科学化的制度、科学化的方法，才能切实推动党建科学化的进一步深化；只有不断提升党建的科学化水平，才能使全国各族人民始终团结在党的周围，齐心协力将中国特色社会主义的伟大事业推向前进，实现中华民族的"中国梦"。

参考文献

[1] 张书林. 论党的建设科学化——兼解析党的十七届四中全会提出的"党的建设科学化"思想 [J]. 理论与当代，2009，(1)：11～15.

[2] 中共中央关于加强和改进新形势下党的建设若干重大问题的决定 [J]. 求是，2009，(19).

[3] 石云霞，陶德麟等. 马克思主义基本原理概论 [M]. 北京：高等教育出版社，2008.

马克思主义的合理逻辑性

蔡卫中

蔡卫中，女，1975年6月出生。湖南师范大学法学学士、管理学硕士，现任中南林业科技大学党委宣传部理论教育科科长。被评为2012~2014年度湖南省优秀政研干部。近几年主持湖南省省情与决策咨询课题、湖南省教育厅科学研究课题等4项，参与湖南省哲学社会科学基金课题、湖南省教学教改、湖南省高校党建与思政课题等省厅级课题近20项。在《湖北社会科学》、《综合经济导刊》、《中南林业科技大学学报》等学术期刊上发表论文10多篇。主笔获湖南省优秀文化成果一等奖、湖南省高校文化精品项目等多项。

阐释坚持马克思主义在意识形态领域指导地位的具体内涵，分析马克思主义在中国的现实如何影响意识形态领域的安全，从历史视角、国际视角、民权民生视角、政治视角、经济视角、党建视角解析坚持马克思主义在意识形态领域指导地位的合理逻辑，得出这样的结论：包括马克思主义自身的发展及社会经济的发展两层含义的发展，是对马克思主义的最好的坚持；创新是对马克思主义最好的继承。

一、坚持马克思主义在意识形态领域指导地位的内涵

马克思主义是人类的优秀文化成果，是党和国家的精神旗帜和灵魂。作为党指导思想的马克思主义，指的是由马克思、恩格斯所创立，由列宁

推进到新的阶段，并由毛泽东等党和国家领导人为代表的中国共产党人进一步加以中国化和发展了的观点和学说的体系。其内涵可以概括为：马克思主义是关于工人阶级和劳动人民的革命和解放、建设社会主义和向共产主义远大目标前进的科学，是关于自然、社会和思维发展的普遍规律的科学，是工人阶级及其政党的科学世界观。它是一个完备的和不断发展的科学理论体系，为工人阶级和劳动人民认识世界和改造世界提供了强大的思想武器和行动指南。

改革开放以来，在建设和发展社会主义的伟大实践中，我们党开辟了马克思主义发展的新境界，形成了中国特色社会主义理论体系。坚持马克思主义在意识形态领域的指导地位，既包括坚持和完善马克思主义基本原理，也包括坚持和完善中国特色社会主义理论体系，最根本的是坚持马克思主义的世界观和方法论，掌握马克思主义观察问题和分析问题的立场、观点、方法，坚定中国特色社会主义共同理想的信念，并在实践中检验和发展马克思主义。

二、意识形态的安全：马克思主义在中国的现实

马克思主义深深地影响了中国历史的进程，改变了中华民族的历史命运。在过去的100多年间，以马克思主义为指导的社会主义意识形态发挥着支持政权、整合社会、凝聚人心、助推经济、规范生活的重要作用[1]，是保持中国政治和中国社会发展的稳定性和连续性、建设富强民主文明的社会主义现代化强国的宝贵政治资源和思想资源。然而，受"马克思主义过时论"影响，处于转型期的我国，一部分人信仰动摇、价值观扭曲，对马克思主义意识形态产生质疑，并从思想上开始接受西方的政治经济制度及西方的价值观念和自由主义意识形态。转型期意识形态领域的重大变化，使许多原先处于边缘地带的新儒家和自由主义等非马克思主义的社会意识浮出水面，强烈表达各自的利益诉求，使马克思主义的主流意识形态的导向作用、凝聚作用受到削弱。

与此同时，西方敌对势力也从来没有放弃"西化"、"分化"中国的政治图谋，他们凭借其先进的媒体技术和强势文化，不断对我国进行意识

形态的输出和渗透，企图扰乱人们的思想，动摇马克思主义在我国意识形态领域的领导地位。比如某国中央情报局的《十条诫令》其险恶企图就是要摧毁和动摇作为中国人民、中国共产党的精神支柱的马克思主义的道德理想，逐渐削弱党对意识形态的领导力权。在全球化的背景下，这种情形尤其令人关注。当前，意识形态领域竞争的复杂格局以及西方强势文化的高压态势，对马克思主义意识形态提出了新的挑战，同时也尖锐地提出了意识形态的安全问题。作为后发展国家的中国，如果没有自己先进的意识形态，不能坚持正确的价值观、没有统一的精神支柱，就很难拥有自立、自强、自主的地位。苏联、东欧就是由于后期意识形态混乱而最终解体剧变，一些发展中国家也是由于意识形态混乱导致经济恶化，政局动荡不定。正如马克思所说："如果从观念上来考察，那么一定的意识形式（态）的解体足以使整个时代覆灭。"[2] 当前我国正处于经济社会结构深刻变动、利益格局深刻调整、思想观念深刻变化的新形势，社会生活方式多样化和社会成员价值取向多元化，对马克思主义主流意识形态形成了挑战[3]，各种社会思潮泛滥也导致人们思想乃至行为上的混乱，这种混乱可能会影响甚至延缓国家经济和社会的发展。悲观、激愤是没有必要的，采取措施加以压制和禁止也是没有必要的，理论上的错误只能用理论批判的方法去纠正，意识形态中的观点也只能在意识形态领域中解决。马克思主义意识形态必须体现出足够的影响力和凝聚力，以积极的姿态和灵活的方式应对各种挑战。

三、坚持马克思主义在意识形态领域指导地位的合理逻辑

（一）从历史视角看，坚持马克思主义的指导地位是历史的选择

人民选择马克思主义是被100多年来世界历史发展进程反复证明了的科学选择。马克思主义的科学性和真理性，在于它坚持科学的辩证唯物主义和历史唯物主义的世界观和方法论，科学分析了资本主义社会的内在矛盾，深刻揭示了历史发展的客观规律，为人类社会发展进步指明了正确的方向。

中华民族正是在争取民族独立和人民解放，实现国家复兴和人民富裕的长期奋斗中，在各种纷繁的思潮中选择了马克思主义作为自己的思想武器。正是在马克思主义指导下，中国共产党带领全国人民取得了新民主主

义革命和社会主义革命的胜利，建立了社会主义的新中国，为当代中国的发展进步奠定了根本的政治前提和制度基础。正是在马克思主义的引领下，中国改革开放 30 多年来取得了举世瞩目的成就。历史和现实告诉我们：没有马克思主义，就没有新中国；没有马克思主义在中国的新发展，就没有中国特色社会主义。坚持以马克思主义为指导，就是坚持真理、坚持科学、坚持最广大人民的根本利益，就是坚持中国人民自己选择的发展道路。马克思主义在当下中国的现实境况也只能说明马克思主义的理论体系还将随着时代的变迁而不断丰富和发展。[4]

（二）从国际视角看，坚持马克思主义的指导地位是在国际环境中博弈，是维护民族利益的需要

当今国际国家间的开放程度得到了进一步加强，各种思想意识以及价值观念在现实社会中不断碰撞。在不同意识形态的碰撞与博弈中，西方国家为了能够捍卫本国制度、保护本国经济利益，将自己独特的自我经验上升为全人类经验，向欠发达国家和地区倾销自己的意识产品，并对其他意识形态形成挤压效应，尤其是从 20 世纪 70 年代中后期开始，伴随着经济全球化的加剧这种国际政治关系经济化、国际经济关系政治化的特征越来越突出。

中国，正在以传统的政治大国和新兴的经济大国的角色在国际社会中不断崛起，在国际舞台上日益发挥重要的作用，这是国际敌对势力所不愿意看到的，我们与其进行渗透与反渗透、颠覆与反颠覆的博弈与斗争也将是长期复杂的，有时甚至是很激烈的。我们的主流意识形态需要从国家和民族利益的角度考虑问题，牢牢把握国际意识形态的主导权、主动权、话语权，才不至于在国际意识形态的博弈中落败。如果我们放弃马克思主义在意识形态领域的指导地位，就是自陷困境、自毁长城。同时，我国正在向构建和谐社会、实现中华民族的伟大复兴而迈进，我们在国际环境中的博弈应该力求既竞争又合作，"和而不同"。

（三）从民权民生视角看，坚持马克思主义的指导地位是民主权利及民生状态的保障

马克思主义从来都是民主的积极倡导者和真诚的实践者。马克思主义

关于民主的理论，揭示了民主建设的规律，代表了广大人民的民主愿望，为我国的社会主义民主建设指明了方向。中国共产党始终把追求人民民主权利作为革命和建设的重要的政治目标，强调多数人的民主，坚持以人为本，尊重人民当家做主的政治地位，保障人民依法享有广泛的民主权利和自由。那种不要马克思主义指导的民主，不要党的领导的民主，绝不是广大人民群众真正需要的民主。

马克思主义把人的全面发展作为最高价值追求，它的全部理论都立足于实现和维护最广大人民的根本利益，是科学性、阶级性和实践性相统一的理论。曾有一位德国作家在谈到 19 世纪以来的历史巨变时说，没有马克思，没有工人运动，没有社会主义者，当今世界 5/6 的人口将依然生活在半奴隶制的阴郁状态之中。正因为马克思主义始终鲜明地代表广大人民群众的根本利益，始终关注广大人民群众的生存状态，始终保障广大人民群众的民主权利，所以它一经产生，就具有磁石般的吸引力，在世界的一切文明语言中都找到了众多的拥护者。

（四）从政治视角看，坚持马克思主义的指导地位，是维护社会和政治稳定的需要

在当前大发展大变革的时代，意识形态作为一种价值观和思想体系，是一个社会的思想旗帜，是一个社会的方向盘和稳定器。一定的政治思想、价值观念的传播，能使社会成员对未来现实产生美好的想象，从而形成共同的理想信念，承认彼此有共同利益。这样人们就会在共同利益的基础上团结起来为实现共同的理想而奋斗。如果一个社会没有这个最核心的东西，缺乏统一的价值导向，或者这种导向很苍白乏力，社会就会失去共同的思想基础，导致人心涣散，社会运转就会陷入混乱或停滞，社会发展就会受到影响。

纵观当今世界，不少国家由于不同民族、不同政党、不同宗教之间没有共同的理想信念从而相互冲突，社会混乱甚至战火连绵，严重地阻碍了社会的发展。近代中国之所以长期陷入一盘散沙的局面，一个重要的原因就是因为没有一个能够凝聚全民族的共同精神支柱。中国共产党成立后，之所以能够形成全民族万众一心、共同奋斗的强大力量，就是因为我们拥

有了马克思主义这个强大的精神力量。在当代中国，实现社会的稳定发展和民族的凝聚振兴，任重而道远。马克思主义意识形态通过大力加强社会主义核心价值体系建设，能够引导中国社会成员树立共同理想信念，形成社会和政治稳定的思想基础，团结和凝聚全党全国各族人民，积极应对各种风险和挑战，始终沿着正确的方向前进。[5]

（五）从经济视角看，坚持马克思主义的指导地位，能够降低社会管理费用，节省社会运行成本

新制度经济学的非合作博弈理论证明，由于个体理性与集体理性的矛盾，如果没有合适的"制度"制约，哪怕社会只有一小部分人不诚信，经过多阶段博弈后，整个社会将陷入大家都不诚信的"囚徒困境"。要走出"囚徒困境"，社会需要适当的"制度"，以强化人们之间的信念，减少环境中的不确定，减少交易费用，促进社会发展。"制度"由社会认可的非正式规则、国家规定的正式规则和实施机制构成。在一个国家的社会经济发展中，国家规定的正式规则（法律法规）及实施机制具有决定性意义，但非正式规则同样不可或缺。[6]在非正式规则中，意识形态居于核心位置。意识形态是一个团体（社会）关于世界的一套信念，是一定团体中所有成员共同具有的认识、思想、信仰、价值观等，是社会意识形式的最高体现。它是某一团体对世界的认知系统，是一种思想体系和信仰体系；它是一种内在的精神动力系统，在某种程度上决定着个人和集体的行为。

当前，我们坚持马克思主义在意识形态领域中的指导地位，可以有效地发挥意识形态的经济功能。其一，减少或克服机会主义行为，节约交易费用：一方面，作为"世界观"，意识形态减少了是与非、善与恶、美与丑等若干价值判断与行为判断，从而达成"一致同意"，节约了信息费用与谈判费用等交易费用；另一方面，成功的意识形态教育，有利于人们提高对诚实、信赖、忠诚、良心等的效用评价，从而使个人"搭便车"的机会主义行为或违反规则的行为减少，降低了社会行为的"交易成本"。其二，论证团体集体行动的合理性，实现集体行动的规模经济：意识形态的论证功在于，使团体成员确信采取与集体一致的步骤和做法是合理的、正义的、应该的，以获得团体所有成员的支持，愿为团体的长远目标作出短

期利益的牺牲，并由此促进团体内部成员间的协作，实现集体行动的规模经济。其三，减少制度实施成本：意识形态的作用越强，人们对现存制度安排就越认可。意识形态教育能使人们强化遵纪守法的意识，从而能减少强制执行法律的费用以及实施其他制度的费用。[6]

同时，由于意识形态具有路径依赖性，一般而言，社会成员一旦选择了某种意识形态，无论是好是坏，在以后的路径中他会不断地重复并强化这种选择。即一旦接受，就可能不断接受；一旦排斥，也就会不断排斥，要想替换非常困难。所以，一个国家要使经济持续健康发展，除了在制度——正式规则上作出合理安排外，还必须在意识形态上大力挖掘社会的有效合理价值，建立起一套社会成员都自觉履行的认知体系，从而实现集体行动的协调与合作，降低社会管理费用，节省社会运行成本，为经济增长提供持久动力与合作基础，对于当下的中国来说，尤其如此。

（六）从党建视角看，坚持马克思主义的指导地位，是巩固党的执政地位，加强党的执政能力建设的需要

毛泽东同志曾指出："掌握思想领导是掌握一切领导的第一位"。国家如果弱化了对意识形态的领导，那么他们的人民对其意识形态就不可能有较强的认同，就很难在人民中形成凝聚力和向心力，势必影响执政能力的提高甚至危及国家政权的稳定。[7]而且，随着当代社会民主化程度的不断提高，社会控制方面强制力发挥作用的空间日益缩小，公众自我选择的空间日益扩大，社会意识形态在治国理政方面的作用越来越重要。[8]意识形态工作对于提高党的执政能力主要是通过建构价值认同，形成群众参与的合力，协调不同主体之间的利益冲突，抵御不良文化的侵袭，保证社会的有序和稳定。

党的十七届四中全会、十七届五中全会、党的十八大，都把加强党的自身建设提高到了一个新的历史高度，并重点提出在新时期、新环境下一定要坚持马克思主义在意识形态领域中的指导地位，加强反腐倡廉建设。只有真正坚持马克思主义的指导地位，才能巩固党的执政地位，提高党的执政能力，才能保持党的先进性和纯洁性，得到人民大众的大力支持。

四、发展是最好的坚持 创新是最好的继承

发展包括两层含义：一是马克思主义自身的发展；二是社会经济的发展。中国特色社会主义理论体系，坚持和发展了马列主义、毛泽东思想，凝结了几代中国共产党人带领人民不懈探索实践的智慧和心血，是我们党最宝贵的政治和精神财富。从社会经济发展的层面看，"发展是党执政兴国的第一要务"。执政党必须清楚地了解群众的根本利益，了解群众的意愿和要求，不断推动社会经济的发展，才能真正谈得上坚持马克思主义。马克思、恩格斯在谈到贫困问题时曾指出，在极端困苦的情况下，人们为争夺生活必需品而展开斗争，一切陈腐的东西就会死灰复燃。历史的经验也一再验证他们的判断：当一个社会的生产力遭到破坏、社会发展停滞、人民生活困苦时，最容易出现意识形态的混乱，发生指导思想的动摇，所谓"穷则思变"。所以，发展是对马克思主义最好的坚持，在坚持中尊重差异、包容多样，在多样中树立主导，保证人民当家做主。习近平总书记指出："在中国，发展社会主义民主政治，保证人民当家做主，保证国家政治生活既充满活力又安定有序，关键是要坚持党的领导、人民当家做主、依法治国有机统一。"

坚持马克思主义在意识形态中的指导地位，还必须赋予马克思主义以创新活力。[9]马克思主义的创新必须有反观现实的能力和反映时代发展的要求，才能成为凝聚中华民族共同奋斗的伟大力量。马克思主义的理论创新，需要在描述社会发展的奋斗目标，探求中国特色社会主义道路，寻求当前中国经济社会问题的根本方法和各种举措等方面作出科学的回答，以深化干部群众对马克思主义伟大旗帜的政治认同、理论认同和感情认同，不断坚定干部群众走中国特色社会主义道路的信念。只有创新，才是对马克思主义最好的继承。始终不渝地坚持马克思主义在意识形态领域的指导地位，是我们永远不可动摇的坚定信念。

参考文献

[1] 谢武军，王伟中. 关于坚持和巩固马克思主义指导地位的几个问题

[J]．红旗文稿，2006，（7）：6～7.

[2] 马克思恩格斯全集（第43卷）[M]．北京：人民出版社，1980：35.

[3] 胡伯项，郑志发．提高党领导意识形态工作能力的核心和根本——坚持和巩固马克思主义在意识形态领域的指导地位 [J]．南昌大学学报（人文社会科学版），2006，（3）：20～22.

[4] 秋石．为什么必须坚持马克思主义在意识形态领域的指导地位而不能搞指导思想的多元化 [J]．求是，2009，（6）：13.

[5] 陈晓文．高校实践社会主义核心价值体系机制研究 [J]．湖南社会科学，2010，（5）：28～29.

[6] 彭晓华．从社会资本及人力资本看意识形态的性质与经济功能 [J]．集团经济研究，2007，（02X）：264～265.

[7] 陈晓文．对我国高校实行党委领导下的校长负责制的解读 [J]．中南林业科技大学学报（社会科学版），2011，（3）：90～92.

[8] 戴焰军，李英田．论意识形态工作对提高党的执政能力的作用 [J]．理论前沿，2004，（13）：18～19.

[9] 袁银传，吴恺．论中国化马克思主义的历程、特点及其意义 [J]．中南林业科技大学学报（社会科学版），2007，（1）：64～65.

论党的生态政治思想的演进

秦立春

秦立春，男，1966 年 2 月出生。中共党员，中共党史、行政管理专业毕业，法学博士，现任中南林业科技大学党委副书记，湖南社科联青年委员会副主任，获 2012～2014 年度湖南省思想政治教育先进个人。近年来主持完成了湖南省社科规划课题《高校党委领导下去行政化研究》等省级课题 5 项，参与国家级及教育部课题 2 项。在《光明日报》等报刊发表论文 70 余篇；出版《领导方法与艺术》等著作 7 部。

生态环境危机问题是当前人类社会面临的全球性问题之一，随着全球生态环境危机的加剧，人们对生态环境危机的反思日益深刻，基于政治学、哲学、环境科学等学科层面对生态问题的关注和研究，创建了生态哲学、环境经济学、环境科技等知识体系。生态政治学作为一个新兴的领域，近年来成为学术界专家学者研究的热点问题，但这一问题在党史党建学科的研究尚处起步阶段。

1949 年至今，其生态政治思想有一个渐进发展、逐步完善直至制度化的过程。建国后，受人口规模、产业结构、民众对生态环境问题的认知水平以及工业化、城市化进程等因素的影响，中国的生态环境状况积累性恶化。从 1949 年中国共产党全面领导新中国建设至今这 60 多年时间里，随着生态环境问题的日益凸显，中国共产党逐渐认识到生态环境问题的重要性和紧迫性，并坚持以马克思主义生态政治思想为指导，结合我国生态环境建设的客观实际和社会主义发展的现实需要，与时俱进地丰富和发展了中国共产党生态政治思想。特别是党的十八大把生态文明建设提到与经济建设、政治建设、文化建设、社会建设并列位置，从而把中国特色社会主义事业总体布局发展为五位一体，表明党的生态政治思想发展到一个新的高度、一个新的阶段。2013年11月党的十八届三中全会召开，通过了《中共中央关于全面深化改革若干问题的决定》，进一步指出，"建设生态文明，必须建立系统完整的生态的生态文明制度体系，……用制度保护生态环境。"党的生态政治思想的演变过程经历了萌芽期、形成期、发展期和成熟期4个时期，在每个时期分别表现出不同的特征。总结其经验教训对进一步促进我国生态文明建设，实现经济社会的可持续发展具有十分重要的启示作用。

一、生态政治思想的萌芽期：1949～1977年

新中国成立之初，长期的战争影响使自然环境缺乏休养生息的机会，生态环境质量较差，对人口的承载力水平较低。严重的水土流失、土壤侵蚀、水患、干旱等长期困扰中华大地。在主要的大城市里，出现了不同程度的环境污染。那时，毛泽东等党和国家领导人主要从根治水患、关注民生、发展农业等方面，对长期危害人民的大江大河水患进行治理。1950年7月8日，毛泽东连续给周恩来写了4个指示，提出和督导治理淮河。经过历时8年的艰苦奋斗，危害淮河两岸人民的水患得到根治。随后相继作出了治理黄河、海河、长江水患，兴修水利工程的重大决策。从生态政治学角度来说，已经开始初步认识到江河生态对民生和经济的重大影响，初步开始了以大修水利工程为特点的早期生态政治活动。但是，这一时期我们党急于带领全国各族人民摆脱国家贫困落后的面貌，追求经济的高速增长，对资源浪费、环境污染问题并未给予足够重视。在极"左"思想的影响下，甚至认为环境问题是资本主义社会所特有的现象，社会主义国家不存在环境问题。"按照当时极"左"路线的理论，社会主义制度是不可能产生污染的。谁要说有污染，有公害，谁就是给社会主义抹黑。在只准颂

扬、不准批评的气候下，环境清洁优美的颂歌，吹得人们熏熏欲醉。"[1]

20 世纪 50 年代末，由于经济建设指导思想的失误，发动了违背自然规律和经济发展规律的"大跃进"，生态环境遭到了一次严重破坏。比如在大炼钢铁运动中，由于炼钢技术落后，造成了铁矿石的大量浪费以及依附在地表上的森林、草地等自然资源的毁灭性破坏。但是当时的领导人对此并没有深刻认识，认为中国"地大物博"，有着"取之不尽、用之不竭"的自然资源。即使对环境破坏问题有所察觉，也觉得这与西方的环境污染完全不同，问题的产生与社会主义制度的优越性相比微不足道，完全可以在经济发展后自行消失或解决。

20 世纪 60 年代初，由于对经济工作作出了一些正确的调整，工业对生态环境的压力有所缓解，但"大跃进"造成的后果已经很难在短时期内消除。对"大跃进"造成的环境破坏的调整尚未完全完成时，中国社会又出现了"文化大革命"的 10 年动乱。中国的"文化大革命"，不仅是中国政治、经济、文化等所有社会领域的大灾难，也是生态环境和资源的浩劫和大灾难。刚刚建立起来的有利于环境保护的一些有限的规章制度不仅被抛弃，而且被当作资本主义和修正主义受到了批判和否定。这个时期，环境污染问题仍然被认为是资本主义制度的必然产物，与社会主义无关。这一时期，由于党和国家的政治生活受到"文化大革命"的破坏而陷入混乱，正常的生产生活都不能维持，环境保护问题就更不可能被列入日程。

这一时期，虽然我们党并没有形成对生态环境问题系统性、理论性的认识，但是毛泽东、周恩来等党的领导人还是认识到了自然资源的重要性和生态环境恶化的危害性。毛泽东在《论十大关系》中曾经指出过："天上的空气，地上的森林，地下的宝藏，都是建设社会主义所需要的重要因素"，表明他已经认识到自然资源的重要性。毛泽东还强调，要实现废物利用，变废为宝；《论十大关系》强调要正确处理农、轻、重的比例关系以及经济建设与改善人民生活的关系等。我国在工业化的初始阶段——"一五"计划期间，党和政府的工作处于比较正常的状况，经济与环境保护也比较协调，比较正确地处理了农、轻、重的比例关系以及经济建设与改善人民生活的关系。国家也相继出台了一部分有关环境保护的法律法规，如1956年卫生部、国家基本建设委员会联合颁布的《工业企业设计暂行卫生标准》、1957年国务院颁布的《中华人民共和国水土保持暂行纲要》、1963年颁布的《森林保护条例》等文件中都包含了一些环境保护的要求，推动了环境方面的建设，对防治水土流失、开展资源综合利用等方面起到了积极作用。

周恩来是"新中国环境保护工作的开创者和奠基者"[2]，他意识到了环境保护工作的重要性，在1970年12月26日接见中联部、总参二部、外交部有关同志时谈到："过去伦敦的烟雾最多，现在比纽约少……日本也是这样，战后畸形发展。我们不要做超级大国，不能不顾一切，要为后代着想，工业公害是一个新的问题。工业化一搞起来，这个问题就大了。"[3]1972年4月5日，周恩来在会见英国《星期日泰晤士报》记者苏利克利·格林时又说："要消灭公害就必须提倡综合利用。因此在进行基本建设时，就要从项目方面、设备方面和科学技术方面更加注意，那才能免去祸害。否则，你们已经造成祸害以后，再去消除，那已经走了弯路。我们不能再走资本主义工业化的老路，要少走、不走弯路。"[3]这表明周恩来已经意识到资本主义发达国家"先污染，后治理"工业化道路的弊端，提出从源头预防环境污染，避免重蹈资本主义国家的覆辙。

在周恩来总理的关心和支持下，我国在"四五"计划纲要中首次列出了关于"三废"治理的内容，成为这一时期党和政府的环境政策的指导思想和着重点。在周恩来总理的推动下，我国派代表团参加了1972年6月5日在斯德哥尔摩召开的第一次联合国人类环境会议。受这次会议的精神以及官厅水库污染事件等的影响，我国政府于1973年召开了第一次全国环境保护会议，审议通过了第一个具有法规性质的环境保护文件——《关于保护和改善环境的若干规定》，确立了"全面规划、合理布局、综合利用、化害为利、依靠群众、大家动手、保护环境、造福人民"的32字环境保护方针，开创了中国环境法规建设的先河。1974年国务院正式成立了环境保护领导小组，该小组曾先后于1974、1975、1976年下发了《环境保护规划要点》、《关于环境保护的10年规划意见》、《关于编制环境保护长远规划的通知》等文件，标志着党和政府已将环境问题作为一个重要社会问题给予重视。

中国的生态环境问题在新中国成立之初就已经开始出现，然而受当时复杂国情和社会主要矛盾的影响，我们党对生态环境问题的认识尚不清晰，片面认为所谓生产力就是人类单向度地征服、改造自然的能力，因此要推进生产力的发展，必然要加速度开采自然资源，而中国幅员辽阔，地大物博，资源的成本可以忽略不计。甚至认为环境问题是资本主义社会所特有的现象，社会主义国家不存在资本主义国家那样的环境问题。由此可见，建国后至改革开放前相当长的一段时期里，以毛泽东为核心的第一代中央领导集体对生态环境治理经历了从忽略到逐步重视的过程。这一时期党和政府在生态环境保护方面虽然作了一些有益的工作，但并没有形成保护环境的明确概念和政策，尚未形成系统的环境理论和方针政策，中国共产党的生态政治思想尚处于萌芽阶段。

二、生态政治思想的形成期：1978～1991 年

经济发展和生态环境之间的问题是人类在改造、利用自然过程中必须面对的一个问题。随着经济的快速增长，我们党和国家的领导人开始意识到保护环境的重要性，正确的生态政治思想开始逐渐形成，我国的环境保护事业也开始创立。

邓小平在关注经济发展的同时，一是更加注重在建设中对生态环境的保护。他曾明确指出："油气田开发、铁路公路建设、自然环境保护等，都很重要。"[4]对于环境污染问题，他更是提出："要保护风景区。桂林那样好的山水，被一个工厂在那里严重污染，要把它关掉。"[5]在十一届三中全会闭幕式上，邓小平发表的"解放思想、实事求是，团结一致向前看"的讲话中曾明确指出："现在的问题是法律很不完备，很多法律还没有制定出来……所以，应该集中力量制定刑法、民法、诉讼法和其他各种必要的法律，例如工厂法、人民公社法、森林法、草原法、环境保护法、劳动法、外国人投资法，等等。做到有法可依，有法必依，执法必严，违法必究"。[6]1979 年 9 月，五届人大第十一次会议通过了新中国成立以来第一部综合性的环境保护基本法——《中华人民共和国环境保护法（试行）》，

把中国环境保护的基本方针、任务、政策以及管理制度，用法律的形式确定下来，标志着我国的环境保护工作进入了法治阶段。二是更加注重对自然生态中干旱风沙危害、水土流失灾害的积极治理。1978 年初，邓小平同志作出重要批示支持在我国北方地区建设大型防护林带——"三北防护林"，1989 年邓小平为"三北防护林"体系工程亲笔书写了"绿色长城"的题词。1981 年 9 月 16 日，针对长江和汉江上游山区毁林开荒和森林过量采伐造成四川、陕西南部发生特大水灾一事，他又提出开展全民义务植树活动的倡议。[7] 在邓小平的关注下，全民植树造林活动得到推广，并把每年的 3 月 12 日定为我国的植树节。

中国作为发展中国家，必须把发展经济和消除贫困作为首要任务。但经济发展不能脱离环境资源的承载能力，应当实行保护生态环境良性循环的发展战略，因此十分注意从政策层面加大保护环境力度。因此，随着经济的快速增长，我们党开始思考如何将数量和质量、速度和效益结合起来，既实现经济的快速增长，又节约资源、降低消耗、减少环境污染。在中国共产党提出建议、五届人大通过的《国民经济和社会发展第六个五年计划》中提出："努力调整重工业的服务方向和产品结构，大力降低物质消耗特别是能源消耗"，"广泛开展以节能为主要目标的技术革新活动"，"加强环境保护，制止环境污染的进一步发展，并使一些重点区域的环境得到改善。"[8] 说明我们党已经从产业结构的调整、节能技术的创新以及重点污染源治理的方面思考如何保护环境。在《中共中央关于制定国民经济和社会发展第七个五年计划的建议》中，又强调要"正确处理好质量和数量、效益和速度的关系"。[9] 在十三届五中全会通过的《中共中央关于进一步治理整顿和深化改革的决定》中，将人口增长与资源节约和环境保护问题结合起来，强调"严格控制人口的增长和努力提高人口素质，注意合理利用资源和保护环境"。[10] 在十三届七中全会通过的《中共中央关于制定国民经济和社会发展十年规划和"八五"计划的建议》中，又要求"坚持速度与效益的统一，注重产业结构的调整……不断提高经济增长的质量"[11]。

为了实施生态环境良性循环的发展战略，党中央继而强调要加强法律和制度建设。1983 年全国第二次环境保护会议将环境保护确定为基本国策，并规定了"预防为主，防治结合"、"谁污染，谁治理"和"强化环境管理"三大政策，揭开了我国环境保护的新序幕。1989 年全国第三次环境保护会议召开，制定了城市环境综合整治定量考核制度、环境保护目标责任制、排污申报登记与排污许可证制度、污染集中控制制度、污染限期治理制度等五项管理制度，使我国的环境管理工作更加规范化。1989 年底，七届人大十一次会议审议通过了《环境保护法》，以国家法律形式确立了具有中国特色的环境保护道路、原则和制度。随着改革开放的国家发展战略转变，我国环境保护法规和政策等制度建设也开始进入发展阶段。到 1991 年，我国制定并颁布了 12 部资源环境法律，20 多件行政法规，20 多件部门规章，累计颁布地方法规 127 件，地方规章 733 件以及大量的规范性文件。[12]

改革开放以来，随着我国政治体制改革和实事求是思想路线的重新确立，以邓小平为核心的第二代中央领导集体对环境问题的认识有了质的提高，开始意识到保护环境的重要性，将环境保护确定为基本国策，并纳入到国民经济和社会发展的总体规划中。为了保障生态环境可持续发展，党中央突出强调要加强法律和制度建设。可见，这一时期我们党和国家的领导人对我党已有的生态政治思想进行了科学总结。同时，结合新时期社会发展实践，提出了一系列有价值的生态政治思想，从而使我们党正确的生态政治思想开始逐渐形成。但是，这一时期的生态政治思想主要基于对环境保护的重视，而且当时对环境问题的认识也比较笼统和狭窄，仅仅是将之作为经济增长所带来的必然性后果看待，且关注的重点在工业"三废"排放、资源浪费方面，对人与自然的关系以及整个生态系统服务功能的认识不够。在环境管理方面，尽管制定了部分环境法规和管理制度，但还是以运动式的监督检查为主，主要依靠行政命令强制企业和居民参与环境保护实践，这种做法带有很强的计划经济色彩，缺乏长久性和可持续性。

三、生态政治思想的发展期：1992～2001 年

20 世纪 90 年代以后，生态环境问题越来越受到国际社会的关注和重

视。1992年6月，在里约热内卢召开的联合国环境与发展大会上，提出了可持续发展的理念，这标志着世界环境保护工作迈上新征程。我国在联合国环境与发展大会上，同世界各国一起，共同接受了会议通过的文件，并签署了两项公约。这次会议后的两个月，国家环境保护局出台了环境保护的战略性文件——《环境与发展十大对策》，明确提出实施可持续发展战略。随后公布了全球第一部国家级的"21世纪议程"——《中国21世纪议程》，正式把可持续发展战略列为国家发展战略。随着世界各国联系的日益紧密，生态环境恶化成为各国亟待解决的重大问题，开展生态环境领域的国际合作成为我国实施可持续发展战略的必然选择。1995年，在纪念联合国成立50周年特别会议上，中国政府向全世界郑重承诺：愿意进一步加强在环境保护方面与国际社会的广泛合作，严格遵守国际环境公约，积极务实地参与环保领域的国际合作，虚心学习和借鉴别国先进经验。

为了真正贯彻落实可持续发展战略，我们党提出了一系列具体理念、对策和措施，全面推进生态环境治理。1995年颁发的《中共中央关于制定国民经济和社会发展"九五"计划和2010年远景目标建议》中，提出了"两个转变"战略，明确要求经济增长方式从粗放型向集约型转变，强调通过节约资源、降低消耗来增加经济总量，不能走发达国家严重浪费资源、先污染后治理的老路。这是我们党第一次从国家战略的高度明确提出要汲取发达国家的教训，走具有中国特色的环境治理之路。在2000年10月11日党的十五届五中全会通过的《中共中央关于制定国民经济和社会发展第十个五年计划的建议》中，提出"十五"期间经济和社会发展的主要目标之一是"生态建设和环境保护得到加强"，并对西部大开发和经济发展过程中如何实现资源节约、生态保护和环境污染治理进行了详细部署，提出保护生态环境就是保护生产力的科学论断，科学地揭示了环境保护与生产力发展之间的辩证关系，深刻阐明了保护环境与保护生产力之间的相互作用，是对可持续发展理论的深化。

为了真正贯彻落实可持续发展战略，需要构建更加科学完善的环境法制体系。我国的《环境保护法》、《草原法》、《森林法》、《水污染防治法》等成为环保法律体系中的重要内容，而且在《刑法》中增加了"破坏环境和资源保护罪"，使其同样成为环境保护法律体系中的重要组成部分。环保主管部门加强了对环境保护实施统一的监督管理，各级领导也加强环境保护工作，努力建设一支强有力的环保执法队伍，严格执法，坚决打击破坏环境的犯罪行为。

在环境问题日益全球化和可持续发展理论日趋国际化的条件下，我们党从战略高度重视生态环境问题。党的十三届四中全会以来，开始总结西方发达国家工业化发展的经验教训，避免重蹈"先污染，后治理"的覆辙，要求"边发展，边治理"，实现从经济增长方式的转变到社会全面可持续的发展，不仅重视环境污染的治理，而且重视生态系统的保护以及代际之间的环境公平，中国的环境保护工作进入制度化、规范化的轨道，与世界接轨并同步进行。同时，在新的历史条件下，结合我国改革开放不断深化的具体实际，对生态环境保护有了更加深刻的认识，形成了更加全面的生态政治思想。20 世纪 90 年代，国家环境保护总局和全国人大环境与资源保护委员会成立，环境管理工作得到实质性的加强。不过，当时环境保护的重点是城市环境，主要解决工业化、城市化过程中资源的过度消耗和环境污染问题，对农村的环境污染问题仍然重视不够。

四、生态政治思想的成熟期：2002 ~ 至今

自 2002 年以来，随着我国工业化、城镇化进程的加快，经济社会发展对资源的需求迅速增加，生态环境压力与日俱增。对此，我党陆续提出了循环经济、科学发展观、和谐社会、"两型"社会、生态文明等战略思想和发展理念。这标志着中国共产党的生态政治思想正在逐步走向成熟。

《国务院关于加快发展循环经济的若干意见》（以下简称《意见》）明确了发展循环经济的指导思想、基本原则和主要目标。国家环境保护总局出台《国家环保总局关于推进循环经济发展的指导意见》，提出了具体落实国务院《意见》的对策措施。2008 年 9 月，全国人大十一届四次会议表决通过了《中华人民共和国循环经济促进法》，表明循环经济的发展战略完全形成。循环经济理念的提出，标志着我们党开始借鉴西方发达国家环境治理的理念，遵从"减量化、再利用和资源化"的原则，从源头预防、

过程控制和末端治理 3 个层面解决生态环境问题。

长期以来，我国一直将 GDP 作为经济社会发展的核心和衡量指标，这种发展模式虽然有助于促进国民经济的快速起步，但也极易导致发展观念的狭隘化，给资源与环境问题的产生埋下隐患。针对这一问题，党的十六届三中全会明确提出，"坚持以人为本，树立全面、协调、可持续的发展观，促进经济社会和人的全面发展"[13]。这是党中央首次明确提出科学发展观，体现了中国共产党对"发展"的全新认识，标志着我们党已将生态环境问题纳入到党的指导思想中，为促进我国经济社会与生态环境建设的和谐发展奠定了重要的理论基础。

党的十六届四中全会提出建设人与自然、人与人、人与社会相和谐的社会，并把它作为加强党的执政能力建设的 5 项任务之一。随后党的十六届五中全会、六中全会进一步确立了和谐社会建设的原则、目标、任务。构建社会主义和谐社会，是在科学发展观的基础上提出的，是贯彻落实科学发展观进行的理论与实践创新。人与自然关系问题在党的发展战略中的地位进一步凸显，不仅表明党对科学发展观的认识有进一步深化，更表明人与自然和谐作为和谐社会的重要基础和特征，已经成为党在今后经济社会发展中的重要执政和发展理念。

2005 年 10 月，党的十六届五中全会进一步明确提出"建设资源节约型、环境友好型社会"，并首次把建设资源节约型和环境友好型社会确定为我国国民经济与社会发展中长期规划的一项战略任务。《中共中央关于制定国民经济和社会发展第十一个五年规划的建议》也将"建设资源节约型、环境友好型社会"作为我国的一项重要目标。作为我国环境保护和可持续发展实践经验的理论升华，建设"两型"社会对于全面落实科学发展观，不断提高资源环境保障能力，实现国民经济健康、快速发展具有十分重要的意义。2005 年 12 月《国务院关于落实科学发展观加强环境保护的决定》掀开了用科学发展观治理环境问题的序幕。

第六次全国环境保护大会提出我国环保工作"三个转变"的重要思想：一是从重经济增长轻环境保护转变为保护环境与经济增长并重，在保护环境中求发展。二是从环境保护滞后于经济发展转变为环境保护和经济发展同步，努力做到不欠新账，多还旧账，改变先污染后治理、边治理边破坏的状况。三是从主要用行政办法保护环境转变为综合运用法律、经济、技术和必要的行政办法解决环境问题，自觉遵循经济规律和自然规律，提高环境保护工作水平。"三个转变"的提出，标志着我国环境与发展的关系正在发生"战略性、方向性、历史性"的转变。

2007 年 10 月 15 日，中国共产党第十七次全国代表大会报告正式提出"建设生态文明"，这是继物质文明、精神文明与政治文明之后我党提出的又一新的发展理念。中国共产党在十七大报告中首次将生态文明提到了与物质文明、政治文明、精神文明同等的战略高度，彰显出中国共产党推进科学发展观、构建社会主义和谐社会的执政新思维，是中国共产党科学发展、和谐发展理念的一次升华，也是中国共产党生态政治思想走向成熟的重要标志。随着十七大精神的全面深入贯彻，国家又出台了一系列环境保护、生态建设的措施。2008 年，国家环境保护总局升格为环境保护部，它标志着环保部门由国务院直属单位变为国务院的组成部门，在参与国家有关重大决策方面拥有更大的"话语权"。国家环境保护总局升格提高了环保机构的权威性，有利于更好地执法和做好环境保护工作。

中国共产党第十八次全国代表大会报告强调"建设生态文明，是关系人民福祉，关乎民族未来的长远大计"，"大力推进生态文明建设"，"从优化国土空间开发格局，全面促进资源节约，加大自然生态系统和环境保护力度，加强生态文明制度建设"，比较完整地阐述了中国共产党的生态政治思想。党的十八大报告把生态文明建设放在突出地位，纳入社会主义现代化建设"五位一体"的总体布局，进一步强调了生态文明建设的地位和作用，进一步昭示了中国共产党加强生态文明建设的决心和意志。

2013 年 3 月 17 日，习近平在十二届全国人大会议上指出，要坚持全面推进社会主义经济建设、政治建设、文化建设、社会建设、生态文明建设，深化改革开放，推动科学发展，不断夯实实现中国梦的物质文化基础。2013 年 9 月 7 日，习近平在纳扎尔巴耶夫大学演讲后回答该校师生提问时表示，中国环境问题具有明显的集中性、结构性、复杂性，只能走一条新的道路：既要金山银山，又要青山绿水。宁肯要绿水青山，不要金山银山，因为绿水青山就是金山银山。我们要为子孙后代留下绿水青山的美好家园。[14]2013 年 9 月 11 日，李克强在出席第七届夏季达沃斯论坛时表示，我们要在全社会倡导节约、绿色、低碳发展。走一条新路需要有新的理念，要有新的生产方式，也要有新的生活方式。[15]2013 年 11 月党的十八届三中全会召开，通过了《中共中央关于全面深化改革若干问题的决定》，指出："建立系统完整的生态文明制度体系，实行最严格的源头保护制度、损害赔偿制度、责任追究制度，完善环境治理和生态修复制度，用制度保护生态环境。"[16]

党的十六大以来至党的十八大这 10 年间，随着我国工业化、城镇化进程的加快，经济社会发展对资源的需求迅速增加，生态环境压力与日俱增。对此，在科学发展观指导下，继承和发展党的历代中央领导集体关于环境保护理论成果、深刻总结国内外环境问题经验教训、科学分析我国全面建设小康社会进程中面临的环境问题现状，并在此基础上大胆创新。在指导思想上我们党已经将环境问题纳入到马克思主义中国化的理论成果当中，并将之与生态文明建设融为一体，全面推动经济增长与环境保护、人与自然的和谐统一，从而探索出了一条符合中国国情的生态环境保护新路，形成了具有中国特色的生态文明建设思想，标志着具有中国特色的生态政治思想已逐步走向成熟。

五、结论

从 1949 年 10 月到 2013 年 11 月 60 多年时间里，中国共产党生态政治思想发展过程可以归结为以下几点：

1. 从早期初步的生态政治意识，发展到完整的生态政治思想。新中国成立后，在我国经济社会持续快速发展的过程中，生态环境问题越来越突出地摆在我们面前。为了解决中国特色社会主义发展进程中不断出现的生态环境问题，中央领导集体继往开来，与时俱进，提出了一系列符合时代背景又各具特色的生态政治思想，从而使我们党形成了一套具有理论性、系统性和可操作性的理念、思想，有效地指导和推动了中国生态环境治理的进程，使得生态环境恶化的趋势得到了部分缓解和遏制。

2. 从以治理水患为特点的早期政治活动，发展到把生态文明建设上升到党的"五位一体"总体战略布局的治国方略。随着我国综合国力的不断提高，人们认识的不断深化，国家投入的增加，生态文明建设、环境保护等问题越成为我们党执政兴国的重要课题。

3. 从有限的环境保护行动发展到建立系统完整的生态文明制度体系。党的十八届三中全会要求"健全自然资源资产产权制度和用途管理制度，划定生态保护红线，实行资源有偿使用制度和生态补偿制度，改革生态环境保护管理体制。"习近平同志指出："我们要认识到，山水林田湖是一个生命共同体，人的命脉在田，田的命脉在水，水的命脉在山，山的命脉在土，土的命脉在树。用途管制和生态修复必须遵循自然规律，如果种树的只管种树、治水的只管治水、护田的单纯护田，很容易顾此失彼，最终造成生态的系统性破坏。由一个部门负责领土范围内所有国土空间用途管制职责，对山水林田湖进行统一保护、统一修复是十分必要的。"[17]在未来，如何认真学习和领会建国以来历代中央领导集体的生态政治思想，结合新的历史条件加以创造性地运用到生态环境治理的各个方面和领域，依然是我们党要重视和面对的重要问题。

参考文献

［1］曲格平．我们需要一场变革［M］．吉林：吉林人民出版社，1997：2.

［2］曲格平．新中国环境保护工作的开创者和奠基者——周恩来［J］．党的文献．2000，（2）.

［3］李琦．在周恩来身边的日子——西花厅工作人员的回忆［M］．北京：中央文献出版社，1998：332～333。

［4］邓小平文选．北京：人民出版社，1993，（3），363.

［5］［6］中共中央文献研究室．新时期环境保护重要文献选编［M］．北京：中央文献出版社，2001：19，01.

［7］中共中央文献研究室．邓小平年谱（1975－1997）（下）［M］．北京：中央文献出版社，2004：771.

[8] [9] [10] [11] 中共中央文献研究室. 改革开放三十年重要文献选编（上）[M]. 北京：中央文献出版社，2008：307，408，456，591.

[12] 张坤民. 关于中国可持续发展的政策与行动 [M]. 北京：中国环境科学出版社，2005：15.

[13] 十六大以来重要文献选编（上）[M]. 北京：中央文献出版社，2005：465.

[14] 习近平. 宁可要绿水青山，不要金山银山 [N]. 人民日报，2013 - 9 - 7.

[15] 李克强与出席夏季达沃斯论坛的中外企业家代表对话交流实录 [EB/OL]，新华网，2013 - 09 - 11. http：11news. xinhuanet. com/politics/2013 - 09/11/c_ 117315025. htm.

[16] 中共中央关于全面深化改革若干问题的决定 [N]. 人民日报，2013 - 11 - 16.

[17] 习近平. 关于〈中共中央关于全面深化改革若干问题的决定〉的说明 [N]. 人民日报. 2013 - 11 - 16.

狠抓党建工作 猛促企业发展

鄂天真

鄂天真，男，达斡尔族，1973年3月出生。1990年入伍，历任班长、文书，1992年加入中国共产党，1994年在库都尔林业局后勤处任团总支书记、总支干事、行政文秘。大学本科。2003年任记者站站长，获"优秀记者站站长"荣誉。2010年被大兴安岭林管局党政办公室授予先进个人。2012年先后任经营管理科科长、科技科科长、产业办主任，现任宣传部部长、党校校长。

内蒙古大兴安岭林区作为大型国有森工企业，正步入全面深化改革、转型攻坚的关键时期。深水区的改革，注定是一场深刻的革命、艰难的博弈。越是这个时候，越需要攻坚克难的决心、上下齐心的团结；越需要心往一处想的共识、劲往一处使的行动；越需要加强党建工作，发挥引领作用和服务功能，统一思想、凝聚力量，为森工企业实现改革攻坚和转型发展提供坚强保障。

一、加强党建工作，是推进全面深化改革进程的历史要求

改革开放作为党在新时期带领人民进行新的伟大革命的主旋律，使社会主义在我们国家焕发出前所未有的强大生命力。林业企业在改革开放不断深入的新形势下，必须依据林业企业的行业特点和当前全面深化改革以及经济转型的实际，合理配备党组织的机构设置，使党在全面深化改革和

推进经济转型的进程中更好地科学执政、民主执政、依法执政，更好地为森工企业实现改革攻坚和转型发展提供坚强保障。

二、加强党建工作，是适应形势任务发展变化的现实要求

党领导的改革开放给党建工作注入了巨大活力，也使党在深刻变革的社会环境中面临许多前所未有的新课题、新考验，要解决新的历史条件下党的建设遇到的新矛盾、新问题，必须以改革创新的精神开拓新的思路。必须要把改革创新精神贯彻到党的建设的具体实践中，继续探索、不断创新，企业党建工作才能得到进一步加强。在林业企业转型发展的新阶段，既面临着难得的发展形势和机遇，又承受着诸多压力和挑战。如何使党建工作紧扣转型发展这一主题，创造党政同心、共抓发展的良好局面，营造干部职工团结进取、攻坚克难的浓厚氛围，确保各项目标任务的顺利实现，是各级党组织抓好党建工作的重要任务。各级党组织的引领作用和服务功能，有待于在强基固本和均衡发展中科学发挥；各级领导干部领导改革开放和推进转型发展的能力素质亟需在不断学习实践中有效提升；广大职工群众在更新观念和改造世界观、人生观、价值观方面，有待于加强学习加大力度。在创先争优活动的深化上、党建品牌的创建上、党建活动的创新上、党员干部素质能力提高和党组织作用发挥上，都需要各级党组织紧紧围绕生态建设、转型发展、改善民生、和谐稳定的主旋律，找准工作切入点，提高党建工作服务发展大局的主动性、创新性和实效性，努力在新的起点上不断推进党建工作再上新台阶。

三、加强党建工作，为企业实现转型跨越发展提供坚强保障

党建工作是方向盘，是推进生态建设和产业发展的强力引擎，是改善民生实现经济转型的根本保证。要进一步强化党建工作引领作用和服务功能，以强化能力作为、树立崭新形象为重点，以党建工作焕发活力、推进创业创新创优、力促转型发展为突破，提升党组织保障实力，努力开创党建工作新局面。

（一）加强思想文化建设，与时俱进地引领发展

针对当前企业现状和党建工作实际，宣传思想工作要以生态建设、转

型发展、关注民生为切入点，围绕当前形势和发展大局，把握正确舆论导向，积极开展正面宣传，引领干部职工把智慧和力量凝聚到各项改革任务上来。借助各种宣传手段和形式，在扩大覆盖面上下功夫，在拓展深度上下功夫，在强化应用上下功夫，以此引领创新发展的思想，激励创新发展的热情，凝聚创新发展的合力，形成创新发展的共识。坚持文化领航，提升企业软实力。强化企业思想文化建设，着力构建以社会主义核心价值观为核心的企业文化理念体系，为推进转型发展、富民兴林提供强大的精神动力和文化支撑。把培育和践行社会主义核心价值观作为凝魂聚气、强基固本的基础工程，广泛开展社会主义核心价值观宣传教育活动，提升文明价值理念。加强企业文化知识的学习培训，渗透企业文化理念。在深入普及企业文化理论的基础上，重点抓好生态文化、和谐文化、廉洁文化建设，不断发掘和拓展企业文化内涵，积极倡导职工共同认可并遵守的富有时代特色的价值观念、思想观念和行为方式。

（二）强化基层组织建设，夯实基础促进发展

要适应新情况、新变化，进一步加强基层党组织建设，以服务型党组织建设统领基层党建工作，创新和完善基层党建工作制度，整合党建资源、形成党建合力，全面提升基层党建工作水平，努力把各项工作目标和任务落实到基层。创新提高基层党组织服务功能。把解决经营发展中的难题作为党组织活动重点，把促进生态文明和转型发展成效作为党组织工作成效的检验标准，把维护企业稳定作为党组织完成工作任务的基本要求。切实加强对党员的经常性教育和管理，不断提高党员的思想政治素质和岗位工作能力，充分发挥党员在生产经营和社会生活中的先锋模范作用。通过党员责任区、党员先锋岗等有效载体，为党员发挥作用搭建平台，使党建工作成为企业发展的内在推动力量。要注意借鉴和运用现代企业管理的科学方法开展党建工作，讲效率、讲效益，使党组织活动真正为企业所需要、为党员所欢迎、为职工所拥护。

（三）强化干部队伍建设，提升能力推动发展

当前，大量的复杂矛盾、大量的民生问题、大量的突发事件、大量的难测因素，随时都在考验着党员干部的胆识、魄力、水平，也随时检验着

各级党组织的威信、能力、形象。必须强化干部队伍建设，提升能力素质，推动企业在克服各种困难中健康发展。重点要加强领导班子建设，提升各级领导班子的整体素质。把思想政治建设放在班子建设的首位，切实提高领导班子成员的思想政治素质和领导水平；加强民主集中制建设，完善议事规则和决策程序，形成团结协作、高效运转的工作机制和管理机制；坚持"以发展论英雄、凭实绩用干部"，切实把那些政治素质好、经营管理能力强的人才选拔到领导岗位上来，努力打造"学习型、实干型、服务型、廉洁型"领导班子，进一步提高各级领导干部谋划发展、统筹发展、优化发展、推动发展的本领。加强党员干部和职工队伍建设，努力营造各类人才发挥作用的良好环境，用共同的理想凝聚人才，用宏伟的事业锻造人才，用激励的机制开发人才，用良好的环境吸收人才。形成优秀党员干部和优秀职工脱颖而出的人才成长环境，从而让每个党员干部和职工自觉成为推进转型、实现跨越式发展的先锋和模范。

（四）强化制度作风建设，清正廉洁保障发展

作风之重，关乎事业成败；作风之要，决定事业成功。习近平总书记指出："贯彻群众路线没有休止符，作风建设永远在路上。"各级党组织要坚持持之以恒，抓好作风建设，努力营造风清气正的良好发展环境。按照习近平总书记关于"三严三实"的要求，着力在提高思想认识上求深化，在巩固已有成果上求深化，在推进专项整治上求深化，在完善制度机制上求深化，切实转变作风，推进党的群众路线教育实践活动常态化。建立干部联系群众的制度，深入群众调查研究，倾听群众的意见和呼声，坚持用群众的观点和立场去处理涉及群众切身利益的问题。加强对贯彻落实作风建设各项规定和改进工作作风情况的监督检查，努力实现作风建设更加好转。切实把好的作风逐渐变成一种常态、一种习惯、一种文化、一种自觉，聚合崇俭抑奢、为民务实清廉的正能量，营造风清气正的好环境。同时，大力推进廉政文化建设，深入扎实开展好廉洁自律教育活动，培养廉洁理念，倡导廉洁行为。通过教育，促进党员干部加强党性锻炼，提高道德修养，在任何情况都能做到稳得住心神、管得住行为、守得住底线，筑牢拒腐防变的思想防线。

党建先行 服务中心

陈　曦

陈曦，女，1964年5月出生。中共党员，东北林学院林学专业毕业，本科学历，营林高级工程师，曾历任内蒙古大杨树林业局纪委审理室主任、工会主席，现任内蒙古大杨树林业局党委书记。

近年来，按照内蒙古大兴安岭森工集团（林管局）党委党建工作的总体部署，大杨树林业局党委紧紧围绕经济建设这个中心，充分发挥党组织的政治引领、主导用人、参与决策、监督保障、凝心聚力、创造和谐、促进发展的政治核心作用，创造性地开展了党建工作，取得了可喜的成绩。2011年，大杨树林业局党委被内蒙古大兴安岭森工集团（林管局）党委评为先进基层党委；2012年，大杨树林业局党委党建工作再向前推进，在全林区综合考评中再次进入优秀行列，为新时期新形势下如何搞好党建工作作出了新贡献。

大杨树林业局党委按照林区"3598"发展战略和林区党建工作"三步走"的战略目标，紧密结合工作实际，围绕中心任务确定党建工作的总体思路："把握一条主线，突出两个加强，夯实6个建设，达到两个提升，实现一个目标。"把握一条主线，就是牢牢把握加强党的执政能力建设、先进性和纯洁性建设这条主线；突出两个加强，就是加强党的思想建设、组织建设、作风建设、反腐倡廉建设、制度建设和加强经济建设、政治建设、文化建设、社会建设、生态文明建设这两个五位一体建设；夯实6个建设，就是建设一个政治素质好、经营业绩好、管理创新好、团结协作好、作风形象好的"五好"领导班子，建设一批政治引领力强、推动发展力强、维护稳定力强、改革创新力强、凝聚保障力强的"五强"党组织，建设一支道德品行优、岗位技能优、工作业绩优、表率作用优、群众评价优的"五优"党员队伍，建设一支有理想、有道德、有文化、有技能、有纪律的"五有"职工队伍，建设一支政治强、业务精、作风好、肯奉献的党务工作者队伍，建设一套适应现代企业制度要求、党组织管理与企业治理结构有机融合、促进企业改革发展稳定的党建工作机制；达到两个提升，就是全面提升党建工作科学化水平，全面提升党组织服务科学发展水平；实现一个目标，就是依托"生态立局，产业富民"的工作思路，建设美丽大杨树，实现"富民兴林"的宏伟目标。

为确保这个总体思路的实现，大杨树林业局党委从发挥党组织的政治引领、主导用人、参与决策、监督保障、凝心聚力、创造和谐、促进发展等7个方面入手，积极发挥政治核心和组织保障作用。总体地讲，就是抓好局、场两级班子建设、抓好两级党组织建设、抓好"三支队伍建设"和党建工作机制建设，进而达到党建科学化水平、党组织服务科学发展水平的提升，最终实现建设美丽大杨树的目标。

一、抓融合，实现双赢

大杨树林业局党委始终坚持党建工作紧扣中心工作、紧贴中心任务来开展，实现两者同频共振、有机融合，达到相辅相成，实现双赢。局党委从全局整体工作着眼，加强思想建设、强化理论武装。通过各种形式的培训，把党的十八大精神，林管局、林业局的工作目标、任务及时传达到全局干部职工中，使他们从思想上重视、意识上认同、行动上遵从，认清国家、林区和林业局的大形势，起到政治引领的作用；把全局干部职工的智慧、力量统一到林业局党委、林业局的发展上来，上下一心，集中精力搞建设。

大杨树林业局的重点工作：保生态、谋发展、促转型、惠民生。在产业发展上，面对林区木材采伐量的锐减，在攻坚之年如何促进发展、实现林区的转型崛起？大杨树蓝莓、榛子如何让职工坚定信心，发展壮大两大产业，实现富民兴林目标？这些重要问题，都需要党组织在政治引领的前提下，从实际工作中加以解决。为此，加强班子、队伍建设，提升班子的凝聚力、战斗力和引领力至关重要；培养党员、干部想干事、会干事、干成事的意识尤为迫切。想干事是一种担当、一种责任；会干事是一种能力、一种素质；干成事是一种本领、一种水平。只有抓好班子，带好队伍，才能起到抓引领、强队伍、增活力、聚民心的作用。除思想引领、政治引导外，局党委始终积极努力地创设各种载体，开展各色创先争优主题实践活动，切实把全局的智慧力量凝聚到林业局的发展建设上来。目前，林业局的主业是护林防火和产业发展，局党委就紧紧围绕这一中心开展党建各项工作。林业局为加大护林、防火的巡护、宣传、检查力度，成立暗访组，深入生态功能区进行明察暗访。局党委积极协助此项工作，增派组织部部长、纪委副书记、监察科长参与到暗访组中，查纪律、查作风、查各基层单位党政工作落实情况，并将检查结果作为年终考评依据，日常检查与年终考核相结合。为扩大蓝莓、榛子种植规模，使之尽早发展成为大产业，取得规模效益，局党委积极做好此项工作的宣传、引导、推广工作。2013 年，向股份私有推广种植 350 亩蓝莓；榛子产业成功实现从试验向股份公司转变，成为林业局又一新的经济增长点。2012～2013 年，大杨树局以股份制形式在农耕地点种植、移植野生榛子苗 554 亩，荒山荒地栽植榛子 2446 亩，根蘖栽植 260 万株。林业局党委书记与副书记随时随地带队到基层调研、抽查。纪委、监察等部门加强监督保障，确保林业局党委政令畅通和各项工作有效落实。几年来，林业局党委始终紧紧围绕中心抓党建，服务中心促发展，达到党政同频共振，实现双赢。

二、抓重点，以点带面

2014 年是林区转型攻坚年、管理增效年和作风转变年。按照森工集团

（林管局）党委、森工集团（林管局）的要求，我们重点抓了以下几方面：一是继续学习宣传贯彻落实党的十八大精神。邀请林区十八大精神宣讲团进行宣讲，副科级以上干部及机关全体工作人员接受十八大精神宣讲教育；局党委举办党的十八大精神培训班，对全局各基层单位党政领导、党员进行轮训；抽调理论骨干，组成以书记、副书记为组长的宣讲组深入到基层管护站对职工进行面对面宣讲；各基层党组织自行组织党的十八大精神学习会、座谈会、研讨会等，准确把握十八大精神精髓，用以指导具体工作实践。二是抓作风建设。局、场两级党组织对党的十八大精神进行再学习、再落实。局党委出台关于转变工作作风的实施细则和严肃工作纪律、整顿工作作风实施方案，成立领导小组。局党委组成督导组，由纪委书记带队，对局机关各科室和全局各基层单位针对工作作风进行督导检查。在实际工作中，局领导、各检查组工作人员到基层单位检查工作都严格执行相关规定：工作餐不讲究排场、不铺张，以吃饱为主，而且午餐决不饮酒。严肃纪律，加强作风建设。三是抓常规，齐头并进。按照林区党建工作的总体要求，局党委党群各部门都制定下发工作要点和考核细则，加强对基层党组织党建工作的指导，使其有章可循、有法可依。根据工作进度，局党委每年定期召开党建工作安排会、推进会和对接会，进一步落实党建各项工作。会后，即下派督导组，由书记、副书记带队，到各基层党组织进行督查、指导。

富民兴林，党建先行。大杨树林业局党委决心以"时不我待、只争朝夕"的紧迫感、"开拓创新、勇争一流"的使命感、"求真务实、与时俱进"的责任感，上下一心，团结一致，为建设美丽大杨树、谱写富民兴林新篇章！

如何密切党群干群关系

——灵空山国家级自然保护区"五度建设"展新容

盖 强

盖强，男，1961 年 2 月生。山西农业大学毕业，高级工程师，中共党员。1982 年参加工作，先后在山西庞泉沟国家级自然保护区、关帝山国有林管局、太岳山国有林管局担任副所长、科长、副局长等职。现任山西省国有林管理局副局长。

2014 年 4 月，中国林业职工思想政治工作研究会国有林场分会成立后，组织开展国有林场改革发展中的思想政治工作调研活动。我在这次调研活动中选择山西灵空山国家级自然保护区思想政治工作"五度建设"活动课题，进行了专题调研，感到收获不小。

一、党支部及干部职工基本情况

灵空山自然保护区从 2002 年 4 月成立至今，两任领导班子在林局党委的领导下，始终以党支部建设为核心，认真贯彻落实党的群众路线，党群干群关系融洽，有力地促进了本单位的建设和发展。灵空山自然保护区管理局有职工 40 名，其中在职 35 名，退休 5 名。在职职工中：干部 15 人，工人 20 人。保护区配备副科级以上在职干部 12 名。灵空山自然保护区管理局党支部共有党员 14 名，其中在职党员 12 名；离退休党员 2 名。支部成员平均年龄40岁，结构合理，年富力强，富有朝气。党支部组织健全，分工明确，配合默契，为做好党的群众工作打下了良好的基础。

二、"五度建设"主要做法

近年来，灵空山保护区管理局党支部提出"以人为本、和谐共建"工作思路，在密切党群干群关系上开展"五度建设"（即"亲和度、情感度、互信度、认同度、融洽度"）活动，实现了"单位和谐稳定，班子团结互敬，职工安居乐业"的目标。

（一）充分发扬民主，在依靠职工中增近与职工的亲和度

保护区党支部主动采取以"满意不满意评选"、"政务公开"、"决策公示"等形式接受职工监督，决策时诚恳咨询请教，部署任务时热心解疑释惑，落实工作时认真倾听意见。同时，探索实行"民主座谈会"、"主要领导与职工民主对话"等行之有效的工作方法，全面推进保护区民主建设，依靠职工自身的力量做好群众工作。在组织职工积极参与民主选举、民主决策、民主管理、民主监督的过程中，始终坚持把民意作为做好全部工作的"第一尺度"，坚持多角度、深层次聚集民意、体察实情，不断扩大职工对重大事务的知情权、参与权和监督权。

（二）多办实事好事，在关爱职工中增近与职工的情感度

他们从具体事情抓起，始终设身处地想职工之所想，耐心细致做好职工工作，依法依规、灵活得体处理各种矛盾，使保护区管理工作既轰轰烈烈、如火如荼，又平安和谐、稳步推进。2010年局址搬迁至郭道时，由于北山原局址条件差，借搬迁的机会职工都想下山，而景区还必须配备足够人员，保护区在安排职工岗位时，触及了很多职工的切身利益，产生了不少矛盾纠纷。针对这些情况，保护区主要领导与每位职工谈心，疏导大家情绪，并针对大家提出的北山生活设施落后，工作环境差的实际问题，经过支部认真研究，采取了三项措施：一是老弱病残职工优先回机关工作，并安排董海庆副局长驻北山管理站与大家共同工作；二是把北山管理站职工生活条件改善作为当年服务职工的头等大事来抓，修缮了水、电、暖设施，改造了职工食堂，接通了宽带、有线，配备了文化体育设施，丰富了

职工的文化生活；三是租赁空置的党家山村旧小学用房，将南山管护站人员、设施整体搬迁出去，解决了管护站职工的吃住行问题。以上措施，妥善平息和安定了职工的情绪，实现了单位的平稳运行。近年来，保护区先后出台《困难职工生活补助办法》、《职工助学管理办法》、《工会救助管理办法》等3项制度，对21人次职工发放生活困难补助、助学补助和工会救助款共计3万余元，解决了部分职工的临时生活困难问题。保护区的党员干部自觉地把党的群众工作体现在为职工办好事、实事的具体行动中，深入开展"同吃、同住、同劳动"活动，让职工感受到实实在在、看得见的利益。

（三）做好思想工作，在教育职工中增近与职工的互信度

党的思想政治工作本质是做好组织群众、宣传群众、教育群众的工作。近年来，保护区党支部用与时俱进的新视角，全面审视保护区的发展实践，提出总体发展目标：以资源保护为核心，以晋升国家级自然保护区为突破口，以打造"造林、封山育林"等精品和亮点工程为抓手，以局址搬迁和管护站改造等民生工程做实留人用人为基础，以门票价格调整为工作重点。为实现总体发展目标，加强景区窗口平台建设，保护区党支部在职工中开展解放思想大讨论，号召大家坚决纠正"思想保守"、"当一天和尚撞一天钟"等与保护区科学发展要求不相符的观念，积极突破思想障碍，不断提高服务职工的质量和水平。特别是在晋升国家级自然保护区这件关系保护区未来发展的大事上，一方面积极宣传自然保护的相关政策，加强舆论引导；另一方面分工到片，深入划入保护区范围内的村屯，耐心细致地做好村民关于集体林地实行资源共管的思想工作，增进了解，最大限度地取得了村民的理解和支持，为有效化解矛盾、维护社会和谐稳定奠定坚实的思想根基。

（四）注重示范引导，在宣传职工中实现与职工的认同度

保护区党支部注重发现和总结先进典型，近年来通过向省林业厅、市（县）林业局推荐，使得15名同志获得了厅、局表彰。保护区在日常管理中，充分运用这些先进典型影响和带动全体职工共同进步，在保护区形成了崇尚先进、学习先进、争当先进的良好风气。在宣传"身边人"、"身边

事"的基础上，保护区党支部结合工作实际，开展争先创优活动，要求党员干部以郑培民、孙建博等时代先锋为学习楷模，以身作则、吃苦在前、享受在后，树立良好形象，通过自身的品德和言行感染职工、教育职工，切实转变工作作风，受到广大职工和周边社区群众的赞扬。

（五）积极开展文体活动，在同场竞技中增近与职工的融洽度

以开展丰富多彩的群众性文体活动为载体，组织和动员职工投入社会主义物质文明、政治文明、精神文明与和谐社会的建设中去，是做好群众工作的重要方法。保护区把着眼点放在提高职工的思想道德和科学文化素质上，通过参与林业局举办的文艺汇演、演讲比赛、乒乓球、篮球等大型群众性文体活动，扩大保护区作为"泰岳林局"窗口形象的影响力，使职工在参与中受到教育、得到提高，坚定了保护区职工建设国家级自然保护区的信念，提升了职工的幸福指数。大力开展环灵空山景区文化沟建设，积极参与周边村镇社区共建等丰富多彩、健康有益的群众性文体活动，充分发挥图书室、体育室和各类活动点在服务职工、教育职工中的作用，密切了干群关系，推进了保护区的各项工作。

三、"五度建设"主要成效

保护区党支部在密切职工关系上开展的"五度建设"活动，极大地促进了保护区的建设和发展。自建局以来，历任保护区领导班子及班子成员在林局开展的各项干部考评考核中，职工满意度均为100%。2010年，灵空山国家级自然保护区被长治市授予"市级平安景区"；2012年，荣获山西省林业厅2010～2012年"争先创优"活动先进基层党支部称号。这些成绩的取得，是全体职工团结奋斗的结果，是领导干部和职工密切协作的结果，也是保护区党支部成员之间密切配合的结果。

（一）保护区发展方向得到有效确立

保护区党支部与全体职工共同研究保护区未来发展方向：一是准确定位自然保护区功能。二是找准当前存在的主要问题和遇到的困难，即管理模式和经济困难的问题。三是寻求破解这一问题的方法和措施，即"塑形象、推晋升、调门票、提待遇、重民生"。这一发展方向得到了全体职工

的支持，也成为保护区密切党群干群关系的一个主阵地。

（二）职工生活条件得到有效改善

近年来，通过支部集体研究，为每个职工宿舍都安装了有线电视，接通了移动宽带；管护站周围全部实现了硬化和亮化、美化；职工食堂进行了改造，职工伙食标准大幅度提高，保证了职工住得下、吃得好、心气足。这样一来，职工的积极性、创造性得到充分发挥，职工与领导班子同进退，有话当面说，有事当面办，形成了上下联动，互通互信的良好党群干群关系。职工对保护区领导班子充满了信任和希望，对能够从事保护区工作感到由衷自豪。

（三）各项重点工作得到有效落实

一是灵空山自然保护区晋升国家级自然保护区的工作取得圆满成功。二是科学研究工作逐步开展。先后进行了党参模拟野外环境试种试验；完成《褐马鸡新分布区野外救护与遗传信息采集》项目及《灵空山保护区野生动物食物饮水补充点建设》项目的申报；完成林业有害生物防治项目的申报。三是完成灵空山景区门票价格调整。四是打造两项精品工程。2011年，灵空山自然保护区圆满完成 14 千米沿线文化沟围栏建设项目和水洞川 290 亩精品造林任务。完成 2000 亩封山育林的围栏、标志牌建设；完成 1000 亩灌改乔造林项目割灌和整地工作；新育油松营养袋苗 25 万株，培育留床苗 4 万株。五是抓好内部管理，确保职工安全。各项制度健全并得以实行，局址、景区、管护站均安装视频监控，进行安全隐患排查，确保职工生命财产安全。六是抓好旅游管理，确保稳定的经济收入和景区安全，实现年门票收入 45 万元。七是抓好宣传和职工文化阵地建设，职工文化生活大幅改善。八是抓好国有林区职工危旧房改造项目。积极配合局危改办沁源组实施 399 户职工危旧房改造异地新建项目，预计该项目能够按计划整体交工。

四、几点建议与启示

一是要加强理论学习，注入理论"正能量"。掌握辩证唯物主义和历史唯物主义，坚定理想信念，统一思想认识，是加强班子团结、做好一切工作的政治思想理论基础。保护区领导班子要经常开展理论学习活动，建议每周组织职工进行一次集中学习，通过学习不断提升领导干部和职工自身素质。二是要深入开展调查研究，畅通职工言路，架起党群"连心桥"。采取"蹲点"调研，与职工"拉家常"以及座谈交流等形式，深入管护站一线，对单位林业工程项目实施、森林旅游事业等工作进行全程跟进，切实改变底数不清、情况不明、信息不畅的状况。要与职工同吃、同住、同劳动，形成常态化，与职工点对点、心贴心的进行沟通，化解职工心里的"疙瘩"。对涉及职工切身利益的重大决策，广泛论证，征求职工意见，公开接受职工的评议和监督。三是要有一套严密、科学、管用的干部直接联系职工的工作制度。要结合新时期社会管理的要求，因地制宜，不断创新群众工作的方式方法，用熟悉职工的干部去做工作、用职工听得懂的语言去做工作、用职工能够接受的方法去做工作，确保做好每一位职工每一次发生思想疙瘩的思想工作。

国企党建如何实现创新发展

白文喜

白文喜，男，蒙古族，1963 年 5 月出生，1990 年毕业于中国政法大学法律系，中共党员，高级政工师。1982 年参加工作，历任得耳布尔林业局党委宣传部干事、森工集团（林管局）团委办公室主任、木材处办公室主任，信访处副处长、处长。2014 年 6 月任内蒙古莫尔道嘎森林工业有限公司党委书记。多次荣获内蒙古自治区级、森工集团（林管局）级先进个人、优秀共产党员等荣誉称号，被内蒙古自治区国资委评为创先争优"四优"共产党员。

党的十八届三中全会明确提出要创新基层党建工作，健全党的基层组织体系，充分发挥基层党组织的战斗堡垒作用，引导广大党员积极投身改革事业，发扬"钉钉子"精神，抓铁有痕、踏石留印，为全面深化改革作出积极的贡献。作为国有企业党建工作，也应在创新发展方面有所作为，以党建工作的创新，推进企业发展的创新。那么，国有企业党建工作如何创新发展呢？

第一，要在组织建设上力求创新，大力提升基层组织的战斗力。多年来，基层党组织建设始终是企业党建工作的基础，是培育企业活力和创造力的基地。国有企业创新基层党组织建设，可从 3 个方面入手：一是创新组织设置，确保党的组织和党的工作全覆盖。要积极适应企业转型发展的新变化，适应产业调整、行业分工、党员流向的新变化，因地制宜、灵活多样地推进党组织的设置。不断扩大党的组织覆盖和工作覆盖，确保哪里有党员，组织活动就开展到哪里，进一步提高党的工作的辐射力和影响力，实现"有形覆盖"和"无形覆盖"的统一。要本着便于参与、功能实用的原则，突出建好集信息服务、学习培训、开展活动于一体的基层"党员之家"，加强党员活动阵地建设。要积极适应信息化发展趋势，充分利用互联网、手机等新兴传播媒体，拓展基层党建工作渠道阵地。进一步改革完善以党组织为核心的基层组织架构，改变过去党组织和行政组织机构分设的做法，根据企业行政机构的改革和变动，及时和相对应地建立党组织，做到基层党组织与企业行政机构同步研究建立，同步检查评比，同步表彰奖励。要切实发挥基层党组织的政治引领作用，深入开展好基层一线的党员活动，让广大一线职工了解国情、区情、林情，牢牢把握企业发展目标和发展动态，充分调动工作热情和积极性，更好地推动企业科学发展。二是创新选人用人机制，高度重视基层党组织带头人建设。要切实加强基层党组织书记队伍建设，完善选拔机制、拓宽选拔渠道，采取"两推一选"、组织选派等多种方式，把那些党性强、能力强、服务意识强的人充实到基层领导岗位上来，为抓好基层党建工作提供强有力的支撑和保障。要持续深入开展"绿海党旗红"书记创新工程，不断健全和完善基层党组织书记抓基层党建工作，强化各级党组织抓党建工作的责任，发挥好优秀基层组织的示范引领作用。三是创新党建工作思路，推动基层服务型党组织建设。要深刻把握"服务型"的内在要求，把工作重心转到服务改革、服务发展、服务民生、服务群众、服务党员上来，使服务成为基层组织建设的鲜明主题。要积极拓展和完善各领域基层服务型党组织建设的途径和形式，以职工群众满意为根本标准，紧紧围绕广大职工群众的迫切需求和实际困难，进一步优化组织设置，扩大组织覆盖，不断健全完善服务体系，切实提高基层党组织服务发展、服务民生、服务群众、服务党员的能力，推动基层党建整体水平不断提高。

第二，要在队伍建设上力求创新，大力提升党员干部的执行力。国有企业党建工作要认真落实党管干部、党管人才的职责，重点抓好3个队伍建设：一是抓好干部队伍建设。始终坚持党管干部原则，坚持正确用人导向，注重在基层锻炼发现干部，在一线培养使用干部，尤其要注重培养高素质的复合型人才。进一步深化干部人事制度改革，坚持德才兼备、以德为先，注重实绩、群众公认，按照民主、公开、竞争、择优方针，加大竞争性选人用人力度。加强对重要部门、关键岗位、机关和基层、单位之间干部的交流，特别加强党政领导干部的岗位交流。二是抓好党员队伍建设。严格按照"控制总量、优化结构、提高质量、发挥作用"的总要求，坚持有计划、有步骤地发展党员，重视从生产一线、少数民族和妇女职工中发展党员，优化党员队伍构成，提高发展党员质量。要严格党内组织生活，健全党员能进能出机制，认真落实党员党性定期分析和民主评议制度，出台处置不合格党员的指导性意见，疏通出口、纯洁队伍、健康机体。强化党员日常管理，抓实"三会一课"、党员活动日、民主生活会等党内组织生活制度，加大对专职党务干部、新任党务干部和党支部书记的培训力度，组织培训测试，确保培训效果。继续在党员中开展"三实三比三服务"竞赛和党员示范岗位等活动，大力推动党员作用的发挥。要按照明确责任主体、分类管理服务、多方协同配合的要求，改进对流动党员的管理。加强对老党员和生活困难党员的帮扶，增强他们对党组织的归属感和荣誉感。健全党员立足岗位创先争优长效机制，激发党员投身改革、建功立业的内在动力，为企业转型发展作出积极贡献。三是抓好人才队伍建设。健全党管人才领导体制和工作格局，发挥党组织在人才工作中的核心领导作用。一方面针对企业"三高"人才短缺的问题，紧扣企业发展需要，逐步建立企业技术人才库、技能人才库和管理人才库，形成企业"事业留人、待遇留人、感情留人"的激励机制；另一方面完善职工培训制度，加强中青年管理人员的培养，不断扩大后备干部的储备，并实行动态管理、择优聘用。重点要加强对专业人才、新分配大学生的培养，为专业管理岗位培育后备人才。

第三，要在文化建设上力求创新，大力提升企业内部的凝聚力。企业文化是现代企业的核心竞争力和凝聚力，加强企业文化建设是党建工作的一项重要任务。因此，我们应把企业文化建设作为国有企业党建工作的有效延伸，使企业文化建设成为培育企业团队精神的重要载体，以企业文凝聚员工，宣传企业。重点应抓好3项工作：一是更加注重对职工群众的培训教育。把提高职工队伍素质作为加强企业文化建设，提升核心竞争力的必然途径，有针对性地开展职工培训活动，不断增强职工对企业的认同感和归属感，从而增强企业的凝聚力和竞争力。二是更加注重企业文化的创新。不断推动文化创新，更新思想观念、更新经营理念，使企业文化所展现出来的导向力、凝聚力、创造力、创新力和约束力等得到进一步提升和延伸，成为引领企业科学发展的有效推手。三是更加注重企业文化内涵的挖掘。积极发挥企业文化优势，大力挖掘森林旅游文化、林区生态文化、林区民俗文化、民族风情文化和地域特色文化等文化内涵，全力打造"中国最令人向往的地方"和"南有西双版纳，北有莫尔道嘎"等文化品牌。四是更加注重和谐企业文化的培育。通过开展一系列群众性文体活动和送温暖、送关怀活动，让广大职工群众切实感受到企业这个"大家庭"的温暖与和谐，不断强化职工群众对企业的归属感和认知感，大力提升职工群众的幸福指数。五是更加注重与党建活动的结合。坚持把企业文化建设作为党建工作的切入点，把党的活动同创造特色党建文化、营造健康向上的环境氛围融为一体，充分发挥文化的影响力和凝聚力。要使党建文化在基层党组织建设中发挥独特的作用，使广大党员在党建文化的熏陶下产生思想凝聚力、催生行为约束力、提升热情爆发力、增强工作创造力。与此同时，我们还应该积极引领和倡导"红色文化"、"廉洁文化"等多种文化形式的发展，进而推动和促进企业两个文明建设的同步发展，为企业的又好又快发展提供强有力的保障与支持。

国有企业党建工作虽然不是新课题，但在新时期却有着新的内涵和新的要求。作为企业党务工作者，必须坚持科学发展观，以勇于改革的精神，不断增强党建工作自主创新的能力，不断探索新形势下企业党建工作的新途径和新方法，为企业的快速和谐发展，提高强大的推动力。

精神文明建设篇

以"善行呼中"为载体大力培育和践行社会主义核心价值观[*]

张瑞杰

张瑞杰，女，1969 年 5 月出生。本科毕业于哈尔滨师范大学中文系，中共党员，教授级政工师。曾任黑龙江省大兴安岭呼中区妇联科员、妇联副主席、妇联主席，呼中区纪委副书记。现任大兴安岭呼中区委常委、宣传部长。

党的十八大明确提出："倡导富强、民主、文明、和谐，倡导自由、平等、公正、法治，倡导爱国、敬业、诚信、友善，积极培育和践行社会主义核心价值观。""三个倡导"言简意赅、内涵丰富，凝练地概括了国家价值目标、社会价值取向和公民价值准则，既继承中华传统文化的精髓、又顺应当今时代发展的要求。为了培育和弘扬社会主义核心价值观，呼中区以"善行呼中、美在大岭"主题活动为载体，开展各具特色的社会主义核心价值观的教育实践活动，注重在落实上狠下功夫，推动了社会主义核心价值观"内化于心、外化于行"，在呼中大地上广泛传播、生根发芽，初步形成了善意浓浓、善心涌动、善行如潮、善曲高奏的生动局面。

* 本篇荣获中国政研会（中宣部）2014 课题研究优秀成果三等奖。

创新宣传教育方法，增进对社会主义核心价值观的认知认同。习近平总书记强调："把培育和弘扬社会主义核心价值观作为凝魂聚气、强基固本的基础工程。要利用各种时机和场合，形成有利于培育和弘扬社会主义核心价值观的生活情景和社会氛围，使核心价值观的影响像空气一样无所不在、无时不有。"培育和践行社会主义核心价值观，宣传教育应先行。呼中区积极创新方法手段，采取传统媒体和新兴媒体相结合的宣传方式，占领电视、街头、网络"三个阵地"，在全区叫响"三个倡导"、"24个字"的基本内容，引导人民群众对社会主义核心价值观的认知认同。一是广播电视开设专题。每天电视字幕滚动播出核心价值观的基本内容或宣传标语，播放主题突出、创意新颖、内涵丰富、群众喜闻乐见的公益广告片。开设"社会主义核心价值观"专栏，传播践行核心价值观的"好声音"、"好故事"、"好榜样"，将社会主义核心价值观的价值追求和文化魅力深深植入广大人民群众心中。二是筑牢网络阵地。在呼中政府网首页显著位置长期悬挂公益广告，开通呼中宣传部微信平台、运用呼中吧，宣传社会主义核心价值观基本内容的公益广告，用社会主义核心价值观引领网络传播。通过多层次、全方位宣传教育，使社会主义核心价值观的内容和要求家喻户晓、人人皆知。三是制作公益广告牌。在人员密集的休闲广场、各镇主要街道重要地段、公交站点、LED显示屏、建筑墙体、文化长廊等地设立公益广告牌，把公益广告做到群众身边，以生动形式诠释社会主义核心价值观，使社会主义核心价值观在街头巷尾随处可见，增强传播力和感染力，形成街头正能量，让人们在潜移默化中感悟社会主义核心价值观。

丰富实践活动载体，促进社会主义核心价值观知行合一。习近平总书记指出："一种价值观要真正发挥作用，必须融入社会生活，让人们在实践中感知它、领悟它。"社会主义核心价值观的生命力在于实践。呼中区从最能引起广大群众内心共鸣的"善"入手，今年在全区开展"善行呼中、美在大岭"主题实践活动，使全区人民群众从自己做起、从身边做起、从平凡事做起，积极参加道德建设，引导人们在实践中深化对核心价值观的理解。一是坚持以中华文化经典感悟教育培养人。培育和践行社会主义核心价值观要从中华优秀传统文化中充分汲取思想道德营养。结合"三个倡导"基本内容，以春节、清明节、端午节等"我们的节日"为契机，开展中华文化经典诵读、传统节日民俗和文体娱乐活动，用中华传统文化滋养人们心灵、陶冶道德情操。以"邻居节"活动为契机，在社区广泛开展"互帮互助、以德相邻、共创文明"、"邻里一家亲，同心建和谐"等符合居民实际的群众性、娱乐性的"邻居节"特色活动。以群众为主体，广泛开展"放歌新呼中，舞动中国梦"为主题的广场文化演出，组织"歌颂呼中·赞美家乡"主题征文活动，连续4年在全区各级领导干部、职工、学生中开展"松香伴书香、香飘新呼中"全民读书活动，通过活动陶冶和培育职工思想情操，增强职工的价值认同和践行能力。创作文艺精品。呼中区充分运用文学、美术、书法、摄影、歌曲等形式记录、展现、颂扬、传承呼中人的真善美，文艺工作者创作诗歌、散文、小说100多篇，出版张万和《诗画呼中》摄影集、孙宝山《孙宝山书法集》、呼中区一小博雅画苑出版《绽放》，通过这些文艺作品，用形象化、艺术化的方式，向社会阐释社会主义核心价值观的精髓和要义，用强大的正能量唤起全社会践行社会主义核心价值观的共识和自觉，努力做到"以文润人、以文育人"。二是坚持推进志愿服务常态化制度化。开展志愿服务是创新社会治理的有效途径，是培育和践行社会主义核心价值观的重要步骤，是加强新形势下精神文明建设的有力抓手，是破解联系群众"最后一公里"的战略举措。坚持党员领导干部带头。出台了《关于在处级领导干部和基层单位党政负责人中开展"阳光帮扶行动"实施方案》和"服务接力8+8活动"，区局主要领导率先垂范，带头参加志愿服务活动，27名处级领导干部和120余名基层单位党政负责人、机关各科室负责人采取"一帮一"的形式，帮助150余户贫困家庭解决了生产、生活困难问题400余件。全区共建立志愿者服务队20支、共计4500多人，分别来自医疗、供暖、供水等23个战线，注册志愿者占建成区比例的12%。同时基层单位先后开展了助学、助困、助老、助残、保护环境等各项志愿服务活动共180余次，组织开展了"洁净社区庭院共建美好家园"、"真情关爱老年人免费理发进社区"等群众耳熟能详的志愿服务活动。50余名志愿者与30名高龄空巢老年人长期结成帮扶对子，20 余名志愿者长期帮扶 15 个残疾困难家庭，通过开展"爱心妈妈"、"代理家长"等活动，100 余名志愿者对 40 余名留守儿童给予长期亲情陪护。宏伟镇"365 志愿服务"活动，绘制"民情地图"，建立"民情档案"，记录"民心日记"，发放"365 志愿服务卡"，实现志愿服务 365 天常态化。目前党员干部参加志愿服务蔚然成风，有力地推动了社会主义核心价值观内化于心、外化于行。三是坚持培育先进典型。典型的力量是无穷的，道德模范和身边好人推荐评选，是独具特色的核心价值观教育实践活动。近年来，呼中区开展了"我推荐、我评议身边好人"活动，深入开展"道德模范"、"身边好人"、"诚信之星"、"孝德之星"、"感动人物"等评选活动，层层举办"我的价值观 我的中国梦"百姓故事会、"道德讲堂"，将体现我区良好道德风尚的道德模范、身边好人搬上讲坛、走进荧屏，用小故事阐发大道理，用身边事教育身边人，让群众讲述身边的好人好事，大力宣传基层的"凡人善举"，培育更多的"平民英雄"，不断拓展活动层面和深度，实施"一个道德模范塑造一个品牌、带动一个群体"的道德模范群体培育模式，让"典型效应"变成"群体效应"。去年以来共举办先进事迹宣讲 12 场，呼中区有 2 人入选"中国好人榜"，8 人入选"黑龙江好人榜"。同时在百米文化长廊建立"呼中好人榜"，通过图片集中呈现呼中好人的道德事迹，为全区人民践行社会主义核心价值观提供一个鲜活的样本平台。目前先进典型已成为引领全区干部群众践行社会主义核心价值观的航标，带动广大干部学先进、淡名利、比贡献、促发展，引领全区人民崇德向善、见贤思齐，凝聚强大社会正能量。四是深化群众性精神文明创建活动。群众性精神文明建设可以吸引群众广泛参与，是培育和践行社会主义核心价值观的重要途径之一。在行业企业突出"诚实劳动，诚信经营"创建，营造守信光荣、失信可耻的氛围；在机关突出"讲道德、重品行、转作风、提效能"创建，进一步树立为民务实清廉的形象；在学校突出"爱学习、爱劳动、爱祖国"主题活动，举办"放飞梦想"读书演讲赛、诵读国学经典大赛等活动，增强广大青少年的社会责任感；在每个家庭大力弘扬孝敬、勤劳、节俭等传统美德，努力营造敬老爱老、劳动光荣、浪费可耻的浓厚社会氛围。通过深化创建活动让广大群众在参与中提升道德素质、培育文明风尚。

健全完善机制，为社会主义核心价值观贯彻落实提供保证。习近平总书记强调："要发挥政策导向作用，使经济、政治、文化、社会等方方面面政策都有利于社会主义核心价值观的培育。各种社会管理要承担起倡导社会主义核心价值观的责任，注重在日常管理中体现价值导向，使符合核心价值观的行为得到肯定、鼓励，使违背核心价值观的行为受到制约、惩罚。"培育和弘扬社会主义核心价值观，需要党和政府推动，全民参与，形成长效机制。一是加强组织领导。出台了《2014年全区组织推动培育和践行社会主义核心价值观工作实施方案》，成立了以区局主要领导为组长，党政齐抓共管，宣传部门牵头、有关部门各负其责、社会团体积极配合、各方面广泛参与的领导机制和工作格局，确保培育和践行社会主义核心价值观活动扎实有效开展。二是建立考核评价机制。将社会主义核心价值观纳入呼中区经济社会发展规划，纳入精神文明建设考评体系，纳入各级领导班子目标绩效考核，纳入党员干部教育培训计划，特别要强调广大党员干部要率先垂范，立德、立学、立言、立行。制定《公民道德基本规范》、《文明居民守则》等制度，将社会主义核心价值观的基本内容体现到居民公约、学生守则等各类工作规范和职业规范之中，用制度规章的约束手段，使社会主义核心价值观转化为人们日常工作生活的行为准则，强化核心价值观内在与外在的约束力。三是建立好人表彰帮扶机制。呼中区对评选出的道德模范、十佳公仆、文明家庭等先进典型，通过召开表彰大会的形式进行大张旗鼓地表彰奖励，同时制定呼中好人的关爱机制，出台《呼中区帮扶困难道德模范实施办法》，每年春节期间区局都慰问道德模范，推动形成好人好报、善有善报的正向机制，形成崇德向善、见贤思齐的社会氛围。

机关后勤工作的核心价值观

——为机关广大干部职工多办实事办好实事

乔国正

乔国正，男，1967 年 5 月出生。武汉大学哲学系毕业，现任国家林业局机关服务局党委办公室副主任。自述：六十年代生人，上学、工作，一路走来，人生经历简单而平实。喜欢踏踏实实工作，简简单单生活。

党的十八大以来，中央高度重视培育和践行社会主义核心价值观。习近平总书记多次作出重要论述、提出明确要求。中央政治局围绕培育和弘扬社会主义核心价值观、弘扬中华传统美德进行集体学习。中共中央办公厅下发《关于培育和践行社会主义核心价值观的意见》。党中央的高度重视和有力部署，为培育和践行社会主义核心价值观指明了努力方向，提供了重要遵循。对于机关后勤工作而言，围绕培育和弘扬社会主义核心价值观、自觉践行社会主义核心价值观，审视和把握机关后勤工作，明确职能定位和价值取向，明确主要任务和工作目标，最终明确为机关广大干部职工办实事就是做好机关后勤工作的核心所在。

一、机关后勤工作的核心价值观是由机关后勤工作的根本宗旨决定的

新中国成立以来，我们始终坚持机关后勤工作为党和国家中心工作服务的根本宗旨，本质上就是在坚持马克思主义群众观点和践行社会主义的核心价值观。党的十一届三中全会以后，我们党及时把工作重心转移到了经济建设上来，这是根据我国处于并将长期处于社会主义初级阶段的基本国情，以及人民群众日益增长的物质文化需要同落后的社会生产之间的矛盾这一社会主要矛盾，作出的必然选择。党的十八大提出，倡导富强、民主、文明、和谐，倡导自由、平等、公正、法治，倡导爱国、敬业、诚信、友善，积极培育和践行社会主义核心价值观。古人也曾讲到：仓廪实而知礼节，衣食足而知荣辱。只有经济持续发展了，社会物质财富增加了，人民生活水平提高了，才谈得上代表了广大人民群众的利益，满足了广大人民群众的愿望，才能凝聚起广大人民群众的强大力量，才能更好地践行社会主义核心价值观。既然党和国家的中心工作是经济建设，那么我们为党和国家的中心工作服务，也就是为广大人民群众服务，为社会主义核心价值观服务。所以，李克强总理要求我们"为机关高效运转服好务，进而为经济社会管理服好务，为人民群众服好务"。只有从这个政治高度来认识，才能深刻把握马克思主义群众观和社会主义核心价值观对机关后勤工作的指导意义和引领作用，才能保证机关后勤工作始终坚持正确的政治方向。

二、机关后勤工作的核心价值观是由机关后勤工作的行为属性决定的

机关后勤工作具有鲜明的政治性和经济性，与国家利益、部门利益和职工利益密切相关，其既是机关工作的重要组成部分，为机关高效运转提供物质保障，也是践行社会主义核心价值观、实现国家意志的重要手段。从本质上讲，机关后勤工作是对机关内部事务进行计划、组织、协调、控制的行政管理活动，属于内部行政行为，涉及行政职能、组织结构、管理层级、人员编制、资源配置等重要内容。重点要解决结构与规模、数量与质量、需求与供给、公平与效率等方面的矛盾，目标是用最少的财政资源投入，产生最大的服务保障效益。它与负责经济调节、市场监管、社会管理和公共服务的外部行政行为一道，构成了行政行为的全部内容。改革开

放以来，特别是近年来，随着经济社会发展，机关后勤工作正逐步从幕后走到了台前，越来越多地成为广大干部职工关注的重要话题，越来越多地具有了"外部性"和"社会性"的特征。这就要求我们在具体工作中，要把"群众利益至上"和"公共利益第一"作为职业道德忠诚和道德追求的主要对象。通过服务保障工作，一方面保障机关正常运转，促进社会财富增长；另一方面，提高机关工作效率，维护社会公平正义，践行社会主义核心价值观。只有从这个理论深度来认识，才能牢牢把握机关后勤工作与马克思主义群众观和社会主义核心价值观的根本联系，才能找准推动机关后勤工作科学发展的出发点和落脚点。

三、机关后勤工作的核心价值观是由机关后勤工作的职能演变决定的

在计划经济时代，机关后勤工作主要是对内提供后勤服务保障，与人民群众和经济社会发展的直接关联较少。改革开放以来，机关后勤部门被赋予了更多的职能，与公民和企业以及社会组织的联系越来越直接、关系越来越密切。比如，在机关后勤部门社会化改革过程中，按照上级业务主管部门的要求，我们进行了后勤服务经营单位转企改制，引进了社会服务，对于促进第三产业发展、缓解社会就业压力发挥了积极作用；在公共机构节能工作中，我们始终在机关倡导节能环保，降低能源资源消耗，对于发展循环经济、建设节约型社会发挥了积极作用；此外，在公务接待管理、职工住房保障、公积金管理、孩子入托上学等很多方面，都与经济社会发展和广大干部职工的利益密切相关。只有从这个时空维度来认识，才能全面把握新时期机关后勤工作与马克思主义群众观和社会主义核心价值观的内在关系，才能充分发挥机关后勤工作在生态林业民生林业建设和机关服务保障中的积极作用。

四、机关后勤工作的核心价值观是由机关后勤工作的外部环境决定的

当前，机关后勤工作的外部环境已经发生了深刻而巨大的变化。随着经济社会的快速发展、居民收入的不断增加，人民群众对过上美好生活的

向往和对中国梦的追求，成为当下中国百姓的共同心愿，坚持以人为本，尊重群众主体地位，关注人们利益诉求和价值愿望，促进人的全面发展等，对党和政府的各项工作，包括机关后勤工作，提出了新的更高的要求。如何更好地为机关服务，提高工作效能，保障职能充分履行，降低机关运行成本，成为摆在机关后勤人面前的重大课题。2014 年以来，我国经济运行的困难和挑战增多，财政收支面临巨大压力。这些都要求我们必须认真贯彻和落实好中央的八项规定，学会过紧日子，精打细算、增收节支、倡俭戒奢，把省下来的钱更多地用在改善民生上，切实以厉行节约为抓手，以务实高效、清正廉洁为原则，更好更大地发挥后勤工作在密切党群关系、建设广大干部职工满意的机关后勤等方面的作用。只有从这个角度来认识，才能准确把握新时期机关后勤工作与马克思主义群众观和社会主义核心价值观的必然联系，才能找准机关后勤部门的科学定位和机关后勤工作的正确路径。

"富强、民主、文明、和谐"，是我国社会主义现代化国家的建设目标，也是从价值目标层面对社会主义核心价值观基本理念的凝练，在社会主义核心价值观中居于最高层次，对其他层次的价值理念具有统领作用。正如习近平总书记所言："检验我们工作的成效，最终都以看人民是否真正得到了实惠，人民生活是否真正得到了改善，这是坚持立党为公、执政为民的本质要求，是党和人民事业不断发展的重要保证"。机关后勤部门只有把为机关广大干部职工办实事作为自己工作的出发点和落脚点，只有把"情"字贯穿于后勤服务保障工作的始终，才能正确地把握马克思主义的群众观，才能科学地践行社会主义核心价值观，才能更好地服务于建设生态林业民生林业的工作大局，机关后勤工作才能乘风破浪，大有作为。

点亮道德明灯　建设大美兴安

——创新培育和践行社会主义核心价值观途径调研

李忠伟

李忠伟，男，1980 年 12 月出生。中共党员，毕业于哈尔滨师范大学汉语言文学系，现任黑龙江省大兴安岭地区党委宣传部办公室副主任科员。从 2007 年开始，撰写的论文《突出发展主题，明确发展重点，扎实推进经济社会又好又快发展》、《弘扬生态文化，推进生态文明，奋力实现文化大区向文化强区跨越》等，在《奋斗》刊物发表；《关注民生，维护稳定，超常规化解信访积案》等 20 余篇经验材料在全省交流；《"五大文化"品牌，助推文化与旅游大融合大发展》在中宣部举办的文化产业培训班作经验交流。

　　道德是立身之本、为政之要、立国之基，培育和践行社会主义核心价值观必须充分认识道德的基础地位和作用，创新组织推动培育和践行社会主义核心价值观的方法和途径，才能更好地焕发出社会主义核心价值观兴国之魂、精神之"钙"、力量之源的地位和作用。近年来，作为全国重点国有林区，大兴安岭立足林区生态建设、经济转型、深化改革、改善民生的发展重点，深入组织开展"德润兴安，美在大岭"主题道德实践活动，全力探索、创新培育和践行社会主义核心价值观的新方法、新途径，引导人们在推进林区经济社会更好更快发展中立德行善，弘扬文明新风，有力地为全区深入实施"把资源管起来，让百姓富起来"发展战略，加速推进绿色兴安、平安兴安、富裕兴安、幸福兴安建设，提供了强大的精神动力、思想保证和道德支撑。

一、以"德润兴安，美在大岭"为主题，全面探索培育和践行社会主义核心价值观的新途径

正确的表达方式才能传达打动人心的思想观念，合适的践行路径才能承载涵养心灵的精神取向。在深入开展"德润兴安，美在大岭"主题道德实践活动中，突出"践行"特色，扩大社会影响，让社会主义核心价值观真正成为社会的主流价值观和主导价值观。

突出群众主体，在社会主义核心价值观目标追求上形成共识。人民群众是践行社会主义核心价值观的主体，培育和践行社会主义核心价值观，群众认同是前提。活动中，大兴安岭地区印发了《"德润兴安，美在大岭"主题实践活动实施方案》和《组织推动培育和践行社会主义核心价值观工作方案》，将解决群众关注的重大问题作为培育和践行社会主义核心价值观的持久动力。关注群众道德诉求，突出抓好同人民群众生活关联度高、社会关注度高的食品行业、窗口行业、公共场所和社区等重点治理领域，开展"诚实劳动、诚信经营"、"文明餐桌"等行动，城市交通、社会治安、市场秩序、环境卫生等专项整治，"四心社区"、"四在农家"、"十星级文明户"等群众精神文明创建活动，汇聚形成培育和践行社会主义核心价值观的强大合力。

强化典型引领，营造社会主义核心价值观善行如潮的正效应。榜样的力量是无穷的。先进典型人物的理想信念、精神境界和道德情操，生动诠释了社会的主流价值。工作中，大兴安岭全力发掘群众身边的好人、群众中的雷锋，深入开展了"感动兴安"、"十佳公仆"、"我推荐我评议身边好人"、"寻找身边的美"、"最美兴安人"、"道德讲堂"等主题活动。3年来，一大批典型人物先后涌现，边防战士郜忠利以见义勇为类第一名荣获第三届全国道德模范；优秀森警士兵马日史初荣获全国武警森林部队第二届"绿色卫士"、全军和武警部队百名好班长新闻人物、全军学雷锋先进个人，并当选"感动龙江"年度人物；北极边防派出所民警贾晨祥荣获

全国公安边防部队"十大边防卫士"荣誉称号，并荣登中国好人榜；26年如一日坚守三尺岗台的公安交警牟清元作为全省"时代楷模"和"最美人物"人选被推荐到中宣部，其家庭荣获"全国最美家庭"提名奖，等等，这些典型对培育和践行社会主义核心价值观提供了重要的导向作用，不断在全社会形成倡导崇德向善的良好社会风尚。

建立长效机制，形成社会主义核心价值观常抓不懈的大格局。培育和践行社会主义核心价值观是一个系统工程、长期工程，需要全党全社会共同努力、坚持不懈。在"德润兴安，美在大岭"主题实践活动中，大兴安岭注重常态化、长效化机制建设，建立健全了党委统一领导、宣传部门组织协调、有关部门各负其责、全社会积极参与的领导体制和工作机制，强化对各县（区）局工作情况考核。尤其是注重把社会主义核心价值观建设纳入经济社会发展总体规划，成立了地区互联网信息办公室、配备了专职人员，建立健全了舆情研判机制，及时了解掌握基层群众的思想动态、行为变化，切实增强社会主义核心价值观建设的针对性和有效性。修订完善了村规民约、职业规范、学生守则，使部队、机关、企业、社区、学校等不同人群的行为有所依从，使社会主义核心价值观真正成为人们思想的罗盘、坐标和行动的指南。

二、着力实施"四大工程"，掀起组织推动培育和践行社会主义核心价值观高潮

按照中央、省、地方培育和践行社会主义核心价值观的部署要求，确立了文明新风培育、社会服务优化、城乡清洁、生态环境改善四大工程，不断激发全区广大干部群众投身林区小康社会建设的强大动力。

以开展志愿服务活动为重点，实施文明新风培育工程。志愿服务精神是社会主义核心价值观的生动体现，是激发广大干部群众践行社会主义道德规范最有号召力的精神旗帜。在"德润兴安，美在大岭"活动中，在大兴安岭全地区成立了32个部门参加的大兴安岭地区志愿者协会、地区志愿服务总队和县区局志愿服务大队，组建了16支、16277人的地区专项志愿服务支队。创新志愿服务项目有效对接机制，在全地区41个社区全部

建立了志愿服务项目库，与群众需求有机结合，对接成功率97.41%。成功打造了"十百千万"关爱留守儿童行动、"关爱山川河流，建设大美兴安"等志愿服务活动品牌，涌现出了以"全国十大民间禁毒人士"、"全省十佳志愿者"和无偿献血协会为代表的一批优秀志愿者和优秀志愿服务组织，大兴安岭志愿服务工作测评位居全省第二名，志愿服务工作项目对接经验在中国志愿服务联合会培训班上进行经验交流，并得到刘琪会长的高度肯定。

以诚信体系建设为重点，实施社会服务优化工程。诚信建设是社会主义核心价值观的基础。活动中，大兴安岭以"诚实劳动、诚信经营"创建为载体，在企业开展了"诚敬做产品"活动，在商场、集贸市场开展了创建"诚信经营示范店"活动，评选出地级诚信示范企业17户，省级诚信示范企业13户，加大诚信宣传，倡导诚信理念，增强公民诚信意识。同时，以开展道德领域突出问题专项教育和治理活动为突破口，建立诚信考评机制，定期组织人大代表、政协委员、劳动模范、道德模范、优秀志愿者等深入食品药品企业、窗口单位、公共场所对企业信用、窗口服务、公众道德进行明察暗访，对不按规定明码标价的22个经营业户，进行了当场处罚，将一些典型失信案件在地区相关媒体网站予以曝光，使诚信在林区经济社会发展中价值选择、唤起态度、指引行为方面发挥了主流作用。

以环境卫生治理为重点，实施城乡清洁工程。把社会主义核心价值观融入到国民教育和精神文明建设过程，关键是要增强用社会主义核心价值观统领环境建设意识，加大培育和践行社会主义核心价值观在文明城市测评中的权重，把群众反响强烈、难治理、易反复的环境卫生问题作为重点治理对象，让群众在受益中为培育和践行社会主义核心价值观注入持久动力。活动中，大兴安岭进一步健全和完善以专业部门和专业队伍管理为主体，以单位和居民实施周边环境责任制为保证，以群众义务劳动和志愿者义务献工为补充，以必要物质投入为条件的环境建设长效管理机制，把"春风"、"春绿"、"夏净"、"秋扫"等行动开展情况、基础设施建设情况、群众满意度调查3方面作为考核内容，重点对12个县（区、局）的城乡结合部、铁路公路沿线、背街小巷、死角死面、居民小区、建筑工地、主次街路两侧"三土"和乡（镇）林场、村屯的环境等进行了明察暗访，对存在的 100 余个问题下发整改通知单，限期整改。2014 年，全区共出动人员 39.3 万人次，清理垃圾 63.69 万 m^3、非法小广告 24256 处，拆除不规范广告牌匾 1713 处，城乡面貌得到明显改观。

以生态文明建设为重点，实施城乡生态环境改善工程。作为全国重点国有林区，服务生态文明建设是培育和践行社会主义核心价值观的题中应有之义。活动中，编制了大兴安岭生态文明建设规划，以创建全国生态文明建设示范区为目标，重点开展生态文明教育、文明生态环境优化工程，以全国生态文明教育基地—漠河县北极村国家森林公园和各级各类自然保护区为依托，利用各级党校、公民文明学校、中小学校等教育阵地，采取举办知识竞赛、培训班、新闻宣传等形式，广泛开展保护生态、爱护环境、节约资源宣传教育活动，引导林区广大干部群众懂得生态保护的重要性，树立起正确的生态价值观和道德观。同时，深入开展绿化美化活动和农村环境集中整治行动，以"春绿"行动、"冬植"行动、植纪念树、造碳汇林、绿地树木认建认养等活动为抓手，打造一批绿色公建群、绿色住宅示范小区、生态公园等绿色生态规划示范项目。截至目前，全地区已栽植各类苗木 713.34 万株，新增绿地面积 122.31 万 m^2。

三、顺应林区百姓幸福生活的新期待，让社会主义核心价值观融入社会生活

实现人民幸福需要道德建设的有力支撑。"德润兴安，美在大岭"主题活动，以公民道德培养和社会道德建设为切入点，发挥社会主义核心价值观的引领作用，使其融入林区生活，让林区百姓在感知、领悟中内化于心、外化于行，提升林区百姓幸福感。

以社会主义核心价值观引领社会思潮，凝聚社会共识，塑造城市精神。以"践行大兴安岭精神，弘扬社会主义核心价值观"为载体，成立了大兴安岭精神研究会，走访当年开发会战者，深入挖掘史实，征集相关资料，对几代大兴安岭人艰苦奋斗创造的宝贵财富，进行高度凝练，全面赋予其推动林区转型发展、改革创新、对外开放、全民创业的新内涵，3 年

来，组织开展"弘扬新时期"大兴安岭精神主题演讲、座谈讨论、先进模范报告 260 余场，凝聚民心、汇聚民智、激发民力，使大兴安岭精神成为林区发展之魂，为林区科学发展、和谐发展、跨越发展提供了强大动力。2014 年，是大兴安岭林区开发建设 50 周年，从 2014 年 4 月 1 日开始，国家作出大兴安岭林区全面停止商业性采伐的历史性决定，林区经济社会进入了转型发展的新时期。9 月，召开了大兴安岭林区开发建设 50 周年纪念大会，地区党委、行政公署、林管局发出了《致大兴安岭林区开发建设者的慰问信》，对林区开发建设者的历史功绩给予高度肯定。组织开发建设大兴安岭老干部、老会战、老铁道兵、老劳模、老知青等座谈会，再次对大兴安岭精神进行生动、深入的阐发，共忆当年开发建设历史，凝神聚力共创转型发展新未来。

以社会主义核心价值观引领思想政治工作，理顺群众情绪，推动林区改革。社会主义核心价值观是思想政治工作的指导思想和主要内容，我们以 2014 年 4 月 1 日大兴安岭全面停止木材商业性采伐，进入深化改革、全面转型为关键节点，把面向基层，感知群众冷暖，关注群众诉求，回应群众关切，作为思想政治工作的生命线，架起党和政府联系人民群众的桥梁，围绕停伐后的 8000 余名富余职工的安置问题，深入职工家中，掌握思想脉搏，理顺情绪、化解矛盾，全力做好思想引导和政策扶持，成为当前林区社会思想政治工作的着力点。为此，我们以社会主义核心价值观为统领，把解决思想问题同解决实际问题结合起来，提出了全民创业、百姓致富的发展战略，制定出台了《2014～2016 年全区工会职工技能培训规划》等一系列培训规划、致富项目，多渠道开发富余人员就业岗位，有效解决了"人向何处去"的大问题，有效解决了职工群众的实际困难，打通了思想障碍。

以社会主义核心价值观引领文化事业发展，陶冶道德情操，实现以文化人。文化活动是培育和践行社会主义核心价值观的重要载体，大兴安岭坚持把发展公益性文化事业作为增强培育和践行社会主义核心价值观吸引力和感染力的重要手段。全面推进广播电视村村通、有线电视数字化、文化资源信息共享、乡镇综合文化站和基层文化阵地建设、农村电影放映、农家书屋建设等文化惠民七大工程，继建设了35个基层乡文化站、6个图书馆、3个博物馆、5个档案馆。举办了"雪浴兴安"、"界江行"等10余场大型文学笔会，出版了《树魂》、《脚步的歌声》等长篇小说，创编了《走上高高的兴安岭》、《五月杜鹃红》和《大岭长风》等大型舞台剧目，每年举办"文化下乡"、"送欢乐下基层"等系列文化活动360余场，将寓教于乐的文化艺术活动融入到培育和践行社会主义核心价值观工作中，让林区群众在审美体验和审美感受中得到陶冶和教化。

高校在生态文明建设中的责任和担当

张学文　王红艳　王　仲

张学文，男，湖南临澧人，1970 年 8 月出生。中共党员，中南大学管理科学与工程专业毕业，博士学历，副教授，现任中南林业科技大学党委宣传部部长。近年来主持湖南省哲学社会科学基金课题 2 项、湖南省省情与决策咨询课题 1 项、湖南省教育厅科学研究课题 1 项等。在《光明日报》、《西北农林科技大学学报》、《系统工程》、《经济地理》等报刊上发表论文 10 多篇。

生态文明建设，日趋成为人类生存与发展的基本要素，尤其在我国当前发展时期，更凸显出其关乎国计民生、事关发展大局的重要地位。全国范围的雾霾现象、日趋恶化的水土污染、不断退化的森林资源等众多环境问题，已经严重地影响到我们的现实生活。党的十八大报告首次将生态文明建设列入中国特色社会主义事业总体布局中，作出"大力推进生态文明建设"的战略决策，从多个方面描绘出生态文明建设的宏伟蓝图，融入经济建设、政治建设、文化建设、社会建设各方面和全过程，提出要"努力建设美丽中国，实现中华民族永续发展"。十八届三中全会进一步强调，"建设生态文明，必须建立系统完整的生态文明制度体系，实行最严格的源头保护制度、损害赔偿制度、责任追究制度，完善环境治理和生态修复制度，用制度保护生态环境。"

习近平总书记 2013 年 9 月 7 日在哈萨克斯坦进行国事访问时，在纳扎尔巴耶夫大学发表演讲时强调："中国环境问题只能走一条新的道路——既要金山银山，又要绿水青山。宁可要绿水青山，不要金山银山。因为绿水青山就是金山银山。我们要为子孙后代留下绿水青山的美好家园。"同年9月10日下午，国务院总理李克强在参加达沃斯论坛时也强调："我们过去的绿水青山是祖宗留下的，未来美丽的环境是子孙后代应当享受的，当代人要有责任感。"

一、高校在生态文明建设中的责任

大学是培养社会英才的基地，是先进文化和思想的孵化器。在推进国家生态文明建设，弘扬绿色文化，倡导绿色消费，探索资源节约、环境友好的生产方式和消费模式过程中，大学具有理论、人才、科技、文化等诸多资源，应当充分发挥其特有的辐射功能和示范作用，努力当好"领头羊"。首先，现代大学应深入开展生态文化、绿色经济、环境科学等方面的研究，积极构建绿色发展理论，破解生态保护与发展经济的矛盾困境，完善和发展社会主义生态文明理论，为建设生态文明、建设美丽中国，提供理论依据。其次，现代大学在生态领域的基础性、前瞻性研究和高新技术研究等方面有着巨大潜力，对推进生态文明建设有着极其重要的作用。现代大学尤其是农、林类大学，始终是生态科学技术研究的主力军，理当为生态文明建设和经济社会发展提供技术支撑。第三，当前的生态环境问题较为突出，亟待全社会树立生态观念，自觉养成良好的生态行为习惯。在校大学生是未来建设"生态文明"的主力军，他们的生态观念是否建立，生态环保行为习惯是否养成，建设生态文明的责任心是否强烈，直接关系到建设美丽中国的目标能否实现。现代大学是培养高级专门人才的主要场所，是开展国民生态文明教育，培养具有生态文明素养人才的主阵地，要为建设生态文明提供智力支持。此外，发展循环经济、治理环境、节能减排等促进生态文明建设的措施都离不开相关专业人才。现代大学依托生态、生物、环境等学科专业，培养了大量专业人才，为生态文明建设提供强有力的人才保障。农、林类高校更是责无旁贷，要为保护和建设国家的绿水青山培养专门人才。

二、中南林在助力生态文明建设中的特色与优势

生态文明建设对新时期林业发展提出了更高要求，中央明确提出，"要把发展林业作为建设生态文明的首要任务"，赋予了林业前所未有的历史使命，这同时也为林业类高校的发展带来了重大机遇。学校谨记历史使命，加快新一轮的发展，以绿为先、以林为重，用心做好生态文明大文章。中南林业科技大学（简称中南林）作为中南地区唯一一所林业高校，校园环境优雅，绿树成荫、书香弥漫，是花园式大学。校园绿化率达60%，生长的亚热带植物共1000余种，所有新修建筑物都设有屋顶花园，是一个植物生态大观园。近年来，学校规模与办学空间迅速拓展，办学环境和支撑条件显著改善，学科专业层次不断丰富，办学特色和学科优势显著加强，多科性教学研究型大学发展格局初步构成。学校目前拥有5个博士后科研流动站、5个一级学科博士点、27个二级学科博士点、13个一级学科硕士点、71个二级学科硕士点、本科专业67个；拥有2个国家优势特色重点学科、3个国家重点学科、4个国家林业局重点学科、2个湖南省优势特色重点学科、11个湖南省重点学科；拥有1个国家重点野外科学观测研究站、2个国家工程实验室，另有10多个省部级科研平台相继落户中南林业科技大学。学校以重点学科带动相关基础学科和应用学科发展，积极培育交叉、新兴学科，构筑了林学、林业工程、生物学、环境科学与工程等4大优势特色学科群，不断催生新的学科增长点，生态学、风景园林学、食品科学与工程、家具与室内设计工程、旅游管理、土木工程等一大批新兴优势学科得到快速发展。2012年，中南林业科技大学成功入选湖南省5所新增一本高校和教育部"中西部高校基础能力建设工程"百所高校。学校再次跻身一个全新的历史发展起点上，立足服务国家生态文明战略需求和湖南绿色发展需要，坚持"以绿为先、以林为重、特色立校、内涵强校"，充分发挥学科专业优势，在生态理论研究、专业技术人才培养、绿色科研服务和成果转化、生态文化发展传承等方面提供智力服务和人才支撑，努力成为生态文明建设的重要依托和强大推动力，为建设国家绿水青山作出新的更大贡献。

三、中南林秉承绿色理念打造中南地区"绿色智库"的实践

作为一所老牌的绿色学府，中南林业科技大学牢牢把握历史赋予的这一重要机遇，加快新一轮发展，以绿为先、以林为重，充分利用自身学科优势，不断深化绿色教育，重点推进绿色科研，创新文体活动，将绿色理念深度融入到学校的教学和日常工作中，致力于绿色发展和两型社会建设，彰显了高校的责任和担当，努力成为两型社会建设的"绿色智库"。

一是不断强化科研平台，助力生态文明建设。学校紧紧依托优势学科的雄厚实力，不断拓展和强化生态文明建设技术平台。2008 年，南方林业生态应用技术国家工程实验室落户中南林业科技大学。该实验室致力于研究高效优质健康可持续南方人工林构建和经营利用技术、南方退化生态系统生态修复技术以及热带、亚热带森林生物多样性保育保护及生态监测技术，着力提升林业产业核心竞争力和林业生态工程技术的国际竞争力，促进我国南方林业产业发展、生态建设和国家重点工程的技术进步，加速产学研联合、科技成果转化和学科体系建设。

依托教授、博士生导师、博士为主体的粮食深加工研发团队，学校长期开展粮食深加工研究，以产学研合作方式与湖南金健米业等国内知名企业密切合作，通过科技成果转化，累计为企业新增效益 30 亿元，形成了"湖南省稻米深加工工程中心"等 4 个粮食深加工研发平台，储备了一大批粮食加工技术，其中"稻米淀粉糖深加工及副产物高效综合利用技术研究"等达到国际领先水平。2011 年，稻米及副产物深加工国家工程实验室落户中南林业科技大学，学校跻身成为全国同时拥有两个国家工程实验室的 4 所高校之一（清华大学、上海交通大学、中南大学、中南林业科技大学）。

2012 年 10 月，学校集中校内外生态学、林学、旅游、风景园林、材料、经济学、环境法学、管理学等多个领域的力量，设立了湖南绿色发展研究院。研究院着重从湖南绿色自然的保护与提质、绿色经济、绿色管理、绿色文化、绿色人才、绿色教育以及绿色发展的国际比较研究等方面展开研究，力争成为湖南绿色发展信息交流、咨询服务、科学研究、成果

转化和人才培养的基地，积极开展绿色发展信息交流、咨询服务、科学研究、成果转化和人才培养，从理论和实践层面为绿色湖南建设提供及时有力的科技支撑。

2014 年 5 月，国家林业局正式下文，同意依托中南林业科技大学组建森林旅游工程技术研究中心，这是我国森林旅游领域唯一一个部级科研平台。森林旅游是有效保护森林生态环境、实现森林多功能利用的重要途径，是生态林业、民生林业建设的重要内容。该中心率先提出"生态环境是一项重要的旅游资源"，开展了植物精气的开发利用，开创了直接从植物组织中采集精气的方法，首次系统测定了我国主要树种和部分林分的精气化学成分，并认定其保健功能，为森林资源的利用开辟了新的方向，研究成果达到国际领先水平，累计完成科研项目 50 多项，其中有 8 项已通过鉴定，5 项获省部级二、三等奖，7 项获国家发明专利，出版专著 20 多部。

二是参与绿色湖南建设，服务地方事业发展。学校致力于绿色科研建设，以科研项目为载体，以智力支持和咨询服务为牵引，以生态文明建设为使命，以成果转化为支撑，以开发利用为目的，将研究内容自觉与国家的两型社会建设以及湖南绿色发展的现实紧密对接，加快绿色科研成果的社会化。多年来，学校师生积极参与生态治理和保护，开展理论研究与科研实践，开展了诸如长株潭两型社会建设、湘江治理、环洞庭湖生态经济圈研究规划、武陵山片区区域发展与扶贫攻坚战略研究及生态产业发展、张家界国家森林公园保护与开发、城市风景园林设计和建设、科技扶贫、湿地保护、植被修复、生态应用研究、保护母亲河行动、湘江守望者行动等绿色生态公益、创业创新活动，为建设生态文明提供理论支持和智力支撑。

凭借国家重点学科、国家工程实验室、博士后科研流动站等高端学科平台，学校在科技创新及服务地方发展绿色经济作出了一些成绩。如竹材工业化利用、经济林领域的油茶产业发展、食品领域的稻谷及副产物深加工、生态领域的全国森林生态系统应用技术研究等，都产生了较大的社会和经济效益。吴晓芙团队多年来深入开展生态修复研究，将"绿色利剑"

挥向重金属污染，探索出"重金属污染区生态修复与水环境保护技术模式"，在去除土壤重金属的同时，又能迅速恢复植被和景观、提高土地的利用价值。这一低成本无能耗的生态修复新路子，被列入科技部科技惠民计划成果库，其核心技术成果获得多项国家发明专利，在湖南省多个矿区和工业污染区的示范推广应用中成效显著。近年来，学校加强与行业及地方合作，大力推进产学研用结合，着力提高社会服务能力，先后与湖南、湖北、广西、海南等林业厅、地、市、县政府及300多家企业开展了产学研究合作，实施科技成果转化和产业化项目274个，新增产值为200多亿元。

三是丰富绿色教育内涵，传播生态文明理念。学校重视引导学校师生和社会树立、践行生态环保理念，积极投身"生态文明"、"两型社会"和"绿色湖南"建设，培养社会责任感，自觉成为传播生态文明的使者。通过开展以"美丽中国梦·两型绿色情"为主题的"校园生态文化节"系列活动，倡导师生参与体验式教育，引导广大师生牢固树立生态环保理念，自觉养成尊重自然、顺应自然、保护自然的行为和生活习惯，进一步提升师生的生态文明素养。党委书记曾思齐和校长周先雁分别担任"建设'美丽中国、两型社会、绿色湖南'中南林学子助力计划"和"43210大学生生态环保个人体验计划"两个项目的指导老师，各项目领办单位也纷纷聘请校内外专家、学者、青年骨干教师担任相关项目的指导老师，确保将生态文化特色活动做成校园文化精品。学校众多专家教授积极参与社会生态环保、生态科普和绿色传播活动，林科大"水果"教授、"旅游"教授、"蜡梅"教授、"导赏"教授、"鸟儿"教授、"蜜蜂"教授、"金丝猴"教授、"蓝莓"教授、"砂梨"教授、"树木"教授、"粮食"教授、"土木"教授、"木材"教授等多位专家受到社会追捧。

学校积极整合校内外社会资源，如组织学校绿源环保协会、野生动植物保护协会等全国知名大学生生态环保社团及植物学、野生动物学、昆虫学专家带学生进行生物多样性资源的调查，开展生态环境保护及生态理念宣传；与洋湖湿地公园等实行战略合作，组织开展"生态之美"系列活动；对小学生和社区居民开放美丽校园、林科大昆虫标本室等，组织中小学生和社区居民参加校园植物生态导赏活动和观鸟活动，在校园网上开辟"生态导赏"、"绿色传播"、"生态视点"、"林大科普写手"等独具特色的生态科普栏目，提高了生态科普活动及生态文化的社会影响力。多姿多彩的社团活动，对促进校园文化建设和人才培养起到了不可替代的作用，同时活动面向社会进行积极宣传，确保了活动的广泛参与性。学校巧妙地将两型理念植入到社团活动中，如绿源环保协会的"护鸟营"活动、"全国湿地使者行动"，林科大生态环保社团志愿服务，野生动植物保护协会的"观鸟爱鸟护鸟活动"等，这些公益社团和品牌活动都确保了广泛的参与性，已成为生态文明志愿服务领域有影响的品牌，彰显了学校师生的社会责任感和历史使命感。

学校的专家教授及用心培养出来的具有两型理念的学生，在我国生态文明建设中发挥了生力军作用。近年来，学校专家教授积极参与湘江、洞庭湖、武陵山等湖南山水的治理和保护，众多校友成为绿色潇湘、湖南省环保社团联合会、洋湖湿地公园等国内知名环保组织、环保企业的创始人或重要管理骨干，他们深受学校生态文化理念熏陶，怀抱环境报国理想，在行动中不断实现自己的两型梦。中部地区最大的湿地公园—长沙洋湖湿地公园的负责人危建新，是长沙先导投资控股有限公司副总裁、洋湖建设投资有限公司总经理，是众多校友中绿色创业成功的一个典型。他通过在校期间参加环保社团活动，接受生态文化教育，走向社会后创设了"绿色潇湘"、"护鸟营"等环保组织，致力于国家生态保护，成为生态文明的推动者和实践者。

学校大力倡导绿色发展理念、助力生态文明建设的工作，得到社会各界的广泛认可和多家媒体的热切关注，新华社、光明网、人民网、中国日报网、凤凰网、湖南卫视、湖南日报等多家媒体报道转载学校培育生态文明建设人才、为生态文明建设提供技术支撑等方面的成就和经验。

林区典型引领与核心价值观建设

沈立航

沈立航，女，1974 年 8 月出生。毕业于内蒙古大兴安岭林业学校、西南政法大学、内蒙古大学法律系，中共党员，政工师。曾任满归林业局林产公司文书、统计员，满归林业局党政办公室秘书、团委书记、党委宣传部副部长、政策法规科科长。现任内蒙古大兴安岭林管局党校政工科科长。主要作品有：《试论林业企业改革发展新阶段的共青团工作》，获内蒙古自治区青年研究第十届优秀科研成果二等奖；《浅谈林业企业文化建设》，在《内蒙古林业》发表。

在林区发展的新形势下，如何发挥典型的引领作用，激励和凝聚广大务林人共同实现创新发展、转型崛起、富民兴林的奋斗目标，是核心价值观建设的新课题。

一、实践经验

内蒙古大兴安岭林区注重先进典型的重要价值导向作用，坚持以典型引领风尚，以典型弘扬美德，以典型感染人、影响人，有力推动了社会主义核心价值观体系建设。

典型人物本土化、层级化。选树人们身边的先进典型，是开展道德教育的有效方法。内蒙古大兴安岭林区在典型选树上，深入挖掘各行各业、各个层面具有广泛代表性和影响力的先进人物，先后开展了"感动林区人物"、"道德模范人物"、"文明家庭"、"生态道德模范"、"兴安脊梁"、"梦美兴安·务林人"道德模范（包括敬业奉献、诚实守信、助人为乐、见义勇为、孝老爱亲、自强不息模范）等评选活动，各企事业单位创新开展了"金牌工人"、"最美员工"、"首席工人"等评选活动，使普通干部职工与身边的先进典型产生了情感共鸣，获得了思想启迪，产生了强大的感召力。

典型选树程序化、规范化。先进典型的选树只有经过严格规范的程序，才能体现公平公正。内蒙古大兴安岭林区先进典型的评选过程都有着严密的规定，特别是道德模范的评选，规定必须经过酝酿推荐、事迹调研、材料审阅、集体评议、投票公选、媒体公示、表彰奖励、学习宣传等环节，时间长达6~7个月。在各个环节，广泛发动职工群众参与和监督，深入挖掘贴近基层一线、贴近百姓生活、事迹突出、引领力强的先进典型，使其经得起实践的考验，真正发挥示范引领作用。

典型宣传多样化、常态化。典型宣传是典型引领的重要环节。只有使先进典型的模范事迹和高尚思想广为传播、深入人心，才能达到"一花引来百花开"的效果。内蒙古大兴安岭林区在典型宣传上多措并举，通过举办道德模范颁奖典礼、表彰大会、巡回演讲、将他们的事迹制作成电视短片在全林区播放等形式进行深入宣传，各基层单位则通过召开"金牌工人"、"最美员工"表彰大会、宣讲会、座谈会等形式来传播典型的感人故事。同时，各层面还通过《林海日报》、大兴安岭电视台和中国绿网等媒体，对典型人物的先进事迹进行广泛宣传，营造了人人争做道德标兵、人人争当文明模范的浓厚氛围。

二、活动成效

内蒙古大兴安岭林区在先进典型的选树上，措施强、载体活、效果实，形成了崇尚先进、学习先进、争当先进的良好社会风尚。

身边典型示范作用强。在典型选树中，除关注表现突出的干部职工，也关注默默无闻的人物。如在林区第一届道德模范评选中，选出的6位

"感动林区"人物，有 18 年以山林为伴，坚守雷击区瞭望塔的绰源林业局防火瞭望员颜士文；有 23 年安全行驶 51.3 万 km，运输木材 15 万 m^3，并不离不弃照顾患有精神病妻子的满归林业局运材司机张佰忍；有一生忠于党，垂暮之年将节俭积攒的 6 万元作为党费交给党组织的离休老干部崔曾女……他们源于务林人群体，就在职工群众身边，他们的事迹感人肺腑、催人奋进，推动了道德理念内化于心、外化于行。

褒奖先进各项待遇优。表彰奖励是对先进典型的认可和鼓励，能够让更多的人看到付出就有收获、好人会有好报、有为才能有位。内蒙古大兴安岭林管局党委对先进典型以各种形式予以褒奖，包括荣誉津贴、晋升工资、干部提拔、发放奖金、身体检查、疗养休养、发放困难帮扶救助资金等等，极大激发了先进典型的潜能和才智，促进其充分发挥示范引领作用，并激励广大职工群众向榜样学习、朝标兵靠拢。

示范引领推动工作实。虽然先进典型从事的工作各行各业，闪光点各不相同，但是他们身上无不折射出人性的光辉和道德的力量。他们无私的奉献、默默的坚守、吃苦耐劳的精神，他们平凡的善举、无畏的勇气、相互关爱的质朴代表着林区人特有的精神和气质，融会了林区人特有的思想和情感，形成了林区各族职工群众爱岗敬业、争创一流的主旋律、正能量，转化为林区职工群众共促林区改革发展的自觉行动和职业习惯，把个体的力量凝聚为建成小康林区的动力与合力。

三、几点思考

抓典型示范是一项系统工程，要不断探索新思路、新机制，形成科学、规范的运行体制，实现典型选树工作制度化、长效化。

强化典型宣传。宣传先进典型的过程就是普及公民基本道德规范的过程，就是培育社会主义核心价值观的过程，必须加大典型宣传的力度、广度和深度。要适时组织先进典型宣讲团走进基层一线、队段班组，运用颁奖会、报告会、图片展、宣讲会、座谈会等形式，立体化、高密度地集中宣传先进典型的事迹；充分发挥报纸、电视、网络、手机微信平台等主流媒体的作用，对一些重大典型进行深入、连续报道，使先进典型的事迹和精神定格在人们心中，扩大社会影响，起到宣传一个、带动一批的作用。

健全制度体系。一是健全评选制度。各单位要高度重视典型选树工作，将其列入重要议事日程，形成党政工青齐抓共管、相关部门协同配合、单位认真组织、群众广泛参与，上下联动、合力推进的评选体系。严格规范评选程序，确保评选活动的权威性和导向性。二是健全激励制度。发挥先进典型的引领作用，就要尊重和爱护先进典型，在政治上、工作上、生活上给先进典型以实实在在的帮助和奖励，让职工群众见贤思齐、争当先进，敬业奉献、体现价值。

搭建实践平台。发挥先进典型的引领作用，最根本的目的是要使典型的精神转化为更多人的实际行动。要紧密结合实际，精心设计载体，创新活动内容，搭建起先进典型与职工群众学习互助的平台，引导职工群众在感动中思索，在思索中实践，从本职岗位做起，从生活点滴做起，自觉践行社会主义核心价值观。

一线作业组文明建设新思路

李桂芝

李桂芝，女，1971年11月出生。中共党员，高级政工师，内蒙古师范大学毕业，现任内蒙古大兴安岭林区绰源森工公司（林业局）党委宣传部部长。在宣传思想文化岗位上无怨无悔，连续15年被《林海日报》社评为优秀记者；3次荣获自治区"五一新闻奖"；多次被森工集团授予优秀党务工作者、对外宣传先进个人等称号；多次荣获巾帼示范岗等光荣称号。

随着天然林保护工程（简称"天保"工程）的深入实施和《大小兴安岭林区生态保护与经济转型规划》的出台，内蒙古大兴安岭林区逐步实现从以木材生产为主向以生态保护为主的历史性转变。由于木材产量的不断调减，木材生产方式从主伐向抚育伐的过度，木材生产一线的生产作业人员、作业方式也随之发生了很大的变化。新形势下，生产一线职工的思想观念有什么变化，有哪些精神需求？如何在木材生产一线更好地体现以人为本的科学发展观，更好地开展文明建设工作？哪些文明建设活动对科学发展更行之有效？这些问题，都是摆在我们面前的崭新课题。结合这些问题，我们对绰源森工公司（林业局）木材生产作业组文明建设情况，进行了深入细致的调查，并引发了一些思考。

一、基本情况

2000年"天保"工程在大兴安岭林区全面实施后，绰源森工公司（林业局）的木材生产任务由原来的主伐12.7万 m³ 到2010年调减为抚育伐3.9万 m³，近几年一直保持这个数字。生产任务减少了2/3，生产一线劳动用工自然也相应地随之减少，生产作业方式由过去的大工队集结作业转为小型生产班组作业（过去每个大工队都在20人左右，现在的作业组只有几个人）。由于施业区面积大，而木材采伐任务又相对分散（每年的采伐任务都会零散地分布在200多个林班、1000多个小班），所以造成生产作业组搬迁频繁，一般一个冬春木材生产作业循环下来，一个生产作业组都要搬迁2~4次。木材生产任务的调减使生产一线作业人员的组成结构也随之发生了变化。木材任务调减后，木材生产一线产生了大量的富余人员，许多生产一线的职工都借助亲朋好友的关系出外寻找就业门路，结果反而造成一线职工超计划流失，又形成了生产一线劳动用工不足的现象，而年轻人又不愿意做苦力，致使一线工人出现老龄化趋势。

二、思考与建议

在山场作业的一线职工，每天爬冰卧雪、披星戴月，生产生活环境艰苦，劳动强度大，在林业系统是最辛苦的行业之一。通过调研了解到，随着木材生产一线作业人员、作业方式的变化，过去文明建设的许多方式方法都存在不适应当前生产班组建设的情况，同时也了解到生产一线职工的思想动态和文化需求。总的感受是：在生产作业一线开展文明建设工作，必须突出体现一个"实"字，要体察一线职工的实际生产生活状况、实际思想状况、实际精神需求，开展一些符合生产一线实际、符合职工意愿的实实在在的建设活动，才能达到事半功倍的效果；切忌假、大、空，摆花架子，不然就会引起一线职工的强烈反感，作用自然就会事倍功半。

（一）环境建设

为了给生产一线的职工提供比较舒适的工作和生活环境，20世纪90年代，绰源森工公司（林业局）曾投入大量资金轰轰烈烈地开展过标准化工队建设，也确实使当时从事一线生产的职工成为受益人。但如今由于各生产作业组人员少、搬家勤，如果还搞标准化班组建设就会造成人力物力上的极大浪费。不搞标准化工队建设并不等于不在作业班组开展环境建设，一线职工工作辛苦，劳动强度大，回到帐篷休息，他们需要有一个干净、整洁、舒适、温暖的环境，而目前各作业班组普遍存在的问题是："暖和"的标准基本可以达到，"干净整洁舒适"的标准就很不如人意了，被褥、衣物、餐具都不够清洁，摆放也不够整齐、帐篷内空气流通不够好，长期在这种环境下居住对一线职工的身心健康会造成一定的伤害。

为了督促生产作业班组开展文明环境建设，可以在每个森林经营管护所内部的十几个作业班组之间开展"文明帐篷大家建"流动红旗评比活动，制定出相应的符合生产作业班组实际情况的检查评比标准，比如被褥是否清洁、衣着是否整洁、谈吐是否文明等要求，这些标准都是比较切合班组实际的低标准要求，只要稍微努力，加以注意，就能够达到标准、接近目标，而且便于操作，一线职工也有参与的积极性。在实际操作中，可以利用森林经营管护所党政工青领导班子、生产主任和安全员等深入作业组检查指导木材生产工作之际进行检查，半个月或一个月进行一次评比，优胜班组不仅可以获得流动红旗的精神奖励，还要给予一定的物质奖励或颁发一定数额的奖金，以此来激发一线职工参与活动的积极性，使他们在物质和精神上双受益。公司文明办还可以组织全局性的生产作业班组文明评比活动，组织各森林经营管护所的生产班组互检互学，从而激发一线职工的主人翁责任感，激发他们自主创造文明环境的热情。

为了给一线职工创造更舒适文明的生产生活环境，绰源森工公司和各森林经营管护所适度对作业班组的基础设施进行必要的投入，努力改善一线职工的生产生活环境也是必需的。人力物力的投入要把握方便、实用原则，把好事做好、实事办实。生产上，行政、材料、生产、调度、劳动保护等部门配合生产班组做好准备作业工作，为他们准备各类物资备品，提供运输工具、架设简易桥涵、开展险情营救等；生活上，可定期为他们更换保暖性强的帐篷；用床板代替原来的圆杆铺床；推广使用地卧式循环铁炉做饭取暖的方式等。

（二）思想文化建设

由于生产一线工作艰苦，一线工人老龄化，因此对一线职工的思想文化建设任务变得更加复杂和艰巨。以人为本，真心实意地关心一线职工生活，解除他们的后顾之忧；丰富他们的业余文化生活，让他们身心愉悦，是做好生产一线职工思想文化建设的关键所在。

1. 开展生态文明建设。在林区土生土长的林业工人在常年的野外作业中与树木、动物有一种自然的亲缘关系，再加上近几年保护森林、保护野生动物的宣传力度不断加大，林业职工的生态意识越来越强。但是类似于不破坏幼树、收拣剩余物烧柴、设简易道减少两旁树木的损坏、不伤害野生动物，发现滥砍盗伐林木和非法狩猎现象及时举报等方面的教育还不能少。教育方式可以灵活多样，可以在岗前培训班上系统讲解；可以在生产作业中由班组长通过具体操作规程渗透；也可以在帐篷内张贴宣传画，达到潜移默化影响一线职工树立生态文明意识的目的。

2. 开展和谐班组建设。班组人际关系的和谐有助于一线职工消除精神压力，以更充沛的精力更好地从事木材生产。因此工友之间特别需要相互理解、相互帮助、相互支持。倡导团结和谐的理念，可以在生产班组开展"你我和谐一家亲"和谐创建活动，看哪个班组最团结、最和睦，生活和工作上的矛盾最少，就把"和谐班组"的标志挂在哪个班组内，增强一线职工的责任感和荣誉感。

3. 开展安全文明建设。安全是木材生产一线职工一切工作的基础，没有安全其他工作就都无从谈起，因此安全文明建设必不可少。要加大对安全设施的投入，对破损严重的各类安全设施要及时予以修复或更换，为一线职工营造平安、祥和的生产生活环境。同时要为生产一线职工发放必要的劳动保护用品，为一线职工缴纳劳动就业保险。在冬季生产开始前为一线职工举办岗前培训，聘请专业技术人员授课，加强安全生产知识教育，并予以考核，考核成绩作为上岗的第一要素。制度上要建立健全各级安全组织机构，制定安全生产管理办法，形成"三级安全管理网络"，即森林经营管护所主要领导抓主管领导、主管领导抓作业班组长，班组长抓作业人员。各森林经营管护所都要设立专职安全员，深入生产现地检查安全生产情况，同时要经常组织开展安全生产操作规程、安全生产作业竞赛，安全、技术比武，让一线职工在实际操作中提高安全生产意识，形成崇尚安全文明的可喜局面。

4. 开展送温暖活动。由于木材生产季节性强，在生产一线从事作业的职工冬季上山之后，没有特殊情况一般很少回家，常常在山上一干就是两三个月。他们远离亲人，又没有通讯工具，孤单寂寞的心情会影响一线职工的思想情绪，不利于安全生产的开展，所以企业和各级组织的关心、关怀在这时就显得尤为重要。不论是公司各级领导还是森林经营管护所内部的领导，在每次深入作业班组检查指导工作之际，酌情给一线职工捎带一些慰问品，都是一线职工实际需要的。大到猪肉、面粉，小到青菜、瓜子、蜡烛之类的生活必需品。节日期间可以多投入资金和物品，平时以"礼轻情意重"为原则，重在暖人心，让一线职工感受到特殊的温暖。林场党总支和工会、共青团组织还定期走访一线职工的家属，及时了解一线职工家中的情况，相关人员深入作业班组时把家中的信息及时传递给职工，让他们安心生产。对生产一线特困职工给予政策倾斜和人力物力的关照，帮助他们争取最低生活保障，帮助他们解决烧柴等实际问题，让他们充分感受到企业和组织的温暖。

5. 开展送文化、送图书、送服务活动。多年的实践证明，"三送"活动特别受山场一线职工的欢迎。生产作业班组分布在大山的各个沟系，没有电，没有与外界通讯联系的渠道，所以一线职工的业余文化生活十分贫乏，图书成了他们最喜欢的文化大餐。平时多送一些内容健康的文化娱乐方面的图书，充实一线职工的业余文化生活，是最容易开展、也最受一线职工欢迎的活动。可以设立流动图书角、图书箱，把图书分成专业技术、时事、信息、文学、文艺等类别，每个班组配送一套种类齐全的图书，每隔半个月各作业组之间流动一次，时间久了还可以在各林场之间互相流动，既节省资金又丰富了一线职工的读书内容。一线职工可以借助图书、报刊杂志充分了解党中央的精神、林区的发展现状和本企业的大事。由于木材生产的季节性，冬季木材生产结束后，很多职工还要面临重新寻找增收途径的问题，有心人可以利用业余时间在这些书报杂志中寻找有价值的信息，为木材生产结束后自己的"生意经"做必要的准备。还可以定期开展送医送药、理发上山等服务，这都是一线职工拍手欢迎的活动。有条件的企业可以组织开展"送文艺"、"送电影"上山，这些丰富多彩的活动都将成为一线职工整个生产忙季津津乐道的话题。

6. 开展首席工人评选活动。在林区各行业开展首席工人评选活动，对提高林业职工的专业技能、业务素质，提高企业经济效益发挥了积极作用，是实现企业与员工和谐发展、互利双赢的有效途径，也是一项很受职工欢迎的活动。目前，林区的首席工人评聘活动已经在贮木、林产、教育、医疗等行业全面展开，但在山场生产一线开展此项活动的还为数不多，因此可以做一些这样的尝试。根据岗位特点、工作效率、生产作业质量、安全责任落实等情况制定出相应的评比标准，在冬春生产之际每个林场或每个班组每月进行一次首席采伐工、首席集材手、首席装车工的评比，当选的首席工人既要颁发一定数量的奖金奖励，还要在生产现地举行简单而热烈的颁奖仪式，比如佩戴大红花、绶带或制作标志胸卡等，目的是在物质奖励的基础上给予精神上的鼓励，从而进一步激发一线职工爱岗敬业和努力工作的热情。

综上所述，只有在山场一线职工中真心实意地实施人文关怀，开展好符合山场一线实际的各项精神文明建设，才能更好地调动一线职工工作积极性，做好森林经营工作，承担起建设生态文明、美丽中国的重任。

大学生素质教育调查与思考

陈文慧　刘　丹

陈文慧，女，1964年5月出生。1986年6月加入中国共产党，1987年7月参加工作，硕士，副教授。历任东北林业大学机电系政治辅导员、团委书记，党委宣传统战部部长兼机关党委书记，纪委副书记、监察处处长。现任东北林业大学党委副书记、纪委书记。著有《大学生思想政治教育心理学》一书，参加多项思想政治教育方面的课题研究，曾荣获"全国林业系统'四五'普法先进个人"、全省优秀宣传文化干部、全省教育系统"优秀共产党员"、"黑龙江省高校优秀思想政治工作者"等称号。

刘丹，女，1978年6月出生。硕士研究生。哈尔滨工业大学科学技术哲学专业毕业后在东北林业大学党委宣传部工作，现任大学学报编辑部主任，主要从事大学生思想政治教育研究。曾参编《思想道德修养教程》（第二副主编），作为课题组成员参加中国高等教育学会教育科学"十一五"规划重点研究课题《高等学校开展生态文明教育服务环境友好型社会建设的理论与实践研究》。

当前，大学生身处社会深刻变革、价值观复杂多样的时代，他们的知识结构、心理素质、生活方式，以及所面对的现实问题，都与过去有很大的不同，大学生素质教育也面临着许多新的问题，农林院校又表现出与非农林院校不同的特点。为进一步将农林院校大学生素质教育推向深入，了解当前农林院校大学生素质教育的现状及特征，我们对东北林业大学、东北农业大学、八一农垦大学、黑龙江林业职业学院、黑龙江生态工程职业学院等 5 所高校进行了问卷调查，问卷所反映的情况能基本体现农林高等院校大学生素质教育的整体面貌，具有一定的效度和信度。

一、当前农林高等院校大学生素质教育的现状分析

基于对大学生素质教育理论的前期研究，我们在本次调查中将大学生素质具体细分为政治道德素质、品格素质、科学素质、人文素质、管理素质、身心素质 6 种素质，并将这 6 种类型的素质教育内容贯穿调查始终。[1] 调查显示，当前农林院校的学生认为大学阶段自身素质有所加强，并对大学生群体综合素质有比较客观的判断。33.12% 的学生认为在大学期间他们的人际交往能力得到提升。27.54% 的学生认为适应能力得到提升，18.02% 的学生认为表达能力有所增强。但同时，他们也认为自身能力还有待加强，需要更加全面和综合的素质教育。35.05% 的学生认为目前素质缺失主要体现在实践方面，23.15% 选择思想政治类，17.68% 选择文体类，这表明在进行素质教育的过程中，各高校还存在重视专业技能与课程教学，轻视社会实践与人文素质培养的现象（见图 9）。

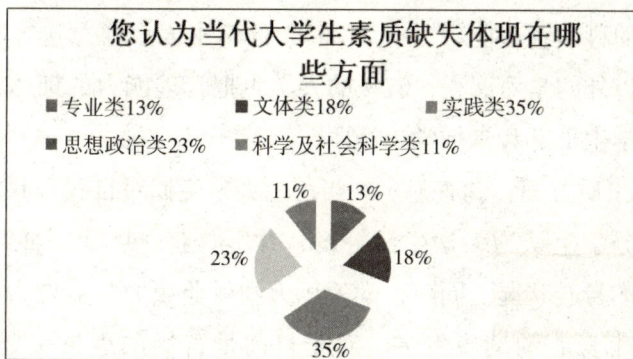

您认为当代大学生素质缺失体现在哪些方面

■专业类13%　　■文体类18%　　■实践类35%
■思想政治类23%　　■科学及社会科学类11%

11%　13%
23%　18%
35%

图 9　农林高等院校大学生素质缺乏调查

1. 政治道德素质方面：调查结果显示，当前农林高等院校的大学生政治道德素质较高，政治意识强，在对当下的新闻和时势方面 55.71% 的学生选择非常关注和比较关注。

2. 品格素质方面：当前农林高等院校的大学生诚信热心、乐于助人，

关注自我价值的实现，成才愿望强烈。在选择就业城市方面，大学生首先目标是"中小型城市"，占39.46%，其次选择的目标是"大城市"，占27.86%。说明大学生对社会竞争激烈和大城市生活压力增大有较为客观的认识，择业观已发生变化，由着重选择大城市就业转向中小城市，同时又受到利益的驱动，对与专业相关的农、林场和小城镇的选择只占11.25%。

3. 科学素质方面：调查显示，农林院校的大学生缺乏探求科学的精神动力、对科技产物的认识和利用缺乏客观的认知，科学素养不高、创新精神缺失，参加校内外各类科学文化教育活动的意愿不强烈。22.97%的学生从未参加过课外科技创新活动，42.11%的学生很少参加科技创新活动。

4. 人文素质方面：调查显示，农林院校大学生人文知识储备相对不足，尤其是哲学、艺术以及外国人文知识方面。只有25.10%的学生会经常借阅人文社科类的图书，10.28%的学生会借阅外语或外国经典类图书。46.29%的学生表示对哲学、文学和艺术不熟悉，11.93%的学生表示非常不熟悉。

5. 管理素质方面：调查表明，当代大学生有提高自己管理能力的内在要求，但由于种种主客观原因的限制，不知应该具备哪些管理能力以及如何培养自己的科学管理能力。有57.55%的学生表示愿意选择管理类课程作为专业课以外的学习课程；67%的大学生把管理能力的训练片面地理解为就是担任学生干部和参加学生社团。

6. 身心素质方面：调查显示，当前，大学生们对自我现状的认识较为客观，大部分学生认为大学生活舒畅，有所收获。45.39%的学生表示满意目前自己的身心状况。同时，学习压力和就业压力日益增大，很大程度上影响了学生身心的健康发展。对于目前最苦恼的事情一题的选择上，31.62%的学生选择学习压力，29.48%的学生选择了学习压力。这个数字说明，学习和就业压力已成为农林高等院校学生心理压力的主流。

二、农林高等院校大学生素质教育的实施平台

通过调查发现，当前农林院校大学生素质教育总体上通过课堂教育、

校园文化活动和社会实践活动3种途径进行，实施方式方法有所创新，教育内容有所丰富，但与大学生的期望仍有差距，实施效果也不尽理想。大学生对于学校开展的素质教育认同度较高，但内容和形式需要更贴近学生（见图10）。

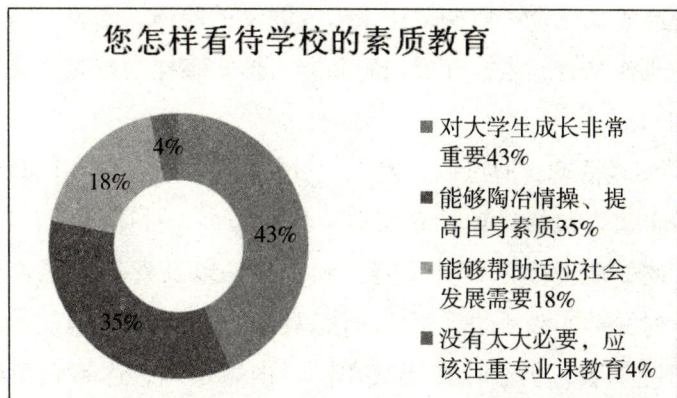

您怎样看待学校的素质教育

- 对大学生成长非常重要43%
- 能够陶冶情操、提高自身素质35%
- 能够帮助适应社会发展需要18%
- 没有太大必要，应该注重专业课教育4%

（4% 18% 43% 35%）

图10　农林高等院校大学生如何看待学校素质教育的调查

1. 课堂教育：调查发现，农林高等院校的学生非常欢迎能够提高综合素质的课程，但学校的课程设置不合理，涉及素质教育的课程大部分集中在选修课中，而且内容陈旧，教师授课没有吸引力，直接影响学生的学习效果和综合素质的提高。30.86%的学生认为学校的课程设置单一，几乎没有文化类公选课；35.10%的学校只在选修课中有涉及素质教育方面的内容。50.60%的学生认为目前需求最为明显的课程领域在人文和社会科学知识方面。这表明部分学校的课程设置集中在专业课，素质教育选修课未形成制度体系，导致学生无法涉猎其他知识和获取综合能力，直接影响学生综合素质的提高。[2]

2. 校园文化活动：调查显示，当前农林院校的校园文化建设正在逐步加强，校园文化活动也日益丰富，但是还存在文化活动低水平重复、活动内容缺乏吸引力、示范性活动偏多、人文科技含量低、缺乏合理规划等现象。71.35%的学生认为开展校园文化活动非常有必要，53.15%的学生表示对各类集体和公益活动非常感兴趣。在对喜欢类型的校园文化活动的排序中，娱乐型排第一（37.88%），其次是启迪思考型（28.55%），学术型排第三（22.26%），其他类型占11.31%。这表明，学校开展的活动缺乏寓教于乐的形式。28.69%的学生认为培养综合素质的关键在于良好的校园环境，而32.47%的学生认为学校文化活动氛围一般，甚至有10.52%的学生选择基本感觉不到校园的文化氛围，这表明在素质教育实施的过程中，各农林高校缺乏统一协调，还未形成联动的整体，未将校园文化建设与学校其他工作结合起来，开展内容新颖、形式多样的校园文化活动吸引大学生参加。

3. 社会实践活动：通过调查发现，目前农林院校大学生的社会实践活动的种类较丰富，包括暑期社会实践、素质拓展、社团活动、科技活动、专业技能大赛、职业生涯设计比赛、勤工俭学以及青年志愿者活动等方面，大学生对社会实践活动重要性的认识也在逐步增强，但从参与人数比例和实际情况来看，仍然存在形式单一、内容单调、达不到预期效果的问题。[3]

调查显示，41.24%的学生很想参加暑期社会实践活动，但人数有限、没机会参加；23.91%的学生主动申请参加暑期社会实践，并参加过多次；有15.69%的学生表示没参加过，也不关注（图11）。图表说明，农林院校普遍缺乏对社会实践活动的科学规划，导致大学生参加社会实践的人均参与率存在偏差。

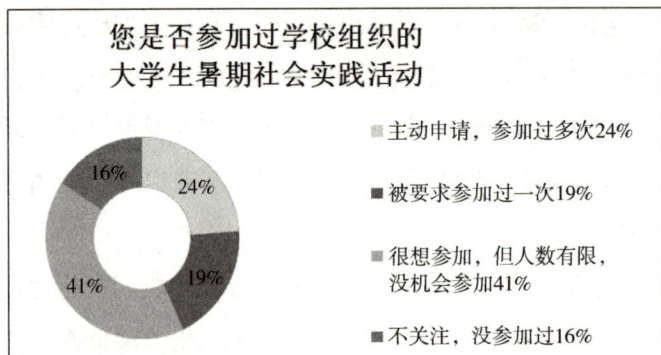

您是否参加过学校组织的大学生暑期社会实践活动

- 主动申请，参加过多次24%
- 被要求参加过一次19%
- 很想参加，但人数有限，没机会参加41%
- 不关注，没参加过16%

图11　农林院校大学生参加大学生暑期社会实践活动调查

有时代特征、有助于增强就业竞争力的创业类活动未能引起足够重视。有35.61%的学生表示知道职业生涯设计大赛的活动，但从未参加过，30.17%的学生表示从未听说过这项活动，这表明高校组织大学生进行社会实践活动只是一种示范行为，并没有把当代大学生的社会实践内容与培养普通大学生的职业能力素养有机结合起来。[4]调查还表明学校对社会实践活动的组织支持力度、教师指导力度、基地建设力度、经费支持力度都需要增强。

三、加强农林高等院校大学生素质教育的对策建议

从本次调查结果来看，当前农林院校大学生素质教育在高等教育转变教育理念战略思想的指导下，日益得到各高校的重视，其教育形式、教育内容、教育效果和教育载体都得到一定程度的发展。许多农林院校已充分认识到全面素质教育的重要性，在调整课程设置、丰富校园文化活动、激励社会实践活动等方面作出积极尝试，并获得很好的效果，但由于农林高等院校发展历史较短、所属行业相对特殊、所处地域偏僻，专业设置有局限性，学生生源较边远等特点，还存在教育实施形式相对单一、内容单调重复、教育效果不明显以及实施体系不健全等问题。加强和改进农林高等院校大学生素质教育，必须以教育改革为抓手，以校园文化为引领，以实践拓展为突破，以载体创新为推手，做好"四个课堂"的连接贯通工作，实现农林高等院校大学生素质教育的全面提高。

1. 以教育改革为抓手，夯实"第一课堂"牢固基石。素质教育作为一种新的教育观念，对课堂教育提出了新的要求和挑战，必须将课堂教育作为"第一课堂"，对素质教育进行规定性、系统性、理论性的学习，为全面素质教育的开展奠定基础。要加强课程体系改革建设，根据各高校人才培养定位进行设计，培育符合学校特点的精品素质教育课程；要改进教育方法和教学方式，积极实行启发式和讨论式的教学，实现教学方法的个性化、多样化，激发学生形成博采众长和不走寻常路的思维习惯；要建立一支高素质的教师队伍，通过业务培训、增设考核、政策引导、技能竞赛等方式积极提高教师素质。

2. 以校园文化为引领，发挥"第二课堂"深度效力。为进一步加强校园文化建设，实现校园文化活动的育人作用，我们必须正视问卷调查中所反映出的问题，并从根本上给予解决。要将校园活动作为"第二课堂"，

让素质教育体现为一种自发的、活泼的、实践性的体验式教育；要整合校内外有效资源，整体规划，使校园文化活动有整体性、系统性和针对性；要提倡完善中华优秀传统文化教育，增强学生社会责任感、创新精神、实践能力。[5]要强化校园文化建设，构建符合学校特色的校园文化生态圈，对大学生的知识结构形成、品格情操培养、能力素质锻炼产生深远影响。

3. 以实践拓展为突破，实现"第三课堂"横向影响。以社会实践为主体的"第三课堂"使学校教育和社会教育紧密结合，为在校学生提供了面向社会、服务社会的机会。要积极创建大学生社会实践教育基地，使社会实践活动的辐射范围逐渐扩大；要探索和建立社会实践与专业学习相结合、与服务社会相结合的管理体制，使社会实践活动的实施更加规范；要落实和推进大学生社会实践活动激励和保障措施，使多数同学能够参与社会实践，分享到社会实践带来的成长体验。农林院校可以依托学校丰富的农林教学资源，发挥学科专业优势，大力开展生态文明、美丽中国、服务"三农"等志愿服务活动，丰富校园志愿文化内涵，打造特色志愿服务品牌，发挥志愿服务的育人功能。

4. 以新媒介载体为推手，助推"第四课堂"发挥奇效。当前，我们的社会已进入多元媒体共生的时代，互联网、广播、电视、平板电脑以及手机等，新媒体的不断出现给素质教育带来了非常大的压力和挑战。需要高校尽快作出调整，紧跟时代，熟悉并利用新媒体手段开展素质教育，以当代大学生能够接受乐于接受的形式助推"第四课堂"发挥奇效。要开拓素质教育新空间，完善各类教育网站以及微博、微信、QQ 等；要加深主题网站在素质教育工作体系中的组织基础和工作厚度，提高网站在学生教育中的有效性和吸引力。要建立网络监管队伍，加强对 BBS、微博、微信以及 QQ 群的管理，引导网上舆论；要提倡和鼓励素质教育工作者运用新媒体进行正确的引导和教育。

在四个课堂的引入和运用过程中，还需特别注意与学校的特色和定位相结合，与行业的发展与需求相协调，与学生的期望与诉求相适应，以增强素质教育的时效性和全面性。

参考文献

[1] 杨晓丽，杨秀君. 大学生思想政治素质调查问卷的编制 [J]. 消费导刊，2008，(1)：158~159.

[2] 马维振. 当代大学生思想政治状况调查分析及对策研究——来自西安 15 所高校问卷调查 [J]. 当代教育论坛，2006，(3) 43~45.

[3] 周彩姣，林寒. 大学生社会实践活动现状调查与完善策略 [J]. 高等教育研究，2012，(9)：76~78.

[4] 万洁. 高校大学生社会实践活动现状调查与分析 [J]. 长春理工大学学报，2010，(5) 1：84~85.

[5] 中共中央关于全面深化改革若干重大问题的决定 [EB/OL]. 新华网. 2013-11-15. http：//news. xinhuanet. com/2013-11/15/c-118164235. htm

[6] 霍新林. 农林院校大学生思想政治教育工作现状调查分析与对策刍议 [J]. 山西农业大学学报（社会科学版），2008，(7) 1：89~91.

建设过硬队伍 重在提升能力

王胜文*

建设过硬队伍是新的历史条件下森林公安根本性的基础工程和战略任务。河南省森林公安局正处于爬坡过坎的关键时期，面临的形势和任务，困难和机遇，奉献和挑战都是前所未有的，建设过硬队伍比以往任何时候都更为重要，也更为迫切。落实中央政法编制完成人员过渡后，我们在队伍建设方面及时不间断地采取了一系列重要举措，尤其是多种形式的分级培训和有针对性的专题教育整顿，在全面推进队伍整体素质和能力建设上取得了阶段性的较大进展，收到了多方面的综合成效。但从总体上看，建设过硬队伍的任务仍十分艰巨，队伍建设方面长期积累的矛盾和深层次问题交织叠加，仍十分复杂，队伍整体素质和能力建设所承担的繁重艰巨任务的矛盾仍十分突出，形势不容乐观。在深入贯彻落实十八大精神，切实转变作风的新形势下，把提升能力放在更加突出的位置，强力推进过硬队伍建设是摆在我们面前的重要政治任务。结合国家林业局正在开展的"两转变、两服务"和大调研大讨论活动要求，以及我们的工作实际，突出能力提升，建设过硬队伍，必须切实把握好以下几个关键问题。

一、增强政治意识，提升服务能力

不论是何警种，不管从事什么工作，在任何方面，任何情况下，都必须服从和服务于党和国家工作大局，这是人民警察政治纪律的核心所在，

---

* 王胜文，男，中共党员，硕士。现任河南省森林公安局政委。

是纪律观念的最高标准。森林公安作为纪律部队，围绕中心、服务大局是我们第一位的政治任务和政治责任。这是讲政治的基本要求，识大体的具体体现，是我们搞好各项工作的重要基础。为使这种政治意识内化于心，外化于行，我们坚持从 3 方面不断加大力度：一是在领导班子中强化。纳入学习型机关和"四型"党组织建设，作为学习日、党委会、民主生活会的重要内容。凡会必讲，专题必议，真正形成共识，切实身体力行。二是在队伍建设中升华。在全省森林公安机关组织开展了"正警风、严警纪、树形象"、"人民警察核心价值观"、"'大走访'开门评警"、"履职尽责，我为中原经济区建设添光彩"等主题教育活动，以及评选支持森林公安年度人物等活动，通过不同形式和各种载体，使围绕中心、服务大局的理念在全体干警中真正内化，不断升华。三是在业务工作中体现。不仅把围绕中心、服务大局作为森林公安业务工作的根本指导思想贯彻到各项业务工作的方方面面，而且将端正业务工作指导思想作为衡量各项工作的重要尺度；不仅注重把业务工作放到全局中去谋划，而且注重把各项工作融入到全局中去推动，从而收到事半功倍的综合成效。2013 年国务院批准的中原经济区建设规划和 2014 年实施的河南省林业生态省建设提升规划，我们都较好地融入其中，并成为支撑体系的重要方面，赢得了各级党委、人民政府对森林公安的高度重视和大力支持。这是我们对森林公安发展内在规律认识和实践不断深化的结果，是森林公安开始步入良性发展的重要标志和基本经验，值得我们认真总结和倍加珍惜。正是基于从全局和战略高度认识这个问题，我们也深切感到在这些方面还存在着较大差距。一是在围绕大局上谋划不够，在一些工作环节上认不清形势，吃不透情况，理不清思路。二是在融入大局上缺乏方法，主观上很努力，工作上很主动，但抓不住机遇，缺乏抓手。三是在服务大局上能力不足，在需要融入全局的一些工作上满足于一般化工作方法，局限于现有条件，不善于借势借力，抓不到点子上，在关键环节上措施跟不上，推动乏力，加之基础工作不扎实，使一些工作在推进上形不成克难攻坚的整体合力。针对存在问题，紧密结合当前实际，要把围绕中心、服务大局问题作为大调研大讨论的重要问题，作为领导班子建设业务工作的重要指导思想，不仅各级领导干部，而且每一个干警都必须进一步提高认识，强化观念。要紧紧围绕国家林业局开展的"两转变、两服务"活动，认真查找问题，细化整改要求，在围绕、融入、服务大局上，提出针对性的具体措施，探索提高服务大局水平的重大举措和提升服务大局能力的长效机制。要抓住实施河南省林业生态省建设提升工程规划的机遇，进一步加大围绕、融入、服务中原经济区建设已有举措的推进力度，尤其是要进一步深化对新型城镇化、产业聚集区和粮食主产区生态保护的战略研究，围绕"四区三带"进一步强化警务合作和防控体系建设，在融入大局中切实提升服务大局能力。

二、增强责任意识，提升履职能力

党的十八大从世情国情出发把生态文明建设放在突出地位，融入经济建设、政治建设、文化建设、社会建设各方面和全过程，并明确提出建设美丽中国的宏伟目标，对作为生态文明重要组成部分的林业赋予了前所未有的责任和使命。河南林业生态省建设以来，全省完成造林 2500 多万亩，除更新造林外新增森林面积近千万亩，随着中原经济区、国家粮食主产区和航空港综合试验区上升为国家战略全面推进，尤其是南水北调工程的即将全面竣工，林业在中原经济区中的地位更为重要，河南森林公安局在维护生态安全中的任务也更为艰巨。从这一战略和全局出发，我们的责任和使命比以往任何时候都更为重大，切实提高履职能力比以往任何时候都更为重要也更为迫切。落实政法编制完成人员过渡之后，我们从队伍建设入手，在提升履职能力各方面做了大量工作，尤其是实施"两推两提"，即推进执法规范化建设，提升办案质量，推进执法能力建设，提高办案数量等一系列重要举措之后，全省森林公安履职能力有了较大提升。2014 年以来，全省森林公安机关共办理各类涉林案件 13839 起，其中刑事立案 1444 起，破案 1116 起，起诉 1571 人，百名民警立案数、破案数、起诉人数分别达到 62.7 起、48.5 起、68.2 人。从网上监督和实地抽查及国家森林公安局检查情况看，办案质量也有明显提高。这些成绩是来之不易的，但是我们也要看到，同全国先进省份比，同国家森林公安局综合考评和我省林业的重要地位相比，还是有一定差距的，原因主要集中在两个方面：其一是由于刚性制约，加上实施新刑事诉讼法和信息化建设等新情况，以及执法办案环境的新变化等。在一些地方存在不敢办案、不愿办案和不会办案的倾向。其二是创新能力问题。同样受警力问题制约，禹州市森林公安局却创新警务合作模式，通过在地方公安派出所设立工作站，有效地提升了履职能力，创出执法办案综合考评 2012 年度全省第一的优异成绩。同样受实施新刑事诉讼法的影响，洛宁县森林公安局却把此作为推进执法规范化建设的难得机遇，在省里支持下组建林业司法鉴定中心，以鉴定转型促全程规范转型，实现了办案数量和质量的双提升。同样面临信息化建设滞后的压力，郑州市森林公安局不等不靠，攻坚克难，在科技强警方面积累了成功经验，百名民警破案数和起诉数明显提升，进入全国省会城市前列。所有这些，很值得我们深思。要全面提升履职能力，就必须把提升创新能力作为重中之重，放到更加突出的位置。

三、增强机遇意识，提升创新能力

当前，河南省林业发展还处于重要战略机遇期，而且随着美丽中原在中国梦中的靓丽定格，生态建设在"五位一体"和"两不三新"中的定位，这种机遇和优势只会放大而不会削弱。作为依林而生的森林公安在这个重要战略机遇期中，既是黄金发展期，也是矛盾凸显期，既是转轨转型期，也是爬坡过坎期。机遇含而不露，机遇稍纵即逝。在机遇与挑战并存，优势与困难同在的情况下，能否珍惜、把握、用好机遇，关键在于创新。机遇只垂青那些有准备而且善于发现、挖掘、创造机遇的有为者。因此，我们不仅要有抢抓机遇的意识，更要有锐意创新的意识，在提升创新能力方面要有责任感和紧迫感。当前和今后一个时期，应着重把握并围绕以下几个问题务实创新。

首先，要切实抓住集优机遇，打牢实战化基础。经过艰苦努力，尤其是近年来服务大局的创新实践，各级党委政府从来没有像现在这样高度重视森林公安工作；各级有关部门尤其是林业、公安主管部门，从来没有像现在这样大力支持森林公安工作；社会各界从来没有像现在这样普遍关注森林公安工作。天时地利人和，能够形成这种叠加优势和集优机遇是十分难得的。抓住并用好这一机遇，切实把关乎森林公安生存发展的重大问题谋划好，当务之急是要解决好打牢实战化的基础问题。一是通过推进警务室建设等措施，整合警力，优化"四区三带"警力布局。二是通过创新警务合作模式，提高接处警能力和快速反应能力。三是通过完善林业司法鉴定网络，提高取证、鉴定水平。

其次，要切实抓住转型机遇，倒逼规范化建设。新刑诉法的实施，不仅极大地引导和强化了民警执法的程序意识、证据意识、时效意识和接受监督意识，由此也带来了警务机制的极大优化，成为拉动公安事业全方位转型升级的重大变革。抓住这一转型机遇，突出抓好执法岗位的标准化配置，执法行为的标准化流程，和执法场所的标准化管理，以此倒逼执法过程向"可规范"靠拢，执法行为向"能规范"贴近，执法结果向"必规范"落实，全面推进执法规范建设。

再次，要切实抓住接轨机遇，提升信息化水平。警务信息化是公安工作的引领和支撑，是提升能力和战斗力的核心和关键。2013 年在国家林业局和河南省公安厅支持下，河南省森林公安信息化建设已纳入省、市一体化警综平台建设，这对我们来说是划时代里程碑意义的大事。抓住并用好这一接轨机遇，我们森林公安信息化建设就将踏上快车道。否则，我们讲什么有为有位将成为空谈。为此，我们既要扎扎实实不折不扣地做好"强行入轨"的"规定动作"，在同省市一体化中深度融合，还要做好做活"自选动作"，在有限的自由裁量中保持森林公安特色。尤其要在强化应用上下功夫，通过领导示范应用、案例引导应用、典型带动应用、制度规范应用等，开展应用练兵和竞赛活动，切实打牢基础，提升水平。

原山林场奔小康速写

戴 兵

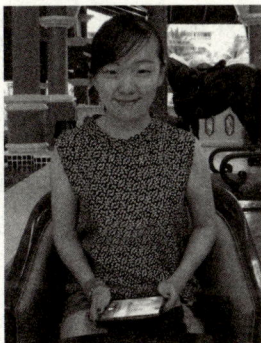

戴兵，女，1986 年 10 月 6 日出生。中共预备党员，山东淄博人，毕业于青岛理工大学琴岛学院经贸系，2012 年进入山东省淄博市原山林场，现为原山林场办公室档案管理员。撰写的《一位林场党委书记的"发展观"》获国有林场思想政治工作征文大赛调研报告类二等奖。

山东省淄博市原山林场近 3 年总体奋斗目标：经营面积增加 4 万亩，集团经济总量增长 50% 以上，职工工资增长 40% 以上，在齐鲁股交中心挂牌上市企业达到 5 家，危旧房改造住房分配到户，山东首家国有林场银行揭牌开业，进一步提升"爱心原山"公益道德品牌，2015 年基本实现小康，2016 年全面建成"道德原山、小康原山"。

——这是 2014 年原山林场职代会上审议通过的 3 年奋斗目标规划——它已经和正在成为全场干部职工开展所有工作的一杆标尺。

一、党员领导干部要做林场大家庭中的老大，这个"老大"就是要为林场职工服好务

在原山林场流行着一个理念："党员领导干部要做林场大家庭中的老大，这个老大就是要为林场职工服好务！"这是党委书记孙建博对林场全

体党员领导干部带领职工实现 3 年奋斗目标,持续干事创业,打造百年和谐林场的新要求。

1996 年,孙建博上任之际,正是原山林场最困难的时期。原山林场和园艺场两个困难事业单位合并以后,共欠外债 4000 多万元,林场职工 3 个月发不出工资,园艺场的职工更是 13 个月没领到工资,医药费连续 3 年无法报销。林场家家户户都过着"过了今天再说明天"的日子。

山东林业人过得实在是太艰苦了!

这样的困境,深深地刺痛了孙建博的心。他下定决心,要与所有原山兄弟姐妹同甘苦、共患难!就这样,他与原山林场就此结下了不解之缘。

孙建博心想,最大的问题不是 4000 多万元的外债,而是两个事业单位的 1000 多人,几乎有 1000 多个困难家庭,职工没有收入,日子怎么过下去?

孙建博告诫自己:不给职工解决实际困难,就算不上林场的当家人!就不配是党员领导干部!

他上任伊始,正值年关。为了让职工先过个安稳年,他硬着头皮,托熟人,以个人名义从有关单位赊了 200 多桶花生油和 200 多袋面粉,连夜送到园艺场的职工家里,然后,费尽周折联系有关部门给职工通了电、送了水。他想,不管怎么样,先让职工过个踏实的春节再说,中国人很讲究这个问题。

广大职工知道这是刚上任的孙建博场长,给大家伙送来的年货时,一个个心里热乎乎的,有这样的好场长,以后的日子就有了希望!

在孙建博眼里,一个是保护好森林,另一个是让职工生活幸福,这两件事,就是林场"天大的事"!因为,这两件事是实现绿色增长、实现人与自然和谐相处的大事。

为了保护和发展林场的生态优势,孙建博和职工们一起大力造林。他拖着一条病腿,无论严寒酷暑,还是刮风下雨,只要有空,就带领职工上山挖坑栽树。通过植树造林,原山林场林地面积净增 12425 亩,立木蓄积量由 6.8 万 m^3 增加到 15.3 万 m^3,相当于又长出了一个林场。

他让林场每一位职工都知道:林场是我们赖以生存的命根子,我们一定要管护好自己安身立命的林场。

林场的森林种好了、管好了，孙建博心里还有许多要紧的事，这些事还是让他整夜难以入眠。他想：森林反哺周期长，就算经济效益、社会效益非常好，也是远水救不了近渴。林场1000多名职工，不能光等着树林子吃饭，必须要从改革林场长寻找新的出路。本着这样的发展观，孙建博决定跳出林业办林场。就是说，在不放松保护和发展林业的前提下，坚定不移地走"以林为本、多业并举"的改革发展之路——搞旅游，搞副业。

原山林场原来有6家亏损企业，不彻底改制，就会越亏越多。他顶着巨大的压力，下决心关停并转了6家下属亏损企业。经过论证，新筹建起了市场前景看好的纸箱厂、工具厂、苗圃养殖、花木培植等新的企业。

几年下来，依托林场发展起来的项目达到十几个，年产值达到5000多万元，年上交3项费用达到1000多万元，200多名职工重新上岗。林场逐步还清了债务，为职工补发了工资，退还了集资款，报销了医药费……看着职工们一张张幸福的笑脸，孙建博心里别提多高兴，他觉得做人做这样的人，比什么都值得。

二、干着今天，想着明天，谋划着未来，党员领导干部当得才算称职

孙建博上任以来，干事创业的脚步一直没有停歇过。1997年，他决定在原有原山国家森林公园的基础上，成立淄博原山集团有限公司，走集团化发展的道路，顺应市场趋势才能有出路。

在孙建博的带领下，通过深化改革、创新发展，经过十几年的努力，原山林场走出了一条国有林场可持续发展的好路子。

经过全场干部职工的共同努力，原山林场上景点、搞开发，终于成为国家重点风景名胜区、国家4A级旅游区、山东省十佳森林公园、山东省十大新景点。

林场职工过上丰衣足食的好日子之后，孙建博又为全场干部职工勾画了更加美好生活的蓝图。他知道，职工们的心里都有一个美丽的憧憬，那就是住上宽敞明亮的大房子。这个美丽憧憬就要一天天地变成现实。如

今，林场每名职工都能有稳定的工作环境，再也不用怕失业；职工拿的工资标准，已经排在淄博市各类企业的前列。经过十几年的住房改造，每名职工都能有一套或两套住房，心里无不感到美滋滋的。职工杨玉坤是一名残疾人，在林场不仅学到了一门可以自食其力的手艺，而且有了一份稳定的工作，他深切感受到：党组织关怀备至，厂领导胜似亲人。当他第一个拿到林场"危旧房改造新房"的钥匙时，激动地说："林场是我最温暖的家！我能做的就是干好自己的工作，报答林场和孙书记对我的恩德！"

18年来，孙建博开拓进取的脚步一直没有停歇，一个又一个的惊喜在原山林场接踵而来。在保护原有生态资源的前提下，原山林场利用原山国家森林公园，投资1.5亿元倾力打造淄博市首家森林湿地公园——如月湖湿地公园。如月湖景区拥有万亩林海，镶嵌在山与山之间，浑然天成，景色灵秀且远离尘嚣，依山傍水，风景秀丽，两只国宝大熊猫首次落户如月湖湿地公园。老一代务林人的危房建设成了生态的如月美庐旅游度假区。这些得天独厚的旅游风景资源，成为最为怡人的湖光山色的风景居所。这是原山林场的党委书记孙建博带领林场干部职工，送给淄博人民的一份厚重礼物。

三、一家人一起吃苦，一起干活，一起过日子，共同奔小康

孙建博是个心中有大爱的人。他爱这份事业，更爱他的职工。通过原山事业的发展让职工们过上幸福生活，是他每天首先要考虑的事情。孙建博坚持带领干部职工发扬"一家人"理念。职工中无论婚丧嫁娶，还是孩子上学，林场都统一料理，职工子女都能有条件上最好的学校，毕业以后学有所成，找到适合自己的工作；没有找到合适工作的职工子女，林场想办法安置他们，让原山的后代成为幸福的后代。原山退休职工是最幸福的人，原山过去连工资都发不出，各项保险更是谈不上，通过十几年的创业，让大家不仅有工作干、有工资发，而且完善了各项医疗保险制度。现在，每一位退休职工都领到了丰厚的养老金，成为令人羡慕的最美"夕阳红"。

原山林场成就了一个个原山人的幸福梦。原山"一家人一起吃苦、一

起干活、一起过日子、共奔小康"的理念，为职工筑起的幸福家园，不仅让每个林场职工人人成为股东，享受发展的成果，居住环境和生活条件不断改善；与生活息息相关的原山大厦、快捷酒店、原山超市、原山书屋等等都一应俱全。原山人不仅现在过得衣食无忧，今后也能老有所养、老有所乐，因为金色年华颐养中心已经建成。刚进林场的大学生和老职工一样，同样享受与生活直接相关的内容：一年两次增资、首先分福利房的权利，等等。刚刚踏入社会的大学生，也享受到了原山事业发展的成果，真正成为社会上有尊严和地位的成功人士。

从 1996 年开始，孙建博与原山结缘 18 年以来，带领原山职工创造了幸福美好的原山林场。他对原山有着深切而又浓烈的爱。他对党组织的回报，就是让每一个原山林场职工都过上富足、安乐的日子。而广大林场职工对孙建博的支持，又让孙建博对原山林场的一草一木、一砖一瓦，都爱得更深。孙建博用实际行动兑现了自己的庄严承诺。

原山林场全面小康的幸福美景，闪耀着熠熠夺目的光辉。

企业文化建设篇

以文化建设推进研究生思想教育

林 群

林群，男，1974 年 12 月出生。中共党员，中国林业科学研究院森林培育学专业毕业，博士研究生，高级工程师。现任中国林业科学研究院研究生部副主任。

　　研究生是我国高层次人才的重要来源，对研究生的培养不仅要重视提高他们的科学文化素质，更要重视提高他们的思想政治素质。我国的研究生教育是由高等院校和科研院所共同承担和实施的，这是我国研究生教育区别于国外研究生教育的一大特点。由于培养机制和管理模式的不同，与高等院校相比，科研院所的研究生教育管理工作，尤其是研究生的思想政治教育具有独特性。科研院所主要从事科研工作，不论是承担的科研课题数量，还是科研资源、研究手段、研究水平、成果数量等都具有相对优势，在科研第一线培养的研究生，具有课题层次高、论文起点高、动手能力强的突出特点。[1]但是科研院所由于研究生培养规模小、学科相对单一、人文氛围缺少等方面的劣势，给研究生思想政治教育带来了一定的困难。因此，科研院所要充分发挥院所文化在研究生思想政治教育等方面的作用，努力拓展研究生思想政治教育的新思路。

一、科研院所研究生思想的主要特征

作为我国高等教育的最高层次，研究生与本科生相比，在教育背景、年龄结构、社会阅历、心理特征、个体素质等方面都有区别，研究生自身的复杂性必然使研究生的思想政治教育工作具有不同于本科生的特殊性。科研院所的研究生，在思想认识方面除了具有高校研究生共同的特征外，在以下3个方面表现尤为突出。

（一）重视专业学习，忽视人文精神培育

由于科研院所主要承担科研任务，与繁重的任务相比，科研人员相对较少，研究生从事论文工作所拥有的科研项目和经费相对充足。因此，科研院所能够给学生提供接触一流科研实践的机会较多。高度的实践性和繁琐的事务性，科研院所的研究生显得格外"忙"，跑野外、做实验、写论文、搞科研等，与一般高校相比，其事务性、参与性更强，他们既是在"学习"，又像在"工作"，在繁忙的"学习兼工作"中，他们会逐渐变得更为理性、务实，较多注重显性的、直接的结果，比如发表了几篇论文、参与了多少课题，等等，而对于人文精神的培育却重视不够，在参与各类校园文化活动或社会实践时，积极性不高。[2] 因此，科研院所的研究生人文素质整体水平不高，缺少人文氛围。

（二）生活学习独立性强，组织观念淡薄

研究生分散在各个学科专业，在导师指导下独立自主地开展研究工作，这种学习方式促使研究生的学习和生活独立性强、分散性大，思想不易统一，很多集体活动很难开展。特别是科研院所的研究生，由于参与科研项目机会多，任务重，把大部分的时间和精力都放在专业学习和科研实践上，不能保证有足够时间参加政治理论学习，甚至有些研究生党员连党组织生活都不能按时参加。另外，有部分导师只重视在专业方面对学生的指导，对研究生参加政治理论学习的重要性认识不够。因而部分研究生存在思想政治认识偏差，政治信仰迷茫，责任感不强，人生观、价值观功利化，集体意识和组织观念淡薄。

（三）就业形势严峻，心理压力大

近年来，科研院所的研究生招生数量虽然有了一定的增长，但相对于高校而言，研究生整体规模仍然较小，在就业市场上的知名度远不如同等水平的高校。另外，由于部分用人单位只招收"985"工程院校和"211"工程院校毕业的研究生，科研院所直接被排除在外，因此，虽然科研院所培养的研究生质量不低于相关高校，但是在就业市场上还是就业范围比较窄。社会上不少人误认为科研院所毕业的研究生只能从事科研工作。随着国家科技体制改革进一步推进，科研单位的编制越来越紧张，因此，科研院所毕业的研究生就业形势日趋严峻，研究生一入学就开始担心就业问题，心理压力普遍较大，再加上学业和生活等方面的压力，研究生的心理情绪容易波动，在处理学习和生活中遇到的各种问题时，思想容易偏激。

二、科研院所研究生思想政治教育工作的难点分析

目前，大部分高校存在对研究生思想政治工作重视不够、管理体制不够健全、思想政治教育队伍建设薄弱、导师和任课教师育人意识不强、工作内容与方法缺乏针对性，以及制度保障和评估体系缺少等问题。[3-4]与高校相比，这些问题在科研院所研究生思想政治教育工作中同样存在，而且部分问题的情况更加严重，主要体现在以下3个方面。

（一）忽视思想政治教育的观点难以转变

目前，高校对研究生教育存在着重视业务素质，忽视思想道德素质培养的现象，大部分高校没有把研究生思想政治教育工作放在重要的位置，甚至出现了"说起来重要、做起来次要、忙起来不要"的现象。[4]科研院所中大部分研究生导师这种忽视思想政治教育的观点比高校更严重。由于科研院所的研究生导师都承担着繁重的科研任务，研究生往往是导师相关科研项目的成员之一，已经成为科研工作的重要生力军，因此，科研院所的研究生既是"学习"，又在"工作"，业务水平和科研能力几乎成了检验研究生培养质量和衡量研究生是否优秀的唯一标准。而集体活动的开展、日常的政治理论学习和定期的党员组织生活则被认为是次要的、可有可无的，甚至部分导师以影响学习和科研的理由，不支持自己学生参加相关的政治学习和集体活动。

（二）强化思想政治教育队伍的措施难以落实

长期以来，大多数高校的研究生思想政治队伍建设薄弱，研究生辅导

员的配备严重不足，能力和水平不能适应新形势的要求。科研院所由于招生规模相对偏小，基本上没有专职的研究生思想政治教育队伍。《教育部关于进一步加强和改进研究生思想政治教育的若干意见》（教思政〔2010〕11号）发布以后，各高校高度重视研究生工作队伍建设，在专兼职辅导员配备、经费投入、培训培养和制度保障上做了大量的工作，多数高校制定了研究生辅导员的建设规划，部分高校已经实现了1∶200的人员比例配置。[5]部分科研院所也参照高校做法，制定了加强研究生思想政治教育队伍的相关政策措施，但是要具体落实起来难度很大。除了对新形势下研究生思想政治教育工作的重要性认识还不够等观念上的原因，科研院所事业编制越来越紧张也是一个重要因素。

（三）开拓思想政治教育的手段难以创新

现有的思想政治教育内容，缺少学科特色，缺乏时代感，不能结合学科特点设置相应的内容。思想政治教育的形式枯燥，教学手段相对落后，缺乏既有特色又有效果的教育途径[6]。科研院所与综合性大学相比，由于研究生教育规模小、学科相对单一、人文氛围缺少，思想政治教育的开展更加困难，即使有一些思想政治教育的创新手段，也由于"人气"不足，难以收到预期的效果。

三、以院所文化建设推进研究生思想政治教育的探索

院所文化是科研院所在进行知识创新、科技创新与应用的全部实践及结果中，努力贯彻并实际体现以人为本的群体竞争与协作意识，是凝聚广大干部职工的精神纽带。[7]近年来，中国林业科学院（简称林科院）大力强化院所文化建设，针对科研院所研究生思想的主要特征及其教育工作的难点，探索以独特的院所文化建设推进研究生思想政治教育，并取得了一定的成效。

（一）以精神文化建设为核心，传播研究生思想政治教育理念

精神文化是院所文化的核心和灵魂，主要指以马克思主义哲学为指导，激发人与人、人与团队、团队与团队之间，新的价值取向、创新理念、思维方式和协作意识，形成充满生命力和创新能力的团队精神。[7]中

国林业科学院建院 50 多年来，全院广大科技工作者，情系祖国绿色事业，胸怀报国富民之志，以推动林业科技进步、促进林业发展为己任，形成了"脚踏实地、勇攀高峰、科学树木、厚德树人"的院所文化核心内涵。近年来，林科院在全体科技人员，特别是研究生导师中，努力传播"育人为本、德育为先"的理念，强调以独特的院所文化教育和熏陶每一位新入学的研究生。在开学典礼上，向全体新生介绍院史、院情及院所文化，邀请两院院士、先进科技工作者等给新生作报告，介绍自己的科研经历，勉励和鼓舞研究生献身林业科研事业。此外，注重发挥导师作为研究生思想政治教育首要责任人的作用，激励和调动导师参与研究生思想政治教育的积极性。在每次导师培训班上，都邀请相关专家，就研究生思想政治教育的重要性和内容、教育方法和手段等方面对导师进行培训，让每一位导师牢固树立"德育为先"的理念，将自己所感受到的院所文化精神，潜移默化地传授给每一位研究生。

崇尚科学和创新精神，是院所文化区别于其他文化现象的本质特征。近年来，林科院在进行院所文化建设过程中，注重传承和弘扬老一辈科学家的科学和创新精神。原院长郑万钧先生是我国著名林学家和林业教育家。为传承老一辈科学家艰苦奋斗、开拓创新的优良传统，弘扬他们求真务实、锲而不舍的科学精神和淡泊名利、无私奉献的道德风范。开展了"郑万钧林业学术思想研究"，出版了《郑万钧专集》，在京区大院内树立了郑万钧塑像。结合院所文化建设，强化研究生的科学道德和诚信教育。以老一辈科学家为榜样，强调"欲修学，先立身"，要求研究生以德立学、以德立人，重操守、重品行，做到立德立学相统一、做人做事相统一。举办了"科学道德与学风建设宣讲教育"系列活动，努力培养研究生不畏艰难的科学作风、严谨求实的优良学风、求新探异的创新意识、艰苦奋斗的创业品格、合作沟通的团队精神。

（二）以校园文化建设为抓手，营造研究生思想政治教育氛围

校园文化是一种特殊的育人氛围，重在潜移默化地教育和引导研究生的世界观、人生观、价值观，使其受到校园文化所倡导的精神、所形成的氛围的熏陶和感染，并将这种精神逐步地内化为个人的思想意识和行

动。[8]高校是以育人为首要任务且具有多层次的教育，因此，高校校园人文环境具有多层次、多样性、多成分及多形态并存的特点，这也是一般科研院校所缺乏的。[9]科研院所中的校园文化，本身就是院所文化的重要组成部分。同一个科研单位的科研人员在长期共同追求的理想、信念、目标和精神境界中，所形成共鸣与和谐、竞争与协作、宽容与激励、不断进取与甘作人梯的文化环境，集中表现为这个院所群体的团队精神。科研院所的校园文化建设应以培养学生的团队意识和集体主义精神为切入点。

近年来，林科院积极组织研究生开展各项文体和学术活动，在院所文化建设中突出校园文化的内容，努力营造研究生思想政治教育氛围。每年都组织学生举办研究生迎新晚会、元旦晚会、歌手大赛；组建了研究生合唱团；组织研究生开展了系列体育比赛；举办"研究生学术论坛"；组织优秀学术论文评选和党史知识竞赛等。此外，还成立了研究生青年志愿者协会，组织研究生开展社会实践活动。如为老人献爱心活动，志愿者与孤寡、生活困难、行动不便的老人结成帮扶对子，定期为他们打扫卫生、理发、买菜，陪老人散步、过生日等。开展科普志愿者活动，组织志愿者到周边小学开展科普知识讲座；带领小学生识别树木，讲解植物习性；指导小学生课外科学兴趣小组，开展植物组织培养等科学实践。通过组织相关文体学术和社会实践活动，不仅丰富和活跃了学生的校园生活，而且也培养了学生的团队意识和集体主义精神。

（三）以制度文化建设为重点，完善研究生思想政治教育机制

制度文化是院所文化最基本、最重要的内容，集中体现院所管理体制、运行机制的完整体系，它以人为本，以激发人的自我约束力和创造力为核心，充分显示制度的权威性、强制性和群众参与性。[7]因此，加强研究生思想政治教育工作，也要以制度文化建设为重点，完善研究生思想政治教育的相关激励机制。近年来，林科院在完善机制方面，取得了一定的成效。一是构建鼓励各方人员参与研究生思想政治教育的激励机制。要做好研究生思想政治教育工作必须建立一支政治素养高、知识结构合理、专兼职结合的管理人员队伍。通过在全院范围内公开招聘兼职班主任和辅导员，热心参与研究生思想政治教育的科研和管理人员积极应聘，经过认真

筛选和审核，组建了一支政治强、业务精、作风正、责任心强并且相对稳定的研究生思想政治教育队伍。基本上做到了每个研究生班级都有一名兼职班主任和一名辅导员，他们积极参与到班级和党支部的各项活动，研究生管理部门定期对他们的工作进行考核，并给予一定的报酬，同时，在研究生导师遴选、职称评定上实行一定的政策倾斜。二是完善研究生党团组织和社团组织的运行机制。研究生党支部具有突出的政治优势、组织优势和教育优势，抓好研究生党建工作是加强研究生思想政治教育的有效途径和切入点。[10]因此，每年都举办研究生党支部委员培训班，提供一定的经费支持党支部开展活动，并给支委提供通讯补助。此外，充分发挥研究生会、志愿者协会等群众组织在教育、团结和联系研究生方面的优势，针对研究生特点，打造理论学习、科技创新、文化交流、实践服务等富有思想性和教育性的各类活动。三是完善激励研究生参加文体学术活动和社会实践的奖励机制。科研院所由于缺少人文氛围，研究生参加文体学术活动和社会实践的积极性不高，因此，制定了一系列激励机制，将研究生参加相关活动纳入研究生综合测评中，作为研究生评优评奖的重要依据，从而鼓励研究生参加文体学术和社会实践活动。

参考文献

[1] 章力建. 发挥科研单位优势办好农科研究生教育 [J]. 中国农业科技导报，2002，4 (6)：73~75.

[2] 陈华. 科研院所研究生教育管理工作的几点思考 [J]. 出国与就业（就业版），2011 (16)：12~13.

[3] 朱廷岚，高静波. 新时期加强研究生思想政治教育的思考 [J]. 经济与社会发展，2011，9 (11)：151~154.

[4] 刘兴华，王方艳. 新时期农业高校研究生思想政治工作的探析 [J] 高等农业教育，2010 (6)：75~77.

[5] 王光彦. 突出重点把握关键努力推动研究生思想政治教育工作再上新台阶 [J]. 思想政治教育，2012 (2)：3~5.

[6] 韩纪梅，唐世红. 以各类活动为载体促进高校研究生思想政治教育

工作有效发展［J］. 时代经贸, 2007 (5): 39~40.

[7] 蔡登谷. 院所文化的实践与创新［J］. 科学学研究, 2003, 21 (5): 449~454.

[8] 阎晓愚. 以校园文化建设促进研究生思想政治教育［J］. 中国电力教育, 2012 (4): 123~124.

[9] 陆爱华. 高校与科研院所研究生教育的相关性分析［J］. 教育改革与管理: 研究生教育研究, 2004 (1): 34~36.

[10] 杨刚. 加强研究生思想政治教育工作的思考［J］. 高等教育发展研究, 2009, 26 (2): 59~61.

浅谈文化引领企业发展

姜煜民

姜煜民，1970年出生。1989年参加工作，2004年加入中国共产党。先后任大兴安岭农工商联合公司党委宣传部干事、新闻电讯科副科长、记者站站长等职；现任该公司党委宣传部副部长、文明办主任、记者站站长。先后荣获农工商联合公司优秀共产党员、优秀党务工作者，创先争优先进个人等荣誉称号。在大兴安岭宣传思想文化系统创先争优评比中被评为"先进宣传工作者"。

文化是民族的血脉，是人民的精神家园，是政党和国家的精神旗帜。从世界发展的趋势看，提升文化软实力是中华民族走向伟大复兴的战略任务。从科学发展的要求看，推进文化繁荣发展是加快转变经济发展方式的有效途径。一个国家的发展离不开先进文化的引领，一个企业要发展，要在激烈的市场竞争中赢得主动，就必须加强企业文化建设，全面提升企业核心竞争力。在新形势下建立起符合企业发展实际和企业特点的先进企业文化，是创造富裕文明和谐的企业氛围和优良的企业环境，使企业能够在新机遇和新挑战面前健康发展的根本保证。

一、明确企业文化的深刻内涵

企业文化是企业长期生产经营活动所自觉形成的，并为广大员工恪守的经营宗旨、价值观念和道德行为准则的综合反映。广义的企业文化是指企业物质文化、行为文化、精神文化以及制度文化的总和，狭义的企业文化指以企业价值观为核心的企业意识形态。

现代企业文化从实践到理论的发展，丰富了自身的内涵与外延。要进行企业的文化建设，首先要对它有一个比较完整和系统的理解，也要对企业文化如何在企业中发挥作用的功能特征有所了解。企业文化以人为本，尊重人的感情，从而在企业中造成了一种团结友爱、相互信任的和睦气氛，强化了团体意识，使企业职工之间形成强大的凝聚力和向心力。这时，"厂兴我荣，厂衰我耻"成为职工发自内心的真挚感情，"爱厂如家"就会变成他们的实际行动。

企业文化对企业的发展具有重大的作用，是决定企业兴衰的重要因素，是企业发展的助推器、动力源。过去那种机械的、僵硬的、命令式的管理，已经不适应现代企业管理的要求。企业管理只有建立在企业文化这个根基上，完成由过去管"身"到现在管"心"的转变，才有管理的现代化，不断促使企业形成遵章守纪、明礼诚信、团结友爱、敬业奉献，具有健康向上、勃勃生机的内部氛围，企业管理才具有更高的层次，才能促进职工自觉地把自己的智慧和力量汇聚到企业的整体目标上，把个人的行为统一于企业的共同方向上，从而凝结成推动企业发展的巨大动力。

二、认清企业文化建设存在的问题

当今社会不仅是知识经济、网络经济时代，更是文化经济的时代，企业之间的竞争越来越表现为文化力的竞争，企业文化已成为推动生产力发展的强劲动力。企业文化建设也越来越受到众多企业的重视，但目前很多企业对企业文化建设的认识不足，企业文化建设中存在许多问题，主要反映在以下几个方面。

（一）对企业文化建设理解有误区，重要性认识不足，理解不全面

一是一些企业长期以来，对如何做企业文化，企业文化的内涵包括哪些内容缺乏明确的认知，认为企业文化的实质和内容就是做一些公关宣传活动、广告推广活动、社会公益活动和职工的文化娱乐活动，而忽视了企

业文化中最本质的部分，即企业理念和行为方式的确立与推广。二是有的企业在做企业文化建设时，将工作重点放在视觉文化上，认为统一了着装，统一了企业的标识，做了形象设计和形象宣传，就是在做企业文化，使企业文化建设陷入了形式化、肤浅化的误区。三是没有全面系统地建成符合企业发展特点的先进文化建设框架，不少干部职工把企业文化建设片面理解为思想政治工作，或仅局限于开展一些群众性文化体育活动和张贴文化宣传标语口号等，并没有搞明白企业文化的基本内涵，使开展的企业文化只能流于形式，而没有真正达到凝聚人心、促进发展的目的。

（二）没有意识到企业文化建设应与经营管理紧密融合

有些单位只重视生产管理，而忽略了企业文化建设的重要性，从而导致企业文化不能很好地发挥其应有的作用，企业文化建设必须紧密融合到生产、经营、管理中去，在经营管理中凝练出一些符合企业特点、适应企业发展的企业核心价值观、企业精神、员工行为规范、企业经营理念、经营宗旨等为主要内容的企业文化发展基本框架，企业文化才有灵魂，才能增强企业核心竞争力，创造良好的文化氛围和强大的力量源泉。

（三）盲目效仿其他企业文化

一些基层单位看到别的企业搞企业文化发展了，就跟着效仿，误认为企业文化就是创造特色环境，在没有充分考虑客观因素、自身特点的情况下，盲目开展活动，不能创新企业文化理念和内涵，在企业文化理念上不能达成共识，只能使职工思想意识盲从，使企业文化建设成为标语口号，而不能在职工心里扎根。

以上几点问题的存在，都在不同程度上影响着企业文化的健康发展。

三、建设企业特色文化的措施和途径

《中共中央关于深化文化体制改革推动社会主义文化大发展大繁荣若干重大问题的决定》（简称《决定》）指出："文化引领时代风气之先，是最需要创新的领域。必须牢牢把握正确方向，创新文化走出去模式，为文化繁荣发展提供强大动力"。要形成企业特色文化，必须立足发展先进文化、建设和谐文化的实际，发挥文化引领风尚、教育职工、服务企业、推动发展的作用，努力制定符合现代企业发展要求、体现企业文化特点的目标措施。

（一）要形成普遍共识

企业文化的形成与制定必须得到全体职工的认同。要增强内部凝聚力和外部竞争力，推动企业可持续发展，必须使职工形成同一的理念，并且贯彻落实。要通过在职培训、座谈讨论等形式，进一步增强职工对企业文化建设的认识，让职工人人参与在其中，从"要求我这样做"转化为"我应该这样做"，才能按照企业文化管理的要求，用文化理念指导个人行为，使之符合企业发展的需要。

（二）要培育企业精神

在塑造企业文化的时候，首先要对企业在发展过程中所形成的不同的价值观念进行分析整合、精心提炼出最能概括本企业在长期发展中形成的成功经验，最富有本企业的特色，最适应本企业发展、最有价值的文化，即企业精神。企业精神需要在企业的发展中不断提炼、充实、升华和凝聚。企业精神确立后，还需要扩大宣传，加深理解，成为企业全体职工的共识并努力实践。企业领导不仅要注意对职工进行教育和引导，更要注重自身形象的树立，率先垂范，把企业精神发扬光大。

（三）要开展文化活动

《决定》提出，"要牢固树立马克思主义群众观点，为广大群众成为社会主义文化建设者提供广阔舞台，广泛开展群众性文化活动，引导群众在文化建设中自我表现、自我教育、自我服务，让蕴藏于人民中的文化创造活力得到充分发挥"。全面推进企业文化健康发展要充分利用重大节日举办联欢会、团拜会、灯展、彩灯一条街等丰富多彩、不同规格、不同层次的文化娱乐活动。统筹安排组织职工开展文艺演出、各类体育比赛等引领文化风尚活动，营造浓厚的文化氛围，增强职工爱岗敬业、团结进取的良好氛围。

（四）要建立保障机制

在企业文化的塑造、培育过程当中，把理念性的精神层面的文化固化为规章制度的形式，并以此约束和引导职工的行为则是必不可少的阶段；

反过来，这些浸透着企业经营理念的规章制度的遵循也使得企业文化的培育有了硬性的导向。提高文化建设水平要在认真修订完善企业文化建设发展规划的同时，努力构建文化建设发展基本框架，使企业的核心理念、价值观等深入人心。

（五）要改善服务体系

满足人民基本文化需求是社会主义文化建设的基本任务。《决定》提出，必须坚持政府主导，加强文化基础设施建设，完善公共文化服务网，让群众广泛享有免费或优惠的基本公共文化服务。从企业文化发展情况看，必须加强文化设施建设投入，完善职工活动场所，丰富农家书屋，普及有线电视场场通，以保障职工群众看电视、读书看报、参与公共文化活动等权益。同时要进一步抓好管乐文化、冰雪文化、民族文化、校园文化等具有企业特色的品牌文化，提升企业文化建设水平。

（六）要加快产业发展

《决定》提出，发展文化产业是社会主义市场经济条件下满足人民多样化精神文化需求的重要途径。要着力挖掘、提炼、开发具有企业特色和时代特点的文化产品，例如在农工商，积极拓展以"五谷画场"生产的粮食画为主的企业特色文化发展空间，打造特色品牌文化，不断加强文化产业建设，全面提升企业文化和谐发展繁荣的能力。推广五谷画特色文化产品的开发力度，努力形成具有特色的企业文化产业格局，充分利用该公司农业科技园对产品进行展示，推动文化与旅游的结合，实现双赢。

（七）要加大宣传力度

从企业文化建设的实际出发，科学而合理地调整、完善企业文化建设保障体系，统筹安排各种企业文化活动，如演讲比赛、征文比赛、文艺演出、评选先进、树立典型等活动，宣传与推广企业文化理念，确保企业文化建设的连续性。

浅探国有林场职工文化建设

许文海

许文海，男，1985年7月出生，壮族，2009年毕业于广西大学法律系，2011年被聘为广西国有高峰林场党群办管理（技术）人员。在林场工作中关注职工文化建设的发展情况，通过深入基层调研及收集信息，充分挖掘林区职工创新特色文化建设情况，为推进现代林业改革和促进基层林业职工文化建设作出了贡献。

随着市场经济体制改革的不断深入和社会的日益进步，人们的思想意识和观念认知不断更新，职工精神文化需求日益突出，职工的思维方式、行为方式呈现多样化趋势，文化传播的形式、内容和受众的选择也更加多元化，职工的文化底蕴、精神状态直接影响着林区经济生产和企业发展，加强林区职工文化建设、维护职工精神文化权益已成为现代林业改革和推动林场结构升级转型的重要课题。为全面了解基层职工业余文化生活状况，进一步探索适应林业改革和林场发展要求的职工文化建设，我们采取与分会主席交谈了解、对部分职工进行问卷调查、深入基层调研查看等方式，对全场职工文化建设情况进行了深入调研思考，并提出了调研意见。

一、高峰林场机构设置和人员结构基本情况

广西国有高峰林场创建于1953年，林场下设13个营林分场、5个人

造板公司、6 个对外造林部，机关科室和其他下属单位近 50 个，全场职工共 4237 人，在职职工 2677 人，在职女职工 888 人（约占 33.2%），离退休人员 1560 人（约占 36.8%），归国华侨及侨眷 1100 人，一线职工770 人。

二、职工文化建设及工作现状

（一）建设文化阵地情况

加强阵地建设是推进企业活动和职工文化建设的内在要求，也是职工开展体育活动、健身活动、文化活动的必备条件。因此，我们坚持以人为本，从维护职工权益，丰富职工文化生活方面，积极筹划、力求实效，在设备、场所、资金、服务等方面为推动职工文化建设和开展文体活动提供良好的平台。一是搭建优质活动平台。高峰林场将文化基础设施改造和体育硬件设施建设纳入民生工程项目，扎实推进，于 2013 年投入了 2000 万元专项资金开展分场民生工程基础设施建设、体育硬件设施建设、职工文化基础设施改造等，逐步解决了基层单位基础设施薄弱，文化娱乐设施匮乏等问题。2014 年，林场又重点将工会经费投入到基层单位健身器材、场所设备的添置，通过分批次为基层分会"职工之家"添购健身器材、体育器材、文化娱乐设备、活动用品等，逐步满足基层职工文体活动的需求。现林场共有室内球馆 1 个、旧场部灯光篮球场 1 个，5 家人造板公司和 13个营林分场配有篮球场、健身器材及职工之家、乒乓球室等，全场拥有篮球场、羽毛球场的基层单位占 68%。全场 32 个分会也都建立了"职工书屋"，其中延河分场还与兴宁区图书馆合作成立了首个流动图书馆。这些阵地的建设为职工开展经常性的体育活动和文化活动提供了良好的基础和有力的保障。二是营造活跃活动氛围。随着林场事业不断向外扩张，职工工作地点分布越来越广，范围已由南宁市 6 县（区）扩大到全区 12 个市、56 个县（市、区），由于许多基层单位远离总场，且居住交通不便等原因，给林场开展全场性活动造成一定难度。为了解决这个问题，切实让林区职工活动氛围活跃起来，经过探索和研究，林场将 32 个基层工会按区域就近原则分成 6 个文体协会，各文体协会依据协会特色大力开展篮球比赛、足球比赛、排球比赛、拔河比赛、剥竹笋比赛、"三用机"（即挖穴、割灌、拌肥）比赛、插种竹柳、切割网袋容器、摆放育苗杯比赛、种植珍贵树种活动、护林巡山体能赛、游园趣味竞技、棋牌和麻将比赛等职工喜闻乐见的活动。职工参与的热情十分高涨，仅2013年，举行各类劳动竞赛和体育比赛等文体活动就有100多场次，丰富了林区职工业余文化生活。三是建立文化宣传阵营。通过充分利用《高峰》内刊、《高峰人》、外部信息网、内部OA办公网、宣传栏、板报等高峰文化宣传阵地，丰富高峰文化内涵。2013年，林场通过引进人民网、绿色时报等主流媒体，面向全国宣传高峰企业特色文化，收到较好的效果。仅2013年3月份，高峰林场成立60周年庆典暨民生工程全面建设动员会的全程微直播，点击率超过百万人次，并有185条评论，林场诚信文化、安全文化、制度文化、竞争文化、廉洁文化、和谐文化得到全面发展。

（二）引导鼓励职工开展文体活动情况

文体活动是推进职工文化建设的最好载体。工会作为群众性的组织，因势利导、因地制宜地开展丰富多彩的文体活动。一是抓好日常节日活动。每逢"春节"、"五一"、"七一"、"中秋"、"国庆"等重大节日，林场都组织广大职工开展书画摄影比赛、排球比赛、篮球邀请赛、拔河比赛、文艺晚会等活动。部分营林单位还积极与地方政府、村委民团、周边部队等进行体育文化交流，有效形成了"以球会友、以赛交流"的良好局面。此外，林场后勤服务机构也通过指导或服务等方式，鼓励离退休干部自由成立了"高峰晨练站"和"门球队"，通过开展门球比赛、广场舞、民族舞、健身舞、太极拳、太极扇等项目健身活动，让广大老职工老有所学、老有所乐。二是挖掘林业特色活动。为增加体育运动项目的趣味性和实用性，使体育健身文化更加深入实际、贴近生活，我们在开展常规体育运动项目的基础上，融入林业特色，不断创新体育运动方式和项目。在营林方面，林场组织13个营林分场的护林队和森林消防队，参加看图寻宝、负重登山、目测林木高度、灭火器拆装、快速反应、拔河等项目比赛；在工业方面，组织了5家人造板公司开展电焊氧割、叉车驾驶、装载车操作、消防安全等充满林产工业特色的劳动竞赛；在2013年林场职工运动会中除了设置球类、拔河类、田径类、棋牌类等常规项目外还增设了森林专业项目等，通过常规项目与林业特色项目相结合的方式，在全场形成了寓训于乐、以赛带训、以运动锤炼意志，以运动提高体能技能，以运动促进工作的体育文化建设新格局。三是开展大型技术交流活动。技术交流是文化交流的基本形式，也是职工文化建设的具体表现。为此，林场积极与上级林业部门、工会部门、就业培训技术指导部门、自行车协会等多方合作，大力开展技术型文化交流活动，有效地推进了企业之间的文化、人才及业务交流。2014 年 4 月，由自治区林业厅、自治区总工会联合主办，林场承办的广西首届国有林场职业技能竞赛在高峰林场界牌分场科技示范园进行，来自全自治区国有林场的 19 支参赛队伍 76 名林场职工通过抚育间伐施工、林分因子调查等林业技能竞赛，有效地促进了全区林业系统职工之间文化交流，增强了国有林场职工采伐技能和林业技术的操作性。5 月份，由国家林业局、中国就业培训技术指导中心、中国农林水利工会联合举办，高峰林场协办的"2014 年中国技能大赛—全国林业行业国有林场职业技能竞赛"在高峰林场六里分场举行，竞赛属于林业行业国家级二类竞赛，其参赛队是由全国各省份及四大森工集团组成的 30 支代表队，通过开展以测量林分公顷断面积、平均树高、平均胸径、选择采伐木，控制均匀度、蓄积采伐强度和株数采伐强度等为主要内容的技能竞赛，进一步增进了广西与全国各省份林业职工之间技术交流和文化交流，充分展示基层林业生产技术人员与时俱进、开拓创新的精神风貌，促进国有林场职工文化建设和森林经营水平的全面提升，充分发挥国有林场在建设生态文明和美丽中国的骨干和示范作用。6 月份，高峰林场与广西自治区农林水利工会、广西自行车运动协会成功联合举办"高林杯"山地自行车比赛。全自治区包括林业系统在内的各行各业 200 多名自行车爱好者参加了竞赛，逐步拉近林场职工与社会各界人士文化交流，有利于推动林场生态旅游发展和职工文化建设的可持续发展。

（三）推进职工精神文化及职工职业道德文化建设情况

近年来，林场始终把职工精神文化建设和职工职业道德文化建设摆在与经济工作同等重要的位置扎实推进，特色职工文化活动蔚然成风。一是加强廉政文化教育。以依法行政廉洁自律主题教育活动为契机，通过党风廉政培训班、警示教育、编制"两表一图"评估权力运行风险等级等措施，构建高峰林场廉政风险防控管理体系，筑牢反腐倡廉思想防线，营造了高峰人尊廉、崇廉、践廉、倡廉、守廉的廉政文化氛围。二是加强群众路线教育文化建设。深入开展以为民、务实、清廉为主要内容的群众路线教育实践活动，通过制度约束、自我对照、组织考评、群众监督等方式，促进林场干部职工牢固树立群众观念，增进与职工群众的感情，切实做到把工作做到职工群众中去，把工夫下到职工群众身上，面对面、心贴心、实打实地为职工群众服务。三是以"劳动竞赛"为平台，大力弘扬林场创新文化。引导职工主动学习，探索技术革新、发明创造等活动，大力培养了一批批知识型、技术型、创新型的高素质职工队伍，在林场职工当中形成了比、学、赶、超，争为林场做贡献的热潮。仅是 2013 年度，在行政、工会系列受到表彰的先进集体共 48 个，先进个人 340 名，技术创新项目 5 个。四是安全生产文化深入人心。在全自治区系统率先开展企业安全生产标准化建设，下属 5 家人造板公司和 1 家松香厂已全部通过企业生产标准化三级达标。深入开展"安全生产基层基础年"、"安全生产月"活动，强化安全生产宣传教育，落实安全生产责任制度，扎实抓好汛期、高温季节、节假日及日常生产的安全监督，安全生产文化深入基层，根植于人心。

三、职工文化建设存在的一些问题

虽然高峰林场在职工文化建设方面做了大量工作，并取得了一些明显成效，但在调研过程中也发现存在一些问题，需要高度重视。

（一）对职工文化概念认识不清，文化建设水平参差不齐

部分单位或职工误将文体活动等同于职工文化，等同于企业文化，侧重推进文体活动、健身活动、娱乐活动等项目的建设，而忽视了科学知识和职工综合素质提升；许多单位职工文化建设依然停留在浅层，未能开展触及职工心灵，对职工人生观、价值观、职业道德和内心深处产生重要影响的活动。未能积极引导广大职工充分利用"职工书屋"、"职工阅览

室"、"基层网络"等平台，进一步提高职工科学文化素质和综合业务水平。

（二）基层单位文化设施建设滞后，软硬件建设程度不统一

由于林场产业大，职工工作分布广，有限的工会经费一时满足不了基层单位职工文化软硬件建设。一些新成立的造林基地，由于地理位置及资金缺乏等原因，未能建立相配套的体育场地和文体娱乐设施。部分基层单位文化设施建设滞后，平时的锻炼场所、器械过于缺乏，健身设备及活动器材较为单一，难以满足广大职工群众日益增长的文体活动需求。

（三）职工文体活动需求不同，活动参与普及率不统一

林场开展文化活动形式比较传统、内容比较陈旧、单一，不能满足不同层次职工群体的需求。现在，林场主要开展文化活动多倾向于体育、娱乐等方面。这些活动常常受到青年群体和中年职工群众的欢迎，但对离退休职工群体来说，散步、棋牌、聊天将是他们的首选，对于一线职工来说则更希望开展林下经济技术培训、林业技能竞赛和基层健身娱乐活动，而"巧手女工技能"培训、健康知识讲座、唱歌比赛则更是受到广大在职女职工的青睐。常规体育活动缺乏创新性和新鲜感，不能最大限度地调动职工参与的积极性和创造性，严重制约着职工业余文化的创新发展。

（四）职工陈旧观念依然存在，活动参与主动性不强

职工没有真正了解开展文化活动的真实意义，陈旧观念依然存在于职工思想中。例如，有的职工认为搞活动纯粹是为了搞活动或娱乐；还有的职工认为搞活动必须发奖金或纪念品，如果连纪念品或奖金都没有，那开展活动还有什么意义，这种以往主要靠发"纪念品"或以物质奖励为主的传统激励机制观念依然存在。

四、探索职工文化建设的一些思考和建议

职工文化是企业开展群众性活动的灵魂，是企业发展和构建现代林业和谐发展的重要支柱。针对职工文化建设过程中存在的问题，林场积极探索适应新时期、新形势下职工文化建设的新思路。

（一）深入理性地认识职工文化含义

加强企业和职工对职工文化的理解和认知，引导职工通过"道德讲

堂"、"流动图书馆"、"职工书屋"、"职工阅览室"及体育娱乐活动等平台,大力开展"职工论坛"、"道德模范评选"、"先进学习型林业工作者评选"、"创新技术评比"、"节能减排评比"等竞赛活动,使职工文化与企业文化、文体活动、道德教育有机结合起来,让职工在提高文化修养的同时,感受时代主旋律的熏陶,不断提高林业改革意识、市场经济理念,增强紧迫感和时代感。

(二)强化职工文化建设的发展意识

文化建设必须有超前发展的意识。一是思想意识。要迎合时代主题和改革新形势的发展,紧紧围绕"中国梦"、"林业梦"、"高峰梦",全力打造林区充满活力的职工文化新水准;二是行动意识。文化建设的投入需要大量的资金,不能等有了资金再去搞文化建设,要主动向单位党政领导汇报,争取得到党政领导及上级部门的支持。对于偏远地区职工文化基础设施建设和体育硬件设施改造,要积极与地方政府、社区等部门沟通协调,力争开创"引进外援资本、引入社会先进文化、挖掘林业特色品牌"的职工文化建设新局面。

(三)不断创新文化活动载体

文化建设的内涵是丰富的,需要不断创新活动载体和方法,活动内容要在职工文化建设中体现先进性、把握时代性、富于创造性、具有实效性。例如:对于青年职工群体除了开展体育健身活动外,更要注重他们的心理波动,关心他们的工作和生活,创新地开展"内部单身联谊活动"或与外来单位联合举办"相约相亲"活动;对于离退休老员工则更要关心他们身体健康,多方位地开展健康知识讲座、健康体验及健身娱乐活动等;对于护林员、一线职工群体则充分利用林下区位优势和林地资源,适当开展"林下种植养殖"技术培训、林业技能竞赛、林产技术比赛、林下体能训练及林区体育活动等;对于管理人员及中层干部则侧重于管理知识结构和科学技能的培养,适当地开展思想教育培训、企业管理培训、公文培训、林业系统之间内部经验学习交流活动及到先进林场学习考察活动等;对于女职工则多开展有利于女职工身心健康的文化活动和女职工喜爱的娱乐活动。通过创新职工文化建设的方法和载体,大力营造职工文化创新氛围。

（四）不断更新激励观念

虽然少部分人思想中还依然保留着陈旧的激励观念，但以物质奖励为主的传统激励机制，已经不适合当代主题自我升华、自我实现的人生观、价值观的发展，推动职工自我价值的实现才是科学之选。要将建设机制从福利型激励向荣誉型激烈转变。通过把个人荣誉纳入个人考核、单位荣誉纳入绩效考核及加大对先进单位、先进个人事迹宣传等方式，逐步满足职工的心理需求，增强职工的荣誉感，提高职工的自信。同时，鼓励和引导职工将活动赛场上的精神和荣誉带到林场的工作和生活中，从而创造全场职工争当先进、勇当标兵的良好氛围。

让企业文化成为转型发展动力之源

王志臣

王志臣，男，1962年出生。中共党员，高级经济师。1982年起在克一河林业局索图罕林场任教师、克一河林业局二中任教师、克一河林业局党政办任秘书、副主任、兼机关党委书记、总经理助理、劳服经理、副总经理、诺敏绿业中心主任、常务副总经理，2008年4月在图里河森工公司任党委常委副总经理，2009年1月在大杨树林业局任局长、党委副书记，2013年任阿里河森工公司（林业局）总经理、局长、党委副书记。

党的十八届三中全会明确提出："建设社会主义文化强国，增强国家文化软实力，必须坚持社会主义先进文化前进方向，坚持中国特色社会主义文化发展道路。"这突出地强调了文化建设的重要性。作为社会主义文化重要组成部分的企业文化，是激发和凝聚企业员工的归属感、积极性和创造性的强大思想基础，是实现企业持续健康发展的精神动力。在当前，随着经济全球化的日益加快，建设先进的企业文化具有十分重要的战略意义和现实意义。如果说我国的国有企业是计划经济大笔勾勒出的一幅幅草图，那么随着经济规模的不断扩大，以及市场经济体系在我国的逐渐确立，国有企业的原有生产模式，经营理念，员工的思想认识，就需要一种完全适应市场经济需要的企业文化即国有企业文化来更新和替代。

林区发展几十年来，3代林区人紧紧围绕企业可持续发展战略，改革管理体制，创新经营理念，积极应对经济全球化和激烈的市场竞争对林区发展的影响及带来的新问题、新情况，在培育企业精神、推动制度创新、塑造企业形象、加强企业文化等方面作出了积极的探索，取得了明显成效：一是以培育企业精神为核心，形成了"艰苦创业、无私奉献"的大兴安岭人精神，这是林区 60 年风雨沧桑、3 代人共铸兴安梦的林业精神的体现和凝练。如莫尔道嘎森工公司在市场经济发展中提炼的"改革开拓、团结拼搏、务实求新、争先创优"的企业精神，得耳布尔森工公司在生态保护产业发展中形成的"执著、理性、创新、文明"等企业精神，都在不同时期极大地激发了广大林业干部职工保护生态、献身林区的激情，体现了国有企业艰苦奋斗、敬业爱国的主人翁意识和无私奉献的社会责任感，展现了林区干部职工的崇高境界和精神风貌，为企业改革发展提供了不竭的动力；二是以创新经营理念为重点，各森工企业精心提炼了具有现代气息和自身特色的文化理念，如大杨树林业局"生态立局、产业富民"的发展战略，乌尔旗汉森工公司"文化铸魂、文化育人、制度文化、生态文化、产业文化、文明创建、文化惠民等七大文化建设工程"等，各企业提炼的学习理念、质量理念、安全理念、营销理念，极大地丰富了林业企业的企业文化内涵，成为助推企业改革发展的思想先导和精神动力；三是以加强制度建设为基础，大力推进全员业绩考核精细管理模式，把企业精神、经营理念等融于管理制度中，渗透到管理过程的每一个细节，建立和完善了系统规范的管理体系，实现了管理制度与文化理念的对接，有效地规范了企业管理，推进了管理升级，提升了管理水平；四是以开展精神文明创建和创建学习型企业为载体，注重用社会主义思想道德规范和先进的科学文化知识武装员工，为企业和员工的共同发展增强了创新能力和发展实力；五是以挖掘与整合传统文化资源为基础，加强企业文化阵地建设，开展了形式多样的文化体育活动，营造了和谐发展的企业环境和健康向上、宽松和谐的文化氛围，极大地满足员工的精神文化需求，提高了员工对企业的归属感和自豪感，增强了企业的凝聚力；六是坚持以文化育人、典型引路为方式，培养了一大批劳动模范，选树了一大批道德模范，造就了一大批科技人才和懂经营、善管理的优秀经营管理者，培育了一支敢打硬仗、能打胜仗、勇于奉献的"五有"职工队伍，为企业的转型发展提供了人才保障和智力支持。

但是，我们必须清醒地看到，企业文化建设发展并不平衡，与国内外优秀企业相比，与我们面临的新形势、新任务和我们自身的需求相比，还存在比较大的差距，主要表现为：

1. 认识程度还不高

一些领导干部对企业文化建设的重要性认识还不足，文化管理的意识还不强，自觉参与重视的程度还不够，还没有将其真正整合到企业发展战略中，列入企业管理的议事日程，作为一项提高企业核心竞争力的重要工作来抓。

2. 务实程度还不够

目前，企业文化建设还没有真正形成有效的领导体制和工作机制，缺乏总体规划，目标、措施还不明确，经费、人员仍需要进一步落实，企业文化建设政工化、部门化、项目化现象还比较突出，普遍缺乏统一的思想基础和全员参与的管理互动机制，合力不足，力度不够。

3. 文化与管理脱节

一些单位就文化抓文化，企业文化建设的内容与企业使命、愿景目标、发展战略等不相适应，与员工的切身利益关系不大，缺乏人本性和企业意识，文化建设与生产经营融合度小、关联性差，存在经济工作与文化管理"两张皮"现象。

4. 检查考核力度不够

对企业文化建设，多数单位倡导布置的多，检查考核的少，缺乏主要领导亲自抓的工作机制和主动参与的内在动力，普遍存在工作人员素质不高的现象。

5. 宣传不够到位

在企业文化建设方面，普遍存在宣传力度小、教育培训差、基本知识普及率低等方面的问题，不少员工甚至一些中高层管理人员对企业文化的认识仍然停留在"政治思想工作"加"文体活动"的阶段，也有人把"企业文化"当作一些大同小异的标语、口号或企业标识，并没有真正体现出企业员工所追求的价值观、经营理念和企业精神等深厚内涵，也没有真正发挥其推动企业持续健康发展的强大力量。

建设具有特色的企业文化既是一个理论问题，也是一个实践问题。企业文化建设要想在实践上成功，必须结合企业自身特点和所属行业特性，创建个性鲜明、富有特色的企业文化。当前，随着林业地位、作用的日益凸显，林区正在步入经济转型发展的关键时期。那么，如何发挥林业企业传统优势和自身优势，努力建设具有林业企业自身特色的企业文化，如何重塑新时期企业精神，调动职工献身林区建设的积极性、促进林业企业的发展，是林区亟待探讨和解决的新课题。现就推动林区企业文化建设提出3点建议：

1. 充分发挥企业领导在企业文化建设中的作用

企业领导是企业文化的倡导者、维护者和管理者。他们的思想意识、个人品行与道德准则、思维方式与习惯、价值观与经营哲学，直接决定着企业文化走向和实质内容。作为企业领导，必须从战略高度认识企业文化建设的重要性和必要性，要成为企业精神和企业形象的代言人，要认识到企业文化建设不仅与企业经济效益紧密联系，对企业的社会形象、长远发展等都有至关重要的影响。所以，企业领导要把企业文化建设提到战略高度，通过企业文化建设培养核心竞争力。

2. 建立以人为本的企业文化

企业是人的集合体，它的存在与发展是人创造的。只有"依靠人，为了人，尊重人，塑造人"，企业才能更好地向前发展。当今企业之间的竞争，实质上是人才的竞争，而创新与强化企业文化，是人才竞争的重要内容。因此在企业文化建设中应强化以人为本的意识，使企业成为全体员工都具有使命感和责任感的共同体。要结合企业的特点和发展走势把企业文化建设融于各项活动之中，使员工在工作、学习、生活的各个层面，都能汲取企业文化所带来的营养，成为构筑一流企业的战斗团队。

3. 调整不同阶段的企业文化

一个企业的成长要经历很多个阶段，包括创立、成长、成熟，等等。对于不同阶段的企业，其文化建设的侧重点有所不同。现阶段，林区正处在转型发展的新阶段，如何保持企业的活力，激发创新意识，推动企业改革，是当前发展的当务之急。企业文化建设应该在提高员工的创新意识，强调危机意识和培养开发人才上下功夫。

在新的形势下，林业企业要因地制宜，根据企业发展实际，重新塑造富有时代感的林业企业精神，引导林区广大干部职工形成共同价值观，培育职工的先进文化意识和精神理念，增强企业凝聚力，让林区文化的软实力成为发展动力，建立现代企业制度，形成适合企业生存和发展的企业文化。

如何把核心价值观融入院所文化建设

甘 辉

甘辉，男，1980年2月出生，2008年7月从重庆大学行政管理专业毕业，硕士，就职于浙江省林业科学研究院，从事党务行政、劳动工资等工作，现任综合处副处长。参与起草本院"十二五"、"十三五"发展规划，组织本院成立50周年成就展。相继在《办公室业务》、《浙江林业》、《浙江档案》、《人才开发》等刊物上发表专业论文等文章10多篇。曾获本院"先进个人"、"浙江省林业厅直属机关优秀共产党员"等称号。

一、核心价值观相关概念及内涵

社会主义核心价值观是党的十八大首次提出的，"富强、民主、文明、和谐"是我国社会主义现代化国家的建设目标，也是从价值目标层面对社会主义核心价值观基本理念的凝练，在社会主义核心价值观中居于最高层次，对其他层次的价值理念具有统领作用。"自由、平等、公正、法治"是对美好社会的生动表述，也是从社会层面对社会主义核心价值观基本理念的凝练。"爱国、敬业、诚信、友善"是公民基本道德规范，是从个人行为层面对社会主义核心价值观基本理念的凝练。

单位核心价值观就是为追求愿景、实现使命而提炼出来并予以践行的、指导单位上下形成共同行为模式的精神元素，是用以判断单位运行当中大是大非的根本原则，是指坚持不懈努力使全体员工都必须信奉的信条。单位的核心价值观是员工共同拥有的价值观念，是笃定恪守的价值标准和行为准则，是单位文化的内核。

单位文化是逐步形成的，为全体员工所认同并遵守的，带有本组织特点的使命、愿景、宗旨、精神、价值观和经营理念，以及这些理念在生产经营实践、管理制度、员工行为方式与对外形象的体现的总和。单位文化能够激发和凝聚员工归属感、积极性、主动性和创造性，是单位的灵魂和精神支柱。

二、单位核心价值观构建准则

构建单位核心价值观要注重把握文化多元化与经济体制转型造成传统价值观与现代价值观冲突、市场取向价值观与计划取向价值观冲突、个人主体本位与企业主体本位冲突等诸多予盾，着重把握以下原则：

（一）全体共识的价值准则

单位核心价值观培育成功与否，取决于全体职工的共识程度。当员工把为单位发展看作是为自己的理想奋斗时，就是个体价值观与企业价值观一致之时。在发展过程中，单位如果能使其价值观为全体员工所接受，并以之为自豪，那么就具有了克服各种困难的强大精神支柱。在参与的过程中，让员工体会到成就感、挫折感、温暖感、危机感等不同的感受，通过交流与融合，逐渐形成大家首肯的价值准则。

（二）以人为本的基本原则

社会是人的社会，人是社会的主体。人的价值高于物的价值，这是"以人为本"的现代管理理念的要求，也是当代世界管理理论的大势所趋，符合马克思关于"人是生产力的第一要素"的基本原理。在单位日常管理中，要给员工创造发挥聪明才智的机会，让单位富有活力和朝气；要建立平等、团结、友爱的新型关系，让单位严格的管理工作充满人情味；要营造出一种宽松的人际气氛，让单位架起理解、尊重和信任的沟通桥梁。只有坚持以人为本，才能凝聚起属于本单位的核心价值观，而核心价值观又能左右单位职工的知觉、决定员工的态度、影响员工的行为。

（三）集体主义的主导原则

在我国发展社会主义市场经济的新时期，集体主义价值观仍然是社会主义市场经济条件下应该提倡和坚持的主导价值观。现代集体主义是在集体和个人关系中把集体利益放在头等重要地位的一种态度、倾向和信念，并不是把集体看作唯一的真实存在。集体利益不是排斥和剥夺个人，而是要以尊重个人为前提。在发展中，单位应秉持现代集体主义，即倡导集体利益与个人利益辩证统一的集体主义。要把"每个人的自由发展"作为集体主义的出发点和最终归宿，最终实现企业的和谐发展。

三、林业科研单位文化构建的路径

新形势下，科研领域竞争日趋激烈，重视和发展具有林业科研特色的价值文化十分迫切和重要，只有紧紧围绕构筑科研人员精神高地，创新发展先进文化，才能为赢得林业科研竞争提供可靠的政治保证和强大的精神动力。

（一）针对人员来源渠道多元、社会交往频繁的特点，文化建设必须注重发挥导向引领功能，着力夯实科技人员思想根基

一要树立坚定的理想信念。将政治文化建设摆在首要地位，突出社会主义核心价值观的培育，唱响主旋律，保持高格调，始终确保在任何时候、任何情况下都能做到高举旗帜、听党指挥；坚持用党的创新理论武装头脑，打牢林业科研单位科学发展的思想政治基础；深入开展理想信念教育，引导广大科研人员自觉把个人理想融入中国特色社会主义共同理想之中。二要培育纯洁的道德品质。教育引导职工坚守科研人员德高品正的必备操守，自觉抵制个人主义、本位主义、拜金主义和享乐主义等不良思想道德的冲击和影响，不断加强自身修养，始终保持思想道德上的纯洁高尚。三要树牢安全发展的理念。林业科研单位涉密程度很深，要着力引导科研人员克服麻痹懈怠思想，充分认清隐蔽战线斗争的尖锐性、复杂性，时刻牢牢把握隐蔽斗争的主动权，打好主动仗，对出国考察、对外交流人员，要加强警示教育，强化政策法纪观念和安全保密意识，落实个人汇报与组织考察制度，防止发生政治性问题。要采取人防、物防和技防相结合

的办法，加强对文件、移动存储介质等涉密载体管理，确保核心技术和秘密的安全。

（二）针对科研攻关周期长、智力资本集中的特点，文化建设必须注重发挥鼓舞斗志功能，着力提高自主创新能力

一是培育创新精神。创新是科研单位文化建设的核心和灵魂，是全面提升科研核心竞争力的重要前提。要引导科研人员科学选择主攻方向，鼓励"奇思妙想"，敢于挑战权威，质疑现成框架；正确对待科研中遇到的各种困难和挑战，在艰苦的科研环境中攻坚克难，在挫折逆境中愈挫愈勇；坚持把创新思想融入科研工作的各个阶段，渗透到重大科研项目的关键环节，不断为完成科研任务提供强大的精神动力。二是激发科研热情。林业科研人员时常加班加点，特别是遇到一些周期较长的科研任务，容易因劳累疲惫而精神懈怠。因此，要善于发挥单位文化的激励作用，积极围绕科研工作开展文化活动，把科研工作的阶段性与文化活动的经常性结合起来，紧密结合重大攻关任务开展文化活动，不断激发科研热情和斗志，为科研发展提供强大的精神动力和智力支持。三是提升人文素养。自然科学知识培养人严密的科学思维方式和实事求是的科学态度，而人文社会科学知识则培养人的情感、想象力、人文关怀和主体意识等。在科研领域有所建树的名家大师，他们不仅都有扎实的自然科学知识功底，而且有深厚的人文素养。实践证明，科学上的创新仅靠严密的逻辑思维不够，创新思想往往始于形象思维，而形象思维的培育要靠人文社会科学知识。因此，林业科研单位文化建设要在人文素养培养上下功夫。要加强科研人员的文学与艺术修养，学会透过现象看本质的本领，为提升创新思想、打开智慧之门、增强创新能力，提供不竭的动力源泉。

（三）针对项目组织管理复杂、团队作用凸显的特点，文化建设必须注重发挥凝心聚气功能，着力体现以人为本理念

一是营造和谐氛围。科研工作的高效运转离不开团队文化的支持，团队文化为林业科研单位增强凝聚力发挥着重要作用。既要注重引导广大科研人员崇尚社会公德、职业道德，又要培育自尊自信、理性平和、积极向上的社会心态；既要提倡开拓、厚实、民主、和谐的学术氛围，积极锻造

尊重个性、求实创新、善于协作的团队精神，又要倡导宽容失败、崇尚竞争、力戒浮躁的团队文化；既要加强团队成员之间的协调沟通，增进相互信任和理解，又要注意消除成员之间的误解，切实营造出鼓励人才干事业、支持人才干成事业、帮助人才干好事业的良好环境。二是体现人文关怀。文化建设的根本着眼点是人，是丰富和满足人的精神需求。文化的魅力，在文，更在化。正如恩格斯所说："文化上的每一进步，都是迈向自由的一步。"科研人员既需要通过文化来启蒙心智、认知社会、获得思想上的教益，也需要通过文化来愉悦身心、陶冶性情、获得精神上的满足和皈依。先进林业文化建设承担着为职工成才服务、为职工成长引路的重要责任。要用先进林业文化高扬真理、传播知识、培树新风，使科研人员提高素养、陶冶情操、纯正品德、滋润心灵，在满足精神文化需求的过程中培养人、塑造人、提高人。三是注重全面发展。一个科研人员要想取得大的成就，不仅要具备过硬的科研素质，更要具备深厚的文化底蕴。林业科研单位文化建设，必须积极为科研人员全面发展创造学习环境，搭建成才平台，发挥好文化工作教育人、培养人、锻炼人、塑造人的功能，努力满足科研人员成长进步的需求，使他们在健康向上、丰富多彩的文化活动中受到教益、陶冶情操，思想境界不断提升；开阔视野，增长知识，能力素质不断提高；锻炼身体、磨炼意志，体魄更加强健；愉悦身心、调节情绪，心理更加健康。

四、浙江省林业科学研究院单位文化构建

（一）以凝练和提升组织文化为载体

在几代人努力的基础上，现任领导班子依托单位文化建设，鼓励和引导全院职工积极参与浙江省林科院组织文化的凝练和提升。确立组织目标：创建在全国具有重要影响的一流省级现代化研究院；组织使命：以科技创新支撑浙江现代林业发展；发展战略：科技立院、人才强院、开发富院、管理兴院；核心价值：求真务实、创新创业。使全体职工对如何创造良好的院风院貌、如何塑造新时期林业科研工作者的新形象等有了一次深入的思考，总结提炼了林科院的制度文化、行为文化和价值文化，对浙江

林科院的精神文明建设起到了重要的推动作用。

（二）以坚持人文关怀为原动力

从群众关心的热点难点出发，努力为群众办实事、办好事。一是迎难而上，从职工最关心的住房问题入手，全力以赴，精心谋划，新建逾9000m² 的职工经济房 80 套；改造旧宿舍楼逾 3000m²，并成立了院内住宅区物业管理委员会，使职工的住房条件及生活环境条件得到显著改善。二是新建 11000m² 以上的科研综合楼，生态所、林工所、生物所、分析中心等部门乔迁新办公楼，全院的办公、科研、实验室条件得到很好改善。三是为方便职工用餐，院与单位附近的饭店签订协议，由饭店专门为林科院职工提供有质量保证的自助餐，解决了职工后顾之忧。四是建立职工代表大会制度，为职工提供顺畅的民主参与、民主管理的沟通渠道。

（三）以精神文明创建活动为补充

浙江省林业科学研究院党委以"创新、竞争、开放、一流"为核心内容，努力促进林科院精神文明、物质文明、政治文明的协调发展。当前内外环境条件均面临空前的发展机遇情况下，倡导科技工作者要立足本职工作，潜心科研，发挥主观能动性，争做合格乃至优秀的省级林业科技专家，在科技创新、转化和服务等领域有所作为、有所彰显。林业科技工作者更应该要注重加强道德精神文明建设，科技工作要甘于寂寞，甘于付出，树立健康平和心态，促进个人梦、组织梦与中国梦的有机统一。涌现出了一大批劳动模范、先进工作者、优秀共产党员等先进人物和先进集体。

（四）以加强群团统战工作为抓手

一是充分发挥工青妇等群众团体作用。用健康向上的思想占领职工思想阵地，将思想政治工作渗透到工作和生活的各个领域。每年组织职工外出休养；举办职工运动会等。各群团组织每年有主题有组织，各项活动按都能按各年度计划蓬勃开展。二是鼓励民主党派和离退休干部建言献策。坚持每年召开两次民主党派和党外知识分子代表座谈会，认真听取他们的意见和建议，起到了肝胆相照、增进团结、促进各项工作发展的良好效果。同样，坚持每年召开两次以上离退休职工代表座谈会，及时通报单位工作进展以及他们关心的热点问题，听取他们的意见建议，相互沟通，相互理解，力所能及地为他们解决实际问题，为全院的和谐发展起到了积极作用。三是全院职工充分发扬中华民族传统美德，积极为受灾群众和贫困地区捐款捐物。近几年共计捐款2万多元。

（五）以丰富多彩文化活动为依托

定期开展职工喜闻乐见的文化体育活动，极大丰富职工的精神文化生活。在原有的篮球场、乒乓球室基础上，新建了网球场、羽球场、健身房，组织员工开展各项文体活动，增强体质，服务科研；组织开展两年一度的外出参观学习、一年一度的迎新春联欢会、植树活动等多项丰富多彩的活动，增强职工之间的和谐共进；每年定期组织全院职工开展以家庭为主题的交流活动。

积极探索思想政治工作新举措

杨 菁

杨菁，女，1970 年 2 月出生。中共党员。1991 年毕业于云南大学法律系法学专业，法学学士学位，2010 年取得南京林业大学林业工程专业工程硕士学位。1991 年分配到国家林业局昆明勘察设计院工作至今。先后担任过助理工程师、政工师、高级政工师等专业技术职务和党办副主任、主任、政工处处长、人事处处长等行政职务，1996 年至今为院党委委员。代表作品：《切实加强勘察设计单位转企建制中的精神文明建设工作》（2003 年），获云南林业政研会优秀政研论文二等奖（排名第一）；《人力资源贬值的原因及个人应对策略研究》（2011）发表于《林业建设》第 4 期；《认真贯彻落实科学发展观，着力提高党风廉政建设科学化水平》，获全国林业党建研究会 2012 年度党建调研优秀奖。

国家林业局昆明勘察设计院（简称昆勘院）在编职工近 500 人，含在职在编职工近 300 人，离退休职工近 200 人；其中硕士研究生近 140 人，博士研究生近 20 人；在编职工平均年龄 36 岁，92% 以上具有本科及以上学历，70 余人拥有各类注册执业资格，涵盖 30 多个专业。年轻化、知识化、专业化的时代要求，网络信息时代的冲击，给职工思想政治教育工作带来很多新问题和新矛盾，思想政治教育工作必须更新观念，增强创新意识，不断推陈出新，才能不断提高思想政治工作的针对性，有效地做好职工的思想政治工作。

一、用历史文化传统教育，激发职工的忧患意识

职工的忧患意识是指职工的内心关注超越自身的利害、荣辱、成败，将单位的前途命运萦系于心，对单位可能遭遇到的困境和危难抱有警惕并由此激发奋斗图强，战胜困境的决心和勇气。单位的事业要不断健康有序地发展，必须激发职工的忧患意识，使全体职工牢固树立"院兴我兴，院荣我荣"的主人翁责任感，心往一处想，劲儿往一处使，随时保持清醒的头脑，居安思危，未雨绸缪。院领导班子清醒认识到，作为有近50年历史的老院，既承载着为几百人找米下锅的市场压力，存在着一些陈旧的思维模式，也继承了艰苦创业的优良传统，积淀着"六个特别"的院文化精髓，还有朝气蓬勃的革命热情。院领导层深知，在取得的成绩面前不能沾沾自喜，因为成绩只能代表过去，前方的路还很长，必须不断总结经验，不断扬弃短处，真正做到常备不懈，才能保证有备无患。为此，院领导通过各种形式，采取各种方法，把先进的思想观念不断地渗透、灌输到职工的思想和工作行动中去。

在全院营造良好的文化氛围、学习氛围和学术氛围，构建和睦相处的人际环境。2010年，昆勘院下发了《关于加强和改进职工思想教育工作的意见》，对加强和改进职工思想教育工作提出了具体要求，发出"六荣六提倡"的号召，即以事业发展为荣，提倡居安思危，忧患兴院；以尊重人才为荣，提倡善于学习，勇创品牌；以甘于奉献为荣，提倡多劳多得，业绩优先；以单位文化为荣，提倡团队精神，以人为本；以身心健康为荣，提倡积极向上，心态平衡；以廉洁自律为荣，提倡艰苦奋斗，增收节支。"六荣六提倡"的大力倡导，给全院职工思想政治教育工作指明了方向，确立了目标。

2008年以来，全院新进员工180多人，平均每年增加30人左右，增长速度快，基本上都是研究生及以上学历。对比过去：1990年在职职工317人，退休职工44人；2002年，在职职工142人，离退休职工192人。职工人数达历史最低，人才队伍的收缩不可避免地造成人才队伍的流失、匮乏，制约了单位的发展。2014年，在职职工升至300人左右，达到了

1990年的在职职工人数水平，但是退休职工却比当年增加了4倍，供养负担自然加大了数倍。由此可见，提高在职职工的素质能力，刻不容缓地提上了全院工作的议事日程。为了帮助增加的新员工快速熟悉和了解昆勘院的发展历程和文化底蕴，尽快转换角色、找准位置，以饱满的热情和主人翁姿态融入单位、融入集体，昆勘院对新员工培训高度重视，每年安排3天时间培训新员工，培训内容包括：新老员工座谈会、专家讲座、新员工辩论赛、新员工联欢会、拓展训练、分组讨论、参观院址、新老员工篮球对抗赛、自助式聚餐交流联谊等系列活动，内容丰富、形式多样。新员工通过系列培训，对本院历史、文化、发展有了比较全面的了解和传承，明白今天的成绩来之不易，明白信任和团队精神非常重要，立志在以后的工作和生活中，处处以主人翁姿态全身心投入，与老员工一起共同创造昆勘院的美好明天。

自2013年7月之后，按照国家林业局党组要求，昆勘院作为第一批开展党的群众路线教育实践活动的单位，在国家林业局第九督导组的指导、督促和帮助下，开展了以"为民、务实、清廉"为主要内容的教育实践活动。院党委严格按照上级党组织要求认真开展各项活动，并在领导班子活动开展的基础上，开展了处级及以下党员干部的教育实践活动及专题民主生活会。按照"照镜子、正衣冠、洗洗澡、治治病"的总要求，切实达到改进工作作风，提高工作本领和"红红脸、治治病"的目的。为把活动做到位、见成效，让每个支部、每个部门、每位职工找到自己工作中的问题和今后的努力方向，院党委针对前期有些支部征求意见不到位的情况，决定统一组织在全院范围内组织全体职工对支部班子、部门领导班子提意见。对收集的意见，经过整理汇总，疏理出优势特点514条、存在问题311条、改进措施254条、努力方向254条、意见建议406条，共计1739条，对每位职工也都分别整理出优势特点、存在问题、改进措施、努力方向和意见建议等几千余条。整理出的意见建议由督导组、支部、部门分别反馈给处级干部、党员干部、其他职工，并在不同范围进行谈心交心，使党员干部职工切实感受到这次活动的有效性和针对性，让每个人都知道自己的不足和问题所在，也为下一步工作的目标找到了更加准确的方向。同时，也为更加有针对性、更加有效地召开民主生活会奠定了扎实的基础。在专题民主生活会上，大家实事求是、开诚布公，以整风的精神展开深入的批评和自我批评。针对反馈的意见和自我反思的情况，分别对自己思想、认识、工作、作风等方面存在的问题，紧密联系工作实际进行深刻的剖析和反思，从经历、根源、主观上分析和思考，对下一步的整改措施提出了明确的目标。在各支部专题民主生活会进行中，有的同志因触及思想根源和灵魂深处而泪流满面；有的同志在剖析时，因真正意识到自己的问题而痛定思痛；有的同志在听取大家的意见时，因感受到同志们的真诚而百感交集。通过活动的开展，全院上下的工作氛围和精神面貌焕然一新，充满了积极向上的正能量，真正达到了改进工作作风，提高工作能力，提升工作水平的初衷。

以上做法让我们深切感受到，把思想政治工作渗透到各项工作中去，将单位文化不断地浸透到职工的意识形态中去，引导职工自觉增强忧患意识，把个人利益与单位发展紧密融合，树立与单位共同发展的思想，就能够实现全院干部职工统一思想认识，不断增强凝聚力和竞争力，圆满完成各项工作任务的宏伟目标。

二、用关注社会、关注公益活动，唤醒干部职工的社会责任意识

社会责任意识是职工的世界观、人生观、价值观在社会中的具体体现。随着我国社会进入转型期，本应与经济社会发展相适应的社会责任意识在许多方面、许多领域出现了严重缺失，导致思想道德水平严重滑坡；机会主义、拜金主义、重利主义盛行；丑恶不分、思想颓废、缺乏诚信现象滋生；人际交往距离感扩大，人情冷漠，交流屏蔽，等等，这些现象都让我们意识到，培养和提高职工的社会责任意识已成为不可忽视的重要课题。为此，我们认为，健康良好的文化环境可以弘扬正气，可以为职工营造一个是非分明、扶正驱邪的社会氛围，我们必须有意识地引导职工关注社会、关注公益活动，并以此唤醒职工的社会责任意识。

昆明"3·1"暴恐事件发生后，在强烈谴责恐怖暴力事件以及做好本

职工作的同时，无辜受难群众的情况也一直牵动着全院职工的心。由院团委倡议的献血、自愿捐款、"和谐春城，用爱唤醒良知"公益骑行等一系列活动，得到了全体职工积极的支持和响应，全院职工捐款总计 13155.5 元，用实际行动践行了昆勘院勇于承担社会责任的"勘院文化"。

昆勘院历来高度重视扶贫开发工作，依托全院综合性设计院的特色，充分发挥专业技术优势，做好对口帮扶项目。为了帮助昆勘院挂钩扶贫点永胜县仁和镇、永胜县东山乡的贫困孩子圆梦校园，完成学业，全院发起"爱心助学圆梦、情系永胜贫困学子"的爱心募捐活动，受到全院干部职工的广泛关注。大家纷纷行动起来，捐款、捐物，买来新文具、羽毛球拍，离退休老同志慷慨解囊，以各自的方式表达着对山区孩子的关切之心。这次"爱心助学圆梦"活动共收到职工捐款 36880 元，捐物 2481 件。在"六一"儿童节到来之际，用大家捐赠的钱款给仁和镇小学及东山乡东江小学的同学们，分别购置了节日的新衣：校服（衬衣）656 件、校服（运动服）90 套、短袖 T 恤 90 件，运动鞋 90 双，篮球、足球等一大批文体用品。给东山乡政府及群众捐赠：台式计算机 7 台，便携式计算机 6 台，衣服 1821 件。捐款捐物总价值 10 万余元。同时，昆勘院林业工程所、水利工程设计所的专业技术人员，还带去了永胜边屯文化博物馆内文化墙建设项目及仁和龙潭水资源利用规划成果资料。作为具有社会责任感的工程勘察设计单位，昆勘院用实际行动践行了自己的社会责任，培养了干部职工回报社会的奉献意识。

2014 年 8 月 3 日，云南省昭通市鲁甸县发生了 6.5 级大地震，大量房屋倒塌，电力、通信、交通等基础设施严重受损，人民群众生命财产遭受巨大损失。祖国万水千山，民族血脉相连；云南鲁甸地震牵动着全国人民的心。昆勘院在悉知灾情后，迅速行动，经党政会议研究，向全院职工发出倡议：奉献一份爱心，送上一份真情，点燃一份希望。8 月 7 日上午，全院举行了"8·3"鲁甸地震捐款仪式，唐芳林院长在捐款仪式上作了动员讲话。大灾见大爱，在募捐现场，无论是院领导、中层干部、普通职工还是保安、食堂、保洁等服务人员，都踊跃为灾区捐款，发扬中华民族"一方有难，八方支援"的传统美德，力所能及地为灾区民众奉献爱心，整个募捐过程汇聚着一股股暖流，传递着一颗颗爱心。就连院家属区，离退休老职工，也纷纷踊跃捐款，为灾区献出一份爱心。截至 2014 年 8 月 7 日，全院共募集捐款人民币 138887 元整，并及时把捐款送往灾区，支援抗震救灾工作，对捐款后续工作动向进行公示。为更好地帮助灾区做好灾后重建工作，院党政领导班子研究决定，派出经验丰富的专家组深入实地进行支援，先后派出近 30 名地质、路线、桥梁等专家和技术人员前往灾区，为灾后恢复重建工作尽一份责任和最大的努力。

由此可见，思想政治工作并非空对空的说教。思想政治工作要不断与时俱进，贴近现代社会、贴近职工思想之际，找到职工共同的关注点和兴奋点，才能防止枯燥无味，使其变得丰富多彩，既有教育性又有感召力，既能深入人心，又可以起到事半功倍的效果。

三、用微博、微信等更多的载体和平台，传播更多的正能量

在网络信息时代，网络传播是传播信息的重要途径和工具，尤其在年轻人中被得到广泛认可和使用。网络传播以计算机通信网络为基础，进行信息传递、交流和利用，从而达到其社会文化传播的目的，它是现代信息革命的产物。它的传播速度和阅读数量都超乎想象，体现了信息多元化、表现形式立体化、传播互动化的优势。但同时，网上的信息良莠不齐，有积极健康的，也有消极低俗的，加上传播者的隐蔽性，给恶意传播虚假信息提供了土壤和渠道，这使网络传播成为一把双刃剑，能否用好用对用到地方是关键。如何有效利用网络平台多传播正能量，为职工提供更多的接收正面积极信息的通道，也是我们当下思想政治工作必须要研究和探讨的问题。

针对当前微博、微信等网络交流平台更加快捷、方便的特点，院团委于 2014 年年初建立西南林勘院官方微博和微信，通过网络平台，及时宣传院内各项活动信息，院各部门也及时把在外业工作中的点点滴滴信息进行宣传，做到人人都是信息员，只要是正能量的信息，都可以经过审核后，放到这个平台上进行交流，使全院职工能更快捷地掌握单位发生的重大事项，能更深入地了解职工工作的艰辛和不易，增强职工对本院建设发展的认同感，用积极向上的氛围引导职工。宣传的内容涉及业务工作、职

工业余文化生活，职工外业工作等，"8·3"鲁甸地震灾后重建系列报道中，有6个篇章是职工自己撰写的稿子。同时，我们还出版了职工工作生活优质读本《森林之歌》，职工在书中看见自己的作品、自己的照片，了解自己的工作生活，感到有意义、有兴趣。由于职工有更多、更快捷的渠道关注到正能量的信息，就有效地防止和避免了一些消极的小道消息的随意传播，负面宣传失去了市场，这对昆勘院这个平均年龄36岁的单位来说，不失为一种较好的思想政治工作手段与方法。

四、用积极向上和丰富多彩的文化活动，增强职工的凝聚力和团队精神

随着我国经济体制改革的深入，事业单位正面临着转型与改革的关键时期。事业单位文化建设作为一种"软实力"，其重要性就如同市场经济体制下的企业文化一样，对企业的发展具有极为重要的意义。现代经济活动越来越渗透进文化因素，搞好文化建设是增强职工凝聚力和团队精神的重要途径和不可或缺的内在动力，是事业单位精神文明建设的重要内容，当然也是提高事业单位经营管理的必然要求。

"特别能吃苦、特别能战斗、特别能忍耐、特别能奉献、特别能团结、特别负责任"的昆勘院精神，是在艰苦创业中多年积累下来的宝贵精神财富，是昆勘院事业发展的精神基础。这些年来，昆勘院大力倡导单位文化精神，使其深深地植入职工的思想，渗透到职工的行动中，在多个层面得以发扬光大，并不断赋予新的内涵。

作为一个事业单位，一方面，我们提倡职工发扬和谐团队精神，树立"国家至上、单位为本、家庭是根、个人努力"的和谐氛围，要求职工树立大局意识、协作精神和服务精神；另一方面，我们把坚持以人为本，关心群众生活，着力提高职工生活水平作为工作的出发点和落脚点，循序渐进地提高职工收入水平，为群众办实事，办好事。同时，充分发挥工会、青年团、妇联的作用，组织常年开展丰富多样的文化活动，先后成立各种协会，包括足球、篮球、羽毛球、瑜伽、棋牌、骑行、摄影书画、文艺协会等多种协会，还有每年举办的迎春文体活动、新春团拜会、离退休老同

志重阳节活动等，在自娱自乐中激发了职工的团队精神和极强的凝聚力，不仅得到有关领导和友邻单位的一致认可和好评，也让职工能找到自己的兴趣点，用寓教于乐的方式和积极健康的活动，丰富职工的业余文化生活。通过活动的开展，增强了职工的主人翁责任感和集体荣誉感，激发了职工用更加的自觉的行动为昆勘院的各项工作添砖加瓦。

总之，思想政治工作是经济工作和其他一切工作的生命线。在改革开放不断发展变化的新形势下，思想政治工作的环境、任务、内容、渠道和对象都在不断发生变化，因此要求我们坚持解放思想、实事求是、与时俱进的工作方针，认真研究新形势下思想政治工作的特点和规律，积极开辟新途径，探索新办法，正确地运用和发挥思想政治工作的作用，充分调动广大职工的积极性和创造性，团结、带动和影响职工群众自觉投身于全面建设小康社会的伟大事业中去。

对构建和谐森工企业的几点认识

董效堂

董效堂,男,1965 年 3 月出生,1996 年 6 月毕业于中央党校函授学院经济管理专业,中共党员,高级政工师。1987 年 11 月参加工作,先后任卧龙泉林场团委书记,金河林业局党委办公室副主任,达赖沟林场党总支书记,卧龙泉林场党总支书记,亚金沟林场党总支书记,金河林业局党委宣传部部长兼文明办主任、党校校长、党委常委。2006 年被中华全国总工会评为"全国知识型职工先进个人"。2011 年 7 月被自治区国资委评为"优秀党务工作者"。

一、森工企业在构建和谐林区中的重要责任

构建社会主义和谐社会,重心在基层。作为林业企业的森工企业,更是构建社会主义和谐社会、和谐林区的主力军。每个森工企业成为和谐社会的一个缩影,整个林区就会处处呈现和谐相处的团结景象。和谐构建是一项系统工程,有着长期而艰巨的任务。但首先要明确认识,认清责任。具体来讲,明确认识就是首先要在思想上、行动上把构建和谐森工企业摆在更加突出的位置,作为一项重要任务来抓。既要从战略的、全局的高度去认识和把握,又要从森工企业的特点和实际去认识和把握;既要从宏观上和战略上提出目标任务,又要从坚持以人为本、从企业职工群众的所思所想看问题;既要抓住和谐构建的共性问题,也要从企业的实际出发,突

出重点。要在明确和提高认识的基础上，不断提高构建和谐森工企业的能力，根据本企业、本行业的实际和特点，抓紧研究、制定、落实和谐构建的方案、办法、制度、机制和政策措施，积极行动起来，在企业上下形成和谐构建的浓厚氛围。

从和谐构建角度来讲，认清责任就是要求企业自身要以构建和谐企业为己任，积极推进和谐林区建设与发展。但和谐构建是一项社会系统工程，这就要求企业还应认清企业社会责任。贯彻执行党的路线、方针、政策，维护社会主义基本经济制度；坚持走新型工业化道路，建设资源节约型、环境友好型企业；坚持依法经营、诚实守信，维护社会主义市场经济秩序；坚持扶贫、济困，积极参加社会主义公益事业，大力弘扬中华民族的传统美德等，都是企业社会责任的应有之义和基本要求。因此，我们要进一步增强企业社会责任意识，自觉承担社会责任，充分发挥森工企业在构建社会主义和谐社会中的积极作用。

二、建设生态文明是构建和谐森工的重要前提

经过农业文明、工业文明，人类正在进入生态文明。"人与自然和谐相处"是构建社会主义和谐社会的总体要求之一。作为森工企业，贯彻并落实这一要求，必须把加强生态建设，构建生态文明摆在首位，作为主要任务来抓，这是林业企业落实科学发展观的必然要求，也是构建和谐林区的前提和基础。生态文明是社会主义和谐社会的有机组成部分，是和谐森工企业的显著标志。注重生态建设，构建生态文明是蕴涵于构建和谐森工企业过程之中的一个基本理念，对于森工企业来说，植树造林，保护森林资源，特别是天然林保护、野生动植物和湿地保护以及建设和管理的过程既是生态文明建设的过程，也是人与自然和谐发展活动的过程。

森工企业是生态建设、生态文明最直接的承载者，其自身的发展必然离不开优良的生态环境。企业的文明进步要以生态建设的健康发展为前提。在谋划加快企业发展的同时，应把生态建设确立为优先发展的重要基础。但是仅仅依赖十分有限、相对匮乏的森林资源难以使企业走上振兴发展之路，也难以为构建和谐企业提供坚实的物质基础。仍然以木材生产为

主的森工企业要切实转变思想，提高认识。要在开发利用资源的过程中转变经济增长方式，必须走以生态建设为主的林业可持续发展之路，必须坚持生态效益、经济效益和社会效益相统一，生态效益优先的原则。明确生态型经济发展定位，建设生态文明型森工企业。森工企业要切实担负起生态保护的主体作用，对生态资源要在开发中保护，在保护中开发。切实把有限的资源保护好、建设好、开发好、利用好。开发资源而不破坏资源，依托资源而不依赖资源，利用资源而不浪费资源，最终实现资源的可持续利用，达到人与自然的和谐。

三、和谐文化是构建和谐森工企业的精神动力

和谐文化是和谐社会的重要特征，建设和谐文化是构建和谐社会的重要任务。和谐文化是以崇尚和谐、追求和谐为价值取向的文化精神、文化理念。建设和谐文化，就是要在全社会倡导和谐理念，培育和谐精神，引导人们用和谐的思想认识事物，用和谐的态度对待问题，用和谐的方式处理矛盾。构建和谐森工企业，就必须高度重视适合企业自身特点的企业和谐文化建设，充分发挥和谐文化在企业经营过程中的重要作用，为企业的和谐发展提供先进的文化源泉、精神动力和智力支持。

企业精神是企业文化的核心，是企业的核心价值观。要以培育企业精神为切入点建设企业和谐文化。林区在长期开发建设过程中，形成了"艰苦奋斗、无私奉献"的大兴安岭人精神，这一企业精神是构建和谐林区共同的思想基础和价值取向。各森工企业因驻地条件、资源条件、所处社会环境的不同，所形成的企业精神、文化理念也有所不同。因此，要根据各企业的自身特点和需求设计安排和谐构建活动。要精心设计并有计划地开展企业文化系列活动，把长项与短项、当年与隔年、主题与阵地、传统与创新等多项活动有机地结合起来。把生态文化、广场文化、廉政文化、安全文化、校园文化、品牌文化等纳入本企业文化建设内容之中；把先进的文化精神、和谐精神、和谐理念融入到人们的社会生活和企业的日常行为，使企业形象、团队形象、个体形象、特色形象得到展示和传播，切实有效地发挥企业文化建设的平台作用，推动和谐文化、和谐企业建设。

推进和谐文化建设，必须积极培育和践行社会主义核心价值观这个根本，牢固树立中国特色社会主义共同理想，大力弘扬以爱国主义为核心的民族精神和改革创新为核心的时代精神，牢固树立以"八荣八耻"为主要内容的社会主义荣辱观，大力倡导和谐理念，培育和谐精神，引导人们形成和谐的思维方式和行为方式，形成崇尚和谐的基本理念和思想共识。通过全面推进培育和践行社会主义核心价值观的各项工作，有效引领整合纷繁复杂的社会思想意识，有效避免企业改革、经济转型等新形势下可能带来的思想对立和混乱，凝聚起实现"创新发展、转型崛起、富民兴林"的强大精神动力。

要广泛开展和谐创建活动，积极探索和谐创建活动的有效形式、方法和机制。要积极推广、运用先进的企业文化和精神，文明建设的优秀成果，使其转化为构建和谐企业的文化源泉和精神动力。要积极开展和谐单位、和谐家庭等形式多样的创建活动，倡导爱企、敬企、诚信、友善等道德规范，培育企业职工的和谐精神和文明素养，形成促进和谐人人有责、和谐成果人人共享的良好局面。

四、政治优势是构建和谐森工企业的可靠保证

构建社会主义和谐社会，关键在党。建设和谐企业，必须充分发挥党的政治核心作用。以不断加强企业党组织自身建设推动和谐企业建设，以不断增强企业党组织凝聚力、战斗力和创造力，推动企业和谐发展，以企业党组织政治优势保证企业和谐发展。思想政治工作是党发挥领导核心作用的政治优势。在经济体制深刻变革，社会结构深刻变动，利益格局深刻调整，思想观念深刻变化的新形势下，人们思想活动的独立性、选择性、多变性、差异性明显增强，带来了人们思想观念、价值观念、思维方式、生活方式的多样化，使构建和谐企业面临着新情况、新问题、新挑战。在这种情况下，尤其需要发挥思想政治工作优势，发挥和运用思想政治工作的思想导向作用和社会调解功能，最广泛、最充分地调动职工群众的积极性、主动性和创造性，把各方面的力量集中起来、凝聚起来，把人们的思想认识和工作精力集中到构建和谐企业上来，形成强大的合力，共奏和谐

乐章。

要正确把握思想政治工作主旋律，以时代要求来审视思想政治工作，以发展的眼光来研究思想政治工作，以改革的精神来推动思想政治工作。科学发展观的本质是以人为本。构建和谐企业，必须营造和谐融洽的人文环境。要进一步树立群众观点，积极践行党的群众路线，大力开展服务型党组织建设。从群众的利益和愿望出发，从职工群众最现实、最关心、最直接的问题着想，实现好、维护好、发展好广大职工群众的根本利益。要妥善处理好企业中的各种利害关系，建立和谐的劳动关系。坚持发展为了职工群众、发展依靠职工群众，发展成果由职工群众共享。要进一步贯彻尊重劳动、尊重知识、尊重人才、尊重创造的方针，发挥职工群众的首创精神，使企业能量充分释放、创新成果不断涌现、创业活动蓬勃开展。要把和谐理念、和谐精神融入到企业经济建设的每一个环节，以和谐凝聚力量，推动林区科学发展、创新发展、和谐发展。

积极打造企业管理新模式

胡春泰

胡春泰，男，1966年3月出生。蒙古族，中共党员，毕业于中国政法大学法律系，硕士研究生，高级经济师，现任大杨树林业局局长、党委副书记。1983年8月至2010年1月，曾任牙克石宾馆科员、副经理、经理（接待处处长），2010年1月任大杨树林业局驻京联络处主任，2013年7月至今任现职。

　　加强企业管理是进一步科学完善现代企业管理制度和管理体系，推动企业又好又快发展的必然选择，是落实科学发展观，建设和谐社会主义新林区的重要措施。推行现代企业制度改革，完善企业法人治理结构，是内蒙古自治区党委、人民政府和国资委作出的重大战略决策。内蒙古大兴安岭国有林区建立和完善现代企业制度对维护国有资产安全、完善科学决策机制、改善企业经营管理、促进企业科学发展具有重要而深远的意义。

　　大杨树林业局面对新形势，抢抓新机遇，加强企业管理，注重在管理创新上下功夫，加快转变传统的管理模式，探索科学管理的体制机制，全力打造企业管理新模式，逐步建立健全了科学完善的现代企业管理制度和管理体系，企业管理水平、生态效益、经济效益、社会效益明显提高，推动了企业又好又快地科学发展。

一、以理念创新为先导 拓宽管理视野

创新是企业管理的灵魂，实现管理现代化必须以观念创新、思想转变为先导，观念的创新对企业的生存和发展是十分关键的，无论是管理制度创新、技术和品牌创新、开发市场的创新，都是以观念创新为先导的。因此，必须下大力气加快思想观念的更新和进步，特别是加快企业管理者的思想观念的转变和创新，进一步解放思想，勇于开拓，务实进取，不断创新，才能使管理层次的观念和管理理念能够创新，跟上时代的潮流，这样才能使企业不断改进和完善，从而立于不败之地。

大杨树林业局坚持以科学发展观总揽经济社会发展全局，以解放思想为先导，集中心思谋发展，积极贯彻落实自治区"8337"和林区"3598"发展战略，结合本局实际确立了"生态立局、产业富民、绿色崛起"的发展战略，把全面实施生态建设和可持续发展的战略与实现科学管理与发展的有机结合，不断寻求新的突破与创新，从而使企业的管理之路不断创新，带动全局经济社会不断向前发展。

为了适应新形势、新发展的需要，大杨树林业局在全局范围内广泛开展了"企业管理创新"活动，并将其纳入年度工作目标责任体系进行考核，进一步激发了全局干部职工创新积极性。全局各基层单位根据自身特点共设立"企业管理创新"活动课题34项，掀起了"企业管理创新"活动热潮，营造了一种全局上下共同参与"企业管理创新"活动的良好氛围。通过组织全局从领导班子成员到基层管理人员等不同层次管理者进行有针对性的学习考察，聘请高校及科研机构专家培训教育等方式，给企业管理者"洗洗脑、充充电"，不断提高全局各级管理者的管理专业知识和能力，开阔企业管理者的视野和思路，促进管理观念的转变，实现管理理念上创新，使管理创新有一个良好的思想认识基础。

二、以制度创新为基础 增强管理活力

管理制度的创新能为企业带来持久深远的影响。大杨树林业局以制度创新为基础，不断增强管理活力，注重从体制、机制上解决问题，建立科

学的决策和责任制度，充分发挥监督机制作用，落实"三重一大"制度决策，扎实做好执法监察和效能监察工作，以科学、严谨、完善的企业规章制度为标准，用制度管钱、管人、管物、管事，从而建立起行之有效的执行和管理制度，用制度管人，用制度管事，促进管理、强化管理。

大杨树林业局以开展党的群众路线教育实践活动为契机，全面梳理、认真修订、完善各项制度，确保针对性、操作性、指导性强，避免重复建立制度，防止和克服形式主义现象的发生。在全局共废止了 17 项制度，修订完善了《大杨树林业局公务接待管理办法》、《机动车辆管理办法》、《企业增收节支管理办法》、《重大项目管理办法》、《领导干部职务消费管理办法》等 22 项制度及管理办法，新建了《公出差旅费管理办法》、《科级干部政绩考核评价制度》等 20 项制度和办法，精简了会议、文件和简报，取消了大型活动和会议的就餐安排，规范了各类研讨、赴外考察培训、评比达标和表彰等活动。在林业局机关，从抓学习、抓制度、抓考核入手，推进局机关干部作风转变，制定和完善了机关干部守则、行为准则等机关工作管理制度，做到事事有依据，项项能落实。制定了机关双周例会制度，在例会上各分管局领导和部门通报情况，部署工作，统一思想，协调配合，形成合力，促进工作，发挥局机关的带头示范作用，使全局各项管理制度更加规范和完善。

三、以财务管理为核心 提高竞争能力

在新形势下企业如何进行财务管理创新，关系到企业管理水平的提高、经济效益的增进，更关系到现代企业制度的建立。作为现代企业，企业的核心就是财务管理，企业的一切经营活动都要围绕财务管理来展开，通过加强财务资金管理，增加企业的竞争能力，提高企业抵抗风险的能力，扩大企业盈利。

林业局面对新形势，适应新常态，结合实际建立新的财务管理体制，把财务管理作为企业管理的中心，全面高效地建立以财务预算为前提，以资金管理和成本管理为重点，把企业价值最大化作为理财目标，渗透到企业生产经营全过程的财务管理新体制，强化财务的核算职能、充分发挥财

务的管理职能、努力提高财务管理的决策职能、充分发挥财务会计监督作用，确保资产保值增值。

林业局进一步强化资金管理，完善财务管理方法，提高经济效益，高效利用资金，坚持重大资金集体讨论通过原则，严控计划外开支，降低成本费用，坚持"量入而出，量力而行"原则，保工资、保生产、重民生，将有限的资金重点用于发展生产和改善职工生活上。

注重发挥财务结算中心作用，对基层单位实行会计委派制和报账制，经费实行预算管理，按月考核，超支不补，节余留用。严格执行"月审计、季考核、半年回头看"审计制度，使基层单位经营过程始终处于受控状态，有效防止经费预算发生超支。严格执行能源管理办法，强化能源消耗的计划管理和定额管理。对各单位车辆油耗实行定量、定额管理，从根本上解决油耗过程中的跑、冒、滴、漏现象。严格计量，科学用电，结合全民节油节电工作，鼓励职工从节约一克煤、一度电、一滴油入手，养成节约习惯，全方位开展节能降耗工作。严格计划与项目管理，从强化项目可研评审、批复立项、投资计划、设计批复、工程监管、竣工验收等程序和环节入手，严格执行基建项目管理程序，明确各个环节的管理责任，从源头上减少投资浪费，强化造价管控，保证工程质量。

四、以全员业绩考核为载体 调动员工积极性

管理创新不能偏离"人本"管理的轨道，管理无论如何创新，都必须靠调动广大职工的创造性和积极性，才能顺利开展，离开了这一点，一切创新都无从谈起。我们要解放思想，转变观念，从传统的单一绩效考核转向全员业绩考核，把全员业绩考核与企业发展战略联系起来，促进组织的发展和企业绩效的提高，挖掘潜力和提高能力，特别是要将员工的个人目标与企业战略相结合，实现企业目标与个人发展的平衡，进而提升企业的核心竞争力，实现企业可持续发展。

大杨树林业局坚持做好全员业绩考核工作，制定了一系列管理办法与方案，详细规定业绩考核内容，完善职工工资增长机制，建立激励与约束机制和相关配套措施，重点向一线和苦、脏、累、险岗位倾斜，制订业绩

考核办法，规范考核流程，梳理业绩考核指标，使考核科学化、程序化、规范化、日常化，确保业绩考核工作有序、科学、有效开展。

在开展全员业绩考核工作中，林业局建立了一整套科学、完善的考核体系，成立与之配套的组织机构，确保全员业绩考核工作卓有成效开展。建立了有效的业绩考核工作约束机制，推进业绩考核工作制度化、刚性化，增强全体员工责任感。

在全员业绩考核工作管理过程中，坚持将责任目标落实到人头，经营目标责任书细化分解，责任目标层层落实，形成了"考核责任层层落实，绩效高低人人关注"的良好局面，促进企业管理水平提高。在业绩目标考核中，我们把长远目标与年度目标有机结合，明确了奋斗方向和工作目标，进一步完善了业绩目标考核体系建设。为了确保考核体系落实到位，发挥作用，林业局成立业绩考核工作督导组和业绩考核结果应用监督审查组，每年到基层，实现业绩考核工作督导检查常态化，促进我局全员业绩考核工作开展。

五、以技术创新为支撑 促进成果转化

技术创新是企业实现持续发展的基础，技术创新能力是企业竞争优势最主要的源泉之一，是企业赢得市场的根本途径。技术创新管理对企业的生存和发展具有至关重要的作用，已经成为现代企业竞争的制高点。

大杨树林业局高度重视技术创新工作，积极引进先进的管理技术，用现代信息技术来提高管理的效率和质量。主动与高等院校、科研院所联系，取得他们的支持与配合，积极与他们协作，联手进行技术创新，形成相互连动的技术创新网络。多次组织技术人员外出学习考察，聘请黑龙江省八一农垦大学、东北林业大学林学院、黑龙江省浆果研究所专业技术人员和专家，对本局技术和管理人员进行培训，掌握方方面面的信息，学习和引进先进的管理技术，提高了我局发展经济林产业技术和管理水平，为我局进一步发展经济林产业提供了技术和管理保障。

加大专业技术人员培训力度，通过培养和引进科研人才，建立起自己独立的科研团队，致力于技术创新，提高技术创新能力，建立技术创新的

激励政策，提升企业自主创新热情，增强企业技术创新的"动力源"，通过专题学习、岗位培训、参观交流等形式，进一步提高工作能力和综合素质，将所学所创的成果转化成为推动企业发展的动力，加强转型产业发展的科技支撑，促进技术创新和高科技成果商品化、产业化。

通过深入实践，根据本地区社情、地情、林情复杂的状况，创建"双层经营、三级管护、五点结合森林资源管护与防火新模式"和"重点火险区森林防火机制创新"，开创森林资源管护与防火新格局。根据我地区地理条件和气候特点，确立"高寒地区有机蓝莓繁育栽植技术推广示范项目"、"蓝靛果的引进与培育"、"野生榛子驯化繁育栽培技术推广示范"项目，极大地促进了大杨树林业局经济林产业的发展，改变了我局产业结构单一状况，实现了由粗放经营向精细化管理的转变，充分发挥了地域、气候、资源等优势，逐步做大做强经济林产业，加快了经济转型步伐，进一步提高了企业竞争力。大杨树林业局先后荣获全国绿化单位、自治区林木种苗工作先进集体、呼伦贝尔市高寒地区人工蓝莓引种繁育技术示范和推广项目科技进步一等奖等。

六、以法律法规为保障 坚持依法治企

加强企业法治，是树立科学发展观，落实依法治国基本方略，全面构建社会主义和谐社会的具体体现。在新的历史时期，企业只有不断加强依法治企的思想认识、提高依法办事的工作能力、积极营造遵纪守法的社会氛围，才能够适应市场经济体制的要求，持续提高企业的核心竞争力，促进企业实现又好又快发展。

大杨树林业局注重改变管理思维方式，用法律手段取代行政手段管理企业，全面落实国家依法治企的各项方针政策。在全局各级领导干部中树立"法治思维"、"法治方式"，转变了过去的领导思维、管理思维和行政思维，形成办事依法、遇事找法、解决问题用法、化解矛盾靠法的良好法治氛围，全局呈现信息通畅、政令畅通、管控有力的局面。

林业局顺应现代企业制度的发展趋势，运用法律管理企业，通过制度规则、行为规范，保障和促进法律管理体系与其他管理体系的衔接配合，

提高法治管理意识和依法行政能力，提升企业整体管理水平，坚持"决策先问法，违法不决策"，从源头上控制经营中的法律风险，维护企业合法权益。在全局各级领导干部中树立合规经营的理念，不搞违法获利，不踩法律红线，不抱侥幸心理，做到"领导不签字、议题不上会、单位不用印、上级不受理"，违法违规"一票否决"，从而牢牢把住企业决策层面的法律审核关。形成各级领导带头倡导讲规则、讲程序、讲诚信，自觉形成按规办事的思维方式和行为习惯，规避法律风险，避免违规、违法经营行为的发生。

打铁还需自身硬。依法行使法律权益首先需要自己守法，利用法律武器维护自身权益之前必须依照法律约束自己的行为，提升经营者法律修养。通过有计划的教育、培训、相互交流等方法，全面系统地学习国家法律法规，讲解公司章程、议事规则等新体制运行的系列规章制度，提升企业领导依法行政的能力，全面提高我们的法制工作水平，实现用法律手段管理企业的目标。同时，还采取方法加强法制宣传教育，让全体员工都知法、守法、用法，职工群众法律意识普遍提升，有力促进了全局法治工作，确保依法行政、依法治企。

为林业生态建设凝聚正能量

李敏华

李敏华，男，1972年11月生。本科学历，河南省固始县人，长期从事思想政治工作，现为河南省林业厅厅直党委主任科员。

　　思想政治工作是我党的优良传统和政治优势，是经济工作和其他一切工作的生命线，也是指导我们做好以林业生态建设为中心各项工作的强大精神动力和重要思想保证。近年来，河南省林业厅坚持把思想政治工作贯穿于全省林业改革发展稳定等各项工作全过程，坚持以人为本做思想政治工作，不断强化教育引导、创新载体内容、完善体制机制、注重人文关怀和心理疏导，把思想政治工作具体量化，由虚到实，虚功实做，收到了良好效果，有力保障和推动了全省林业建设事业持续快速健康发展。

一、抓学习教育，不断夯实干部职工思想政治基础

　　河南省林业厅高度重视用党的最新理论成果武装干部职工思想，把坚定理想信念贯穿到中国特色社会主义和中国梦的宣传教育中，通过抓学习教育，引导干部职工学会运用马克思主义立场、观点、方法观察和解决问

题，坚定理想信念，确保党员干部在大是大非问题上始终做到头脑清醒、立场坚定，切实打牢干部职工思想政治基础。

（一）抓好政治教育

每年制定印发《厅党组中心组分专题集体学习的安排意见》、《年度党建工作要点》、《全省林业宣传思想文化工作要点》和《"践行价值观 文明我先行"主题系列活动实施方案》，深入开展党的十八大和十八届三中、四中全会及习近平总书记系列重要讲话精神的学习活动，举办了学习党的十八届三中全会精神知识竞赛、践行社会主义核心价值观知识竞赛和演讲比赛，开展焦裕禄精神专题学习活动，着力抓好公务员网络学院教育培训，扎实开展读书学习专题活动，印发了读书学习活动方案，下发了必读书目和每季度重点学习内容，制定了考核办法，举办了读书学习交流会，并将学习效果纳入年度考核内容，每年组织开展"学习型处室（单位）"和"学习型职工"的评选表彰工作，在全厅营造出认真学习、积极探索、求真务实的学风。

（二）抓好道德教育

以培育和践行社会主义核心价值观为主要内容，认真贯彻执行《公民道德建设实施纲要》，扎实开展社会公德、职业道德、家庭美德和个人品德教育，引导干部职工从我做起，从身边做起，从点滴做起，把公民道德建设要求转化为干部职工的自觉行动。近年来，河南省林业厅坚持每两年评选一届省林业厅十大"道德模范"和"身边好人"，设立了道德模范宣传专栏和善行义举榜，先后举办多场道德讲堂和先进人物事迹报告会，在全厅选出和树立了一批先进典型，如陈素云等省直十大道德模范、范增伟等十大杰出青年、张玉洁等十大自主创新先进个人，通过示范引领，把深刻抽象的道德观念和价值观念具体化、形象化，从而启人心扉、动人情怀、激人奋进。

（三）抓好法治教育

河南省林业厅党组把依法治林作为推进林业发展的战略措施，成立了法制宣传教育和依法行政工作领导小组，安排有法治宣传教育工作专项经费。省厅每年专题安排部署推进依法行政工作，并组织开展依法行政情况的督促检查。每年印发全省林业法制宣传教育工作要点，组织开展学法用法专题活动，举办 1 次以上的法治建设专题报告会或普法知识讲座，组织 1 次法律知识测试，在机关办公楼院和 4 个家属院分别设置了普法教育专栏，全厅形成了学法用法、遵法守法和依法行政的良好氛围。

（四）抓好诚信教育

坚持把诚信教育作为思想政治工作的重要组成部分，切实抓紧抓好。印发了《河南省林业厅诚信机关建设实施方案》和《关于开展诚信建设专题宣传教育活动的通知》，组织开展了"诚信从我做起"主题征文活动和诚信建设先进处室（单位）、先进个人的评选活动，制作悬挂了诚信建设公益广告宣传牌。

通过开展以上"四项教育"，进一步坚定干部职工的理想信念，增强了干部职工的道德意识、法治意识、诚信意识，养成良好的学习习惯，不断提高干部职工的业务能力和理论水平，不断激发和凝聚干部职工干事创业的工作热情。

二、抓人文关怀，不断增强思想政治工作的针对性和实效性

思想政治工作说到底是做人的工作，必须坚持以人为本。近年来，河南省林业厅始终注重在加强人文关怀上下功夫，努力把"尊重人、理解人、关心人"的要求具体化、细微化，使之体现到职工群众日常工作生活的方方面面，有效提高了思想政治工作的感召力和渗透力，增进了干部职工对单位的归属感认同感，也不断增强了做思想政治工作的针对性和实效性。

（一）加强思想疏导

针对当前经济社会快速发展给干部职工带来的思想影响和心理变化，将思想疏导引入到经常性思想政治工作中。厅党组充分发挥各基层党组织和工会、共青团、妇委会等群团组织密切联系群众的作用，采取个别谈话、集体座谈、结对走访、定期交流等多种形式，及时了解干部职工的学习、思想、工作、生活情况，既肯定成绩、指出不足，又明确方向、鞭策鼓励；既虚心听取意见建议，又切实帮助解决实际困难，对发现的倾向性

问题及时进行教育引导，防止矛盾积累激化。通过有效的思想疏导，进一步沟通思想，增进理解，促进团结，形成共识，达到缓解压力、理顺情绪、凝聚人心、鼓舞斗志的效果，形成既有个人心情舒畅，又有单位整体团结的和谐局面。

（二）解决实际问题

为群众排忧解难，多办实事好事，是最直接、最现实，也最有说服力的思想政治工作。近年来，河南省林业厅注重把解决干部职工的思想问题与解决实际问题结合起来，从干部职工最急需解决的事情做起，坚持每年为干部职工办几件实事，一步一个脚印，让干部职工真正感受到组织的关心与温暖。一是启动了家属院危旧房改造工程，通过近 3 年努力，为全厅260 户无房和住房不达标户解决了住房问题。二是依托就近饭店，在午餐时间开设自助餐，为干部职工解决了午餐问题。同时，厅里正在筹划自办职工食堂，拟为职工提供早餐和午餐。三是开展送温暖活动。每年元旦、春节期间，对困难职工和困难党员进行走访慰问，帮助解决生活难题。四是持续开展大病医疗互助和金秋助学活动，让困难职工看得起病，子女上得起学。五是积极推动带薪休假，定期组织健康体检，确保干部职工的身心健康。组织的贴心关怀让干部职工切实感觉到了林业大家庭的温暖，换来了干部职工对单位的忠诚和投入，使他们以更大的热情、更足的干劲投身到林业建设事业中。

（三）丰富职工生活

河南省林业厅始终坚持把丰富职工文体生活作为提高职工素质、和谐内外关系的一项重要举措来抓。在厅党组大力支持下，厅文明委结合省级文明单位创建，扩建了职工活动中心，并精心组织开展了一系列富有成效的文化体育活动。在全国林业系统乒乓球赛上，河南省林业厅分别夺得厅处级干部组团体、厅级干部组单打、处级干部组单打 3 项冠军和厅级干部组双打亚军的好成绩，并荣获优秀组织奖；在河南省直第五届职工运动会上，林业厅选手共获得 3 个团体一等奖、8 个单项一等奖的好成绩；在河南省第十二届运动会上，林业厅选手荣获省直机关组团体总分一等奖。此外，河南省林业厅还多次组织女职工参加省直妇女健身月活动并获得多个奖项，多次举办厅职工乒乓球、羽毛球、老年门球赛和新春联欢会。这些活动，极大地丰富了干部职工的业余文化生活，有力地促进了全厅群众性文体活动的持续健康开展，为文明和谐机关建设营造了良好的内外环境。

三、抓责任落实，不断完善思想政治工作体制机制

坚持把完善体制机制和创新活动载体，作为实现思想政治工作长远发展的基础工程来抓，做到了措施靠机制运转、工作靠机制约束、成效靠机制保证。

（一）健全组织领导

成立了由林业厅直属党委书记任组长、各基层党组织书记为成员的全厅思想政治工作领导小组，认真落实"一岗两责"，把思想政治工作成效作为衡量领导班子、领导干部政绩的重要依据，发挥领导干部的表率作用，完善思想政治工作责任制，建立起了党组统一领导，处室单位各负其责，工会、共青团、妇委会等群众组织积极参与的工作体系，形成齐抓共管的工作局面，不断提高思想政治工作的整体效能。

（二）强化目标管理

每年初，制定《全省林业宣传思想文化工作要点》和《党建工作要点》，明确思想政治工作的总体目标、基本思路和工作重点，本着定性与定量相结合的原则制定具体指标，层层签订目标责任书，将工作任务分解到各处室单位、落实到具体人头，形成了完整配套的工作指标体系，有力推动了思想政治工作由软变硬、由虚变实，有效解决了思想政治工作与业务工作脱节的"两张皮"现象。

（三）完善制度措施

在长期的思想政治工作实践过程中，林业厅形成了一些行之有效的具体制度，比如干部群众思想状况调查分析制度、党员干部直接联系群众制度、领导干部联系点制度、领导干部信访接待日制度、干部群众谈心制度、结对帮扶制度以及党员干部理论学习制度，等等。切实加强思想政治工作就必须让这些制度逐步健全并发挥作用，实现以制度管人，按制度办事。同时还注重制度创新，及时研究探索新情况、新问题，总结好经验、

好做法，并将这些好的做法和措施固定下来，上升为规章制度，依靠制度的力量，推动思想政治工作出成效上台阶。

（四）实施量化考核

河南省林业厅坚持把思想政治建设、干部作风建设和党风廉政建设纳入各处室与厅直单位年度责任目标考核内容，设立了宣传教育、理论学习、思想道德建设、班子建设、主题活动、典型选树、阵地建设、文化活动等量化考核指标；坚持季度检查与年终考核相结合，定期公布检查考核结果，并与单位年度考核和个人评先挂钩，增强了各级党组织和党务干部抓思想政治工作的主动性和自觉性，确保了各项目标任务落到实处。

四、抓队伍建设，不断提高政工干部做思想政治工作的能力

近年来，河南省林业厅高度重视思想政治工作队伍建设，能够按编制和职级要求配备专兼职思想政治工作人员。建立思想政治工作保障制度，在经费、办公条件、活动时间等方面予以充分保障，大力支持思想政治工作专兼职干部开展工作。

（一）选准配齐人员

做好思想政治工作，需要有一支好的工作队伍。河南省林业厅按照提高素质、优化结构、相对稳定的要求，积极选派那些政治强、业务精、有培养前途的年轻同志，充实到思想政治工作队伍中，并加强学习培训，使之成为讲政治、精业务、善管理的复合型人才。在厅机关始终保持2名专职党务工作者；在河南省森林公安局、省林业调查规划院和省林科院等党员人数较多的厅直单位，都配备了2名以上的专职党务干部；在机关各处室和其他厅直单位都明确了兼职党务干部。此外，在厅机关和各厅直单位还建立健全了工会、共青团、妇委会等群团组织，落实了专兼职工作人员。

（二）加强教育培训

新时期思想政治工作的地位、性质和任务，决定了思想政治工作者应具有较高的政治素质、较强的业务能力和良好的工作作风。为此，近年来河南省林业厅加大了对政工干部的教育培训力度，除了每年选派党务工会

干部参加国家林业局、河南省委及省直工委等组织的各类脱产培训和专题教育外，林业厅直党委每年还要举办一次党务干部或处级领导干部集中培训班，不断提高各级党务干部和党员领导干部做思想政治工作的能力水平。

（三）定期交流研讨

围绕新形势下思想政治工作如何更好的服务林业改革发展、如何改进思想政治工作方式方法等主题，定期召开交流研讨会，认真总结各单位思想工作在服务河南省林业改革发展大局、助推河南林业生态省建设、破解林业发展难题中的好经验好做法以及好打算好建议，积极发挥思想政治工作的参谋助手作用，为河南林业生态建设献计献策。

（四）落实保障措施

一是保证工作经费。每年林业厅党组研究工作经费时，都要提前征求厅直党委的意见，由厅直党委根据工作计划列出当年所需要的工作经费后，在厅党组会上专题研究解决，为思想政治工作提供了必要的经费保证。二是关心成长进步。对连续从事思想政治工作满5年以上的干部，都能够及时提拔使用或轮岗交流到重要位置。三是重视阵地建设。在机关办公区公共位置设置和更新宣传专栏与标牌80多个，实施了文体活动场所改扩建工程，对荣誉室、图书室、文化活动室进行了整修，扩建了职工活动中心。

河南省林业厅在加强和改进思想政治工作方面做了些工作，但与上级要求和干部职工的需求相比，还有一定的差距。今后工作中，还将深入贯彻落实习近平总书记系列重要讲话精神和全国宣传思想工作会议、全国推进林业改革座谈会精神，认真学习借鉴兄弟单位的先进经验，努力把思想政治工作提高到新的水平，为加快推进河南林业生态省建设提升工程提供坚强的思想保证。